LE TOUR DU MONDE EN 80 ÎLES

Éditeurs:
LES ÉDITIONS LA PRESSE (1986)
44, rue Saint-Antoine ouest
Montréal H2Y 1J5

Conception graphique:
JEAN PROVENCHER

Photographies en dos de couverture:
André Bergeron: STUDIO LALIBERTÉ
Michel-G. Tremblay: HENRI-P. TALBOT

(Les Éditions La Presse [1986] sont une division
de Les Éditions La Presse, Ltée)

Dépôt légal:
BIBLIOTHÈQUE NATIONALE DU QUÉBEC
1er trimestre 1987

ISBN 2-89043-201-7

1 2 3 4 5 6 92 91 90 89 88 87

Juliette Bouchard-Manseau
87-05-14

LE TOUR DU MONDE EN 80 ÎLES

André Bergeron
et Michel-G. Tremblay

la presse

Table des matières

CHAPITRE 2

Les îles de l'océan Atlantique

CHAPITRE 3

Les îles de la Méditerranée

CHAPITRE 4

Les îles de l'océan Indien

CHAPITRE 5

Les îles de l'océan Pacifique

Introduction

Pour la plupart des gens, les destinations les plus exotiques dans le monde correspondent à des îles. On peut dire sans se tromper que les îles Vierges, les îles Marquises, les îles Canaries, les Grenadines, les Baléares, les Seychelles, Corfou, Madère, Tahiti, ou Hawaï, nous font tous rêver, car on imagine ces îles comme des paradis pour les vacances.

Que d'énigmes et d'imprévus cachent encore Bornéo, Malte, Java, l'île de la Réunion, l'île Maurice, les Cayman, les Açores. Que d'insolite et d'inusité cachent encore les îles Galapagos, les Maldives, l'Australie, Fidji ou Tonga.

Les îles ont toujours fasciné les hommes. L'insularité procure le dépaysement, l'isolement, le calme parfois. Une île, c'est synonyme de la chaleur du climat, c'est synonyme de l'ailleurs, du différent, du retour aux sources aussi. Une île, c'est davantage qu'une terre entourée d'eau. Une île, c'est la découverte, c'est l'intrigue, c'est l'invitation au repos, c'est la solitude, le mystère quelquefois; c'est la poésie aussi.

Que ces îles soient antillaises, méditerranéennes, indiennes ou polynésiennes, qu'elles soient petites ou grandes, qu'elles soient volcaniques ou coralliennes, désertiques ou verdoyantes, elles continuent d'éveiller l'imagination des hommes. Une île, c'est à la fois l'univers de l'enfance, c'est l'aventure, c'est le goût de larguer les amarres. Même le mot île est captivant en soi, et invite à partir. Une île, quoi que l'on en dise, c'est à la fois le premier et le plus important symbole des vacances pour la plupart des gens.

Voilà donc plusieurs bonnes raisons pour lesquelles nous avons rédigé ce livre.

Quelle île choisir? Quelle est celle où il fait toujours beau? Quelle est la plus belle? Autant de questions auxquelles nous tentons de répondre, sachant fort bien à quel point ce choix est personnel, subjectif.

On verra dans ce guide que la Martinique, la Guadeloupe, la Jamaïque, Sainte-Lucie, tout autant que l'archipel d'Hawaï ou celui des Canaries, sont tous de véritables paradis pour les touristes, et pour les botanistes aussi; on verra également que les Galapagos sont un paradis pour les zoologistes, que l'île de Pâques est un paradis pour les anthropologues, et que Rhodes, la Crète et les Cyclades sont un paradis pour les archéologues. À chacun son paradis!...

Et puis, combien y a-t-il d'îles dans le monde? Personne ne peut bien sûr répondre à cette question, même approximativement. Les Bahamas comptent 700 îles, les Grenadines près de 100, les îles Vierges américaines et britanniques près de 50, les Baléares sont au nombre de quatre. Et, à elles seules, les Philippines sont au nombre de 7000. Quant à la Nouvelle-Zélande, en fait, c'est un pays formé de deux îles. Et l'île de Saint-Martin, elle, est divisée en deux pays. Quant à Hawaï, c'est à la fois un État américain et un archipel composé de plusieurs îlots et de huit îles importantes, dont une porte aussi le nom d'Hawaï.

L'aspect géographique se présente donc souvent de façon bien différente de l'aspect politique ou administratif. Ainsi, Tonga est un archipel et un pays couvrant à peine 675 km^2, tandis que l'Australie est à la fois une île, un pays et un continent, couvrant cette fois 7631668 km^2. L'île de Formose, c'est Taiwan quand on parle du pays au niveau politique. L'île de Ceylan, quant à elle, c'est maintenant le Sri Lanka.

Tout le monde sait que les Bermudes sont un archipel et non pas uniquement une île. Mais combien de gens parlent «des» Barbade(s)... quand il n'y en a qu'une. Alors, combien y a-t-il d'îles dans le monde? Et les îlots? Et les atolls? Le Groenland est-il une île? La Crète, la Nouvelle-Guinée, la Terre de Feu, la république Dominicaine, sont-elles des îles?

Et puis, qui peut décrire spontanément les habitants de Chypre, de l'Islande ou de la Sardaigne? Qui sait quelles langues on parle dans les Comores? Qui sait quels drapeaux flottent sur Porto Rico? Qui connaît le plus illustre des Corses? Qui sont les Malgaches? Qui sait où sont situées les îles Saint-Pierre-et-Miquelon? Et quoi visiter à Cuba?

Quel est le meilleur temps pour aller dans les îles grecques ? Quelle monnaie utilise-t-on en Nouvelle-Calédonie ? Quel type de gouvernement dirige les îles Turks et Caïcos ? Quelle température fait-il à Capri durant l'hiver ? Quel produit est à la base de l'économie de l'île de Grenade ? Quelle compagnie aérienne nous amène en Haïti ? Comment peut-on atteindre l'île de Montserrat ? Qu'y a-t-il à visiter dans les îles Anglo-Normandes ? Qui peut aller chasser sur l'île d'Anticosti ? Que rapporter comme souvenirs de Margarita ? Où écrire pour avoir de l'information sur Antigua ? Et où se trouve l'île de Robinson Crusoé ?

Nous allons donc dans ce guide répondre à plusieurs de ces questions. Et si, à la fin du livre, vous vous posez encore d'autres questions, nous aurons alors atteint notre but : susciter chez le lecteur la curiosité, le désir d'en savoir plus, le goût de partir à la découverte de ces îles, proches ou lointaines, à la rencontre de tous les insulaires du monde.

Avant de partir un peu à la découverte de chacune de ces 80 îles, choisies parmi les plus belles du globe, de Cuba jusqu'à l'île de Pâques, laissons la parole à l'un de ceux qui a si bien et si justement chanté «les îles» : Jacques Brel.

Extraits de la chanson «UNE ÎLE»

Une île
Claire comme un matin de Pâques
Offrant l'océane langueur
D'une sirène à chaque vague
Une île
Chaude comme la tendresse
Espérante comme un désert
Qu'un nuage de pluie caresse
Une île
Voici qu'une île est en partance
Et qui sommeillait en nos yeux
Depuis les portes de l'enfance
Voici venu le temps de vivre
Voici venu le temps d'aimer
Une île

— Jacques Brel

Comment utiliser ce guide

Dans ce guide, nous avons divisé nos 80 îles par régions plutôt que par ordre alphabétique. Passer d'Aruba à l'Australie, après les Açores et Anticosti, aurait été fastidieux géographiquement parlant. C'est un guide basé essentiellement sur la géographie des lieux insulaires. Ainsi nous avons cru bon de situer et cerner nos 80 îles, par mer ou océan : des Caraïbes jusqu'au Pacifique, en passant par l'Atlantique, la Méditerranée et l'océan Indien.

Pour faciliter la recherche d'une île en particulier, on trouvera à la fin l'INDEX DES PRINCIPALES ÎLES : la liste par ordre alphabétique de toutes les îles décrites, ainsi que les plus importantes également nommées même si elles ne font pas partie des 80 officiellement titrées. Elles sont faciles à trouver : de «A» (Abaco) à «Z» (Zanzibar). Voir p. 343.

Pour chaque île, ou chaque archipel, on trouvera d'abord un numéro correspondant (de 1 à 80), puis une description sommaire comprenant la situation géographique et un bref aperçu historique, puis une «fiche technique» résumant plusieurs caractéristiques. La description du début est plus longue pour certaines îles très connues et très touristiques par rapport à d'autres îles qui, même très belles et très accessibles, ont toutefois une quantité moindre d'attraits à signaler. Ainsi nous consacrons sept pages à Cuba et sept autres aux Canaries, cinq pages à la Sicile et à la Jamaïque, et trois pages seulement à la Sardaigne et à Curaçao. Le choix est bien sûr subjectif. Ce choix est basé sur la demande touristique générale depuis quelques années, mais aussi sur la somme de nos expériences de voyage et notre degré de connaissance de ces lieux.

Dans les fiches techniques (qui sont en fait un résumé de la destination en une seule page), on trouvera des renseignements d'ordre géographique, socio-politique et économique ; des renseignements aussi sur le climat, sur l'infrastructure touristique et au niveau des équipements ; on trouvera surtout un résumé de ce que chaque île a de plus intéressant à offrir aux touristes (des suggestions de choses à voir, des excursions à faire, etc.) ; on ajoute quelques idées de souvenirs à rapporter et l'on complète avec des adresses pour obtenir des informations touristiques supplémentaires.

CHAPITRE 1

Les îles de la mer des Caraïbes

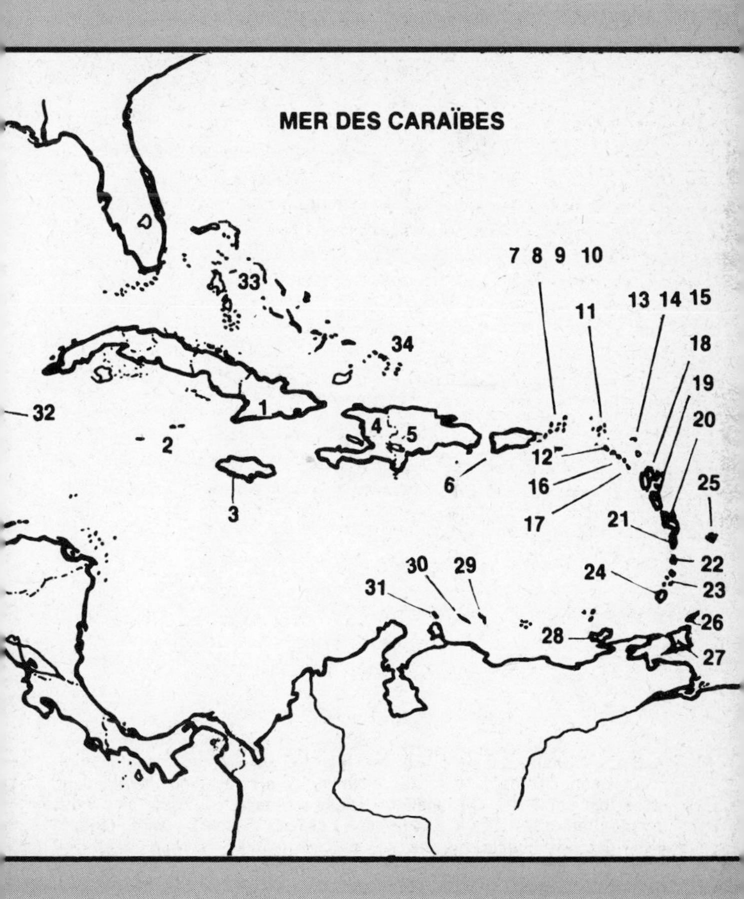

N.B. Les **Bahamas,** les îles **Turks et Caïcos** et les **Bermudes** sont géographiquement situées dans l'océan Atlantique, mais touristiquement parlant, elles font partie des «destinations soleil» reliées aux Antilles; ainsi nous avons préféré les laisser à la fin de ce premier chapitre compte tenu de l'intérêt touristique de ce guide.

Cuba 1

Cuba est la plus grande île des Antilles. C'est aussi une destination touristique située très proche de la Floride, offrant un climat tropical durant toute l'année, d'excellentes plages, des infrastructures d'accueil et d'organisation touristique qui s'améliorent d'année en année et un rythme de vie qui lui est propre.

Pour apprécier un séjour à Cuba, il est recommandé au voyageur de bien s'y préparer toutefois, car on ne part pas pour Cuba comme on part pour la Floride, ou pour la Barbade. C'est une destination touristique unique au monde, mais pas pour tout le monde.

Un peu de géographie

L'île est étroite et longue, et ressemble à un crocodile. L'île mesure 1 250 km de long et 191 km seulement dans sa partie la plus large. En plus de l'île principale, Cuba comprend également l'île des Pins (ou île de la Jeunesse) et plusieurs îlots, dont le maintenant célèbre Cayo Largo.

Avec ses 114 524 km², Cuba est la plus grande en superficie des îles antillaises. En fait, elle couvre à peu près la moitié de toute la superficie des Antilles réunies.

L'île est située entre l'Atlantique, le golfe du Mexique et la mer des Caraïbes. Ses pays voisins sont la Floride, la Jamaïque et Haïti. L'île est constituée par des plaines et des collines surtout, et quelques reliefs montagneux au centre. La Sierra Maestra culmine, au pic Turquino, à 1 974 m d'altitude. Le littoral est souvent bordé de récifs coralliens, de grandes baies marécageuses et de belles plages de sable.

La forêt occupe le flanc des montagnes et la savane couvre les régions déboisées du centre. Le climat est de type tropical, un peu moins chaud peut-être que dans le reste des Antilles. Les pluies sont abondantes, surtout à la fin de l'été.

La population cubaine est composée de Blancs, d'origine espagnole, de Noirs et de mulâtres. Elle s'élève à environ 10 millions d'habitants, et le taux d'accroissement est assez élevé.

L'économie repose essentiellement sur la culture de la canne à sucre (c'est le premier exportateur au monde). On produit aussi du tabac et des fruits tropicaux en abondance, ainsi que du café, du thé, du riz, du coton et du maïs. L'élevage bovin est répandu un peu partout dans l'île également.

Le commerce (exportations et importations) s'effectue principalement avec l'Union soviétique, depuis la révolution cubaine de 1959. Il y a peu d'industries, somme toute, et les ressources minières et hydro-électriques sont peu exploitées. Le gouvernement espère beaucoup, entre autres, que le tourisme soit un complément important de revenus pour l'économie du pays.

Un peu d'histoire

L'île fut découverte par Christophe Colomb le 27 octobre 1492, mais était déjà peuplée d'Indiens Arawaks. La colo-

Quelques voitures américaines... d'avant 1959.

nisation, à partir de 1511, avec Diego Velasquez, amena l'exploitation puis la disparition progressive des tribus autochtones. Il fallut alors faire venir d'Afrique des esclaves noirs, surtout au 18e siècle, pour cultiver la canne à sucre et le tabac.

Durant le 17e et le 18e siècle, Cuba fut l'objet de quelques convoitises et attaques par les Anglais, puis les Français et les Hollandais, à cause de sa position stratégique, de ses relations privilégiées avec les États-Unis, et à cause de sa prospérité comme colonie espagnole. Puis, de 1868 à 1895, l'antagonisme entre Espagnols et créoles cubains provoqua chez ces derniers quelques révoltes et revendications, sous l'impulsion de Jose Marti.

En 1898, à la suite du bombardement de l'un de leurs vaisseaux, dans le port de La Havane, les États-Unis déclarèrent la guerre à l'Espagne, débarquèrent sur l'île et la libérèrent du joug espagnol. Cuba devint indépendante en 1901, sous protectorat américain. De 1902 jusqu'à 1959, l'île fut gouvernée par des dictateurs qui renforcèrent les liens de dépendances économiques avec les États-Unis.

Après une première tentative de rébellion manquée, Fidel Castro, aidé entre autres par le célèbre «Che» Guevara, parvint à libérer le pays (le 1er janvier 1959), et à instaurer un régime révolutionnaire, puis le Parti communiste cubain.

Avec une réforme agraire, des nationalisations, le développement scolaire et des soins de santé, le pays «remonte la pente» petit à petit. C'est aussi la guerre froide (à part l'incident «chaud» de la Baie des Cochons, en 1961) entre le pays et les États-Unis, son voisin du nord. Et Cuba est encore aujourd'hui le principal foyer de l'opposition aux États-Unis en Amérique latine.

Les attraits touristiques

Lors d'un séjour d'une semaine ou deux à Varadero, ou sur les plages de l'Est de La Havane (ce que font la très grande majorité des vacanciers qui choisissent un forfait-vacances à Cuba), l'on proposera à ces derniers quelques excursions à travers l'île.

Certains touristes se contentent du soleil, de la mer, et... du rhum. D'autres ajoutent de la voile, du tennis, de l'équitation, de la plongée sous-marine ou des randonnées à bicyclette. Quant aux amateurs de visites touristiques, ils en ont pour leur argent et pour leur plaisir.

Des excursions peu chères et fort intéressantes sont organisées chaque jour : la ville de Varadero et la célèbre maison des Dupont de Nemours ; les grottes de Bellamar à Matanzas ; les îlots de corail inhabités que l'on visite à l'occasion d'un voyage en mer avec arrêt pour pique-niquer ; la visite aussi du fameux village indien reconstitué de Guama, non loin de la célèbre Baie des Cochons, randonnée au cours de laquelle on s'arrête pour voir de près 40 000 crocodiles dans une ferme d'élevage spécialisée.

On peut assister un soir à un spectacle folklorique dans un hôtel, un autre soir se rendre à La Havane afin d'admirer l'un des plus beaux spectacles du genre au monde : le Club Tropicana, en plein air, avec un dîner, des chants, des danses surtout, et des décors vraiment superbes.

Il y a enfin la visite d'une journée complète dans la capitale où le style colonial espagnol de certains quartiers côtoie le style moderne d'une ville en pleine « révolution ». On peut d'ailleurs y louer une bicyclette, ou prendre l'autobus local, qu'on appelle « wawa », et se promener très librement à sa guise. La Vieille Havane mérite qu'on s'y arrête au moins une demi-journée, en particulier pour sa cathédrale, ses forteresses et remparts, ses palais anciens, ses rues étroites et jalonnées de maisons pittoresques. Toute la partie coloniale de la Vieille Havane a d'ailleurs été déclarée « Patrimoine mondial » par l'Unesco il y a quelques années.

On visitera aussi la non moins célèbre Place de la Révolution, le nouveau Palais des Congrès, l'Université en plein centre-ville, peut-être aussi une fabrique de cigares qui font la renommée mondiale de la ville, mais aussi l'immense parc Lénine, ou d'autres jolis petits parcs disséminés un peu partout dans la ville, et plusieurs musées également.

Depuis quelques années, de nouveaux centres touristiques s'ouvrent aux touristes canadiens, européens ou soviétiques, en particulier. C'est ainsi que les régions de Soroa et Vinales se spécialisent dans la chasse, la pêche et l'observation des oiseaux et des fleurs (de l'orchidée entre autres). Varadero, quant à elle, accueille toujours de plus en plus de monde, principalement à cause de sa plage de 20 km de long et de ses installations hôtelières restaurées. On vient aussi d'y allonger la piste d'atterrissage de son petit aéroport.

À Cienfuego, surnommée «la Perle du Sud», on trouve à la fois les charmes d'une ville coloniale bien conservée et les avantages du littoral de la mer des Caraïbes. Plus loin encore, les villes de Trinidad et de Camaguey sont remplies de souvenirs de l'époque coloniale: rues, places, demeures, églises et musées intéressants ou pittoresques.

Santiago de Cuba, quant à elle (si bien chantée par Jean Ferrat...), la deuxième ville du pays pour le nombre de sa population et reconnue comme «le Berceau de la révolution», offre à la fois des paysages et des plages magnifiques dans sa région, mais aussi des vestiges extraordinaires de l'époque coloniale, et de l'époque révolutionnaire récente: la caserne Moncada, par exemple, et des maisons, palais et églises des 17e et 18e siècles.

Enfin, de nouveaux centres touristiques ont été créés tout récemment encore: en particulier Guardalavaca, près d'Holguin, et l'extraordinaire Cayo Largo, dans l'archipel des Canarreos, qui offre une plage superbe et unique (le sable le plus blanc et le plus fin au monde), avec un seul hôtel et un seul petit village sur l'île.

Mais il y a des choses qui surprennent à Cuba, qui surprennent du moins le touriste nord-américain ou européen. Par exemple, le fait que les achats de «souvenirs» ne se font que presque exclusivement dans les boutiques d'Intur (ministère du Tourisme), situées dans les hôtels pour la plupart, et que les prix sont affichés... en dollars américains; on peut payer avec d'autres monnaies ou avec des cartes de crédit, mais...

Ajoutons aussi que les visiteurs sont impressionnés par le petit nombre de voitures dans les rues, et surtout par leur âge, car les voitures américaines les plus récentes datent de 1958 (il y a toutefois maintenant beaucoup de Lada soviétiques).

Une autre chose impressionne enfin, c'est le fait de voir d'immenses panneaux-réclames sur les routes, non pour des produits de consommation, mais pour des slogans pour la révolution, pour le travail, pour la solidarité du parti, pour la lutte anti-impérialiste, etc.

En bref, Cuba c'est très beau. L'accueil y est des plus chaleureux. Les forfaits-vacances sont à des prix très abordables. Il y a beaucoup de choses à voir et à faire. Cuba si!

Mais Cuba, ce n'est pas pour tout le monde. Cuba, c'est pour les touristes avertis.

FICHE TECHNIQUE

Nom de l'île: CUBA

Superficie: 114524 km^2

Population totale: 10 millions d'habitants (Cubains)

Capitale: LA HAVANE

Population de la capitale: 2 millions d'habitants

Autres villes: SANTIAGO, CIENFUEGO, CAMAGUEY, MATANZAS, PINAR DEL RIO, VARADERO

Langue: espagnol

Religion: catholique

Monnaie: peso cubain

Gouvernement: république

Température moyenne l'hiver: 21°C

Température moyenne l'été: 30°C

Meilleures saisons pour y aller: printemps et hiver (été très humide)

Économie de l'île en général: canne à sucre, tabac, industries, tourisme

Niveau de vie: assez bas

Liaisons aériennes: Cubana et Air Canada

Aéroports: «Jose Marti» à La Havane, et d'autres petits aéroports

Formalités douanières: passeport obligatoire

Infrastructure routière: de mieux en mieux développée

Location d'auto: possibilités mais limitées

Hôtellerie: assez bon choix d'hôtels pour les étrangers

Restaurants / cuisines: peu de restaurants; la cuisine s'est beaucoup améliorée

Activités sportives: tous les sports nautiques, tennis, bicyclette, équitation

Divers: le pourboire n'existe pas; on accepte des petits cadeaux...

Les aspects touristiques

À VOIR — à La Havane : la Vieille Havane, avec ses forteresses et remparts, sa cathédrale et ses palais, ses rues étroites ; la Place de la Révolution et son monument à Jose Marti ; le célèbre Club Tropicana (dîner et spectacle éblouissant en plein air) ; la maison d'Ernest Hemingway (un musée) ; une fabrique de cigares ; le nouveau Palais des Congrès ; le quartier des ambassades

— à Varadero : d'abord les plages, longues, très tranquilles et très belles ; la maison des Dupont de Nemours, transformée en partie en restaurant ; et, dans la région, les grottes de Bellamar

À FAIRE — une excursion à Guama, dans la région de la fameuse Baie des Cochons, avec en chemin la visite d'une ferme d'élevage de 40 000 crocodiles

— une excursion (ou un séjour) à l'une des 7 plages à l'est de La Havane

— une excursion (encore mieux : un séjour) à Cayo Largo : un seul hôtel sur l'île, la plus belle plage de toutes les Caraïbes, et des langoustes...

— un excursion à Santiago de Cuba, la deuxième ville cubaine, restée très « coloniale »

SE DIVERTIR : — orchestres ou discothèques dans les principaux hôtels ; quelques boîtes de nuit dans les hôtels luxueux ; spectacles folkloriques à l'occasion

À RAPPORTER : — cigares, rhum, vannerie, livres

S'INFORMER : — *Bureau de Tourisme de Cuba, 440, boul. Dorchester ouest, Montréal, Québec H2Z 1V7*

— *Cubatur, Calle 23, no. 156, Vedado, La Havane, Cuba*

Sur les murs des édifices gouvernementaux.

L'accueil le plus chaleureux du monde.

Les îles Cayman 2

Il y a trois îles Cayman (certains écrivent Caïmans): GRAND CAYMAN, PETIT CAYMAN et CAYMAN BRAC.

Les visiteurs de cet archipel situé dans la mer des Caraïbes y vont pour la tranquillité, pour le calme de ses plages, ou pour y vivre dans un territoire britannique sans taxes ni impôts. C'est donc une destination vraiment spéciale.

Situation géographique

Les îles Cayman sont un archipel situé dans la mer des Antilles, entre Cuba et la Jamaïque, à près de 300 km au nord-ouest de cette dernière.

La population est un mélange de descendants de boucaniers, de naufrageurs et de fermiers écossais. Un peu plus de 16 000 habitants en tout, donc très peu pour un archipel de 300 km². Grand Cayman est la plus vaste des trois, avec 35 km de long sur 13 km de large. Ce sont des îles coralliennes et plates, plutôt que volcaniques et montagneuses.

Rappel historique

Les îles Cayman furent découvertes, elles aussi, par nul autre que Christophe Colomb, en 1503. Le navigateur les

Luxe, calme et volupté.

appela d'abord «Las Tortugas» à cause du très grand nombre de tortues géantes qu'il y trouva.

Les îles furent très peu colonisées en fait. On y venait surtout chercher des tortues. L'archipel a relevé de la Jamaïque jusqu'en 1962, au moment où cette «île-mer» proclama son indépendance. Depuis, officiellement une colonie britannique, les îles Cayman ont leur propre constitution et une certaine autonomie.

On y va maintenant pour les plages superbes; certaines sont démesurément longues (West Beach, sur Grand Cayman, mesure 10 km de long). Le tourisme s'y développe lentement mais sûrement.

FICHE TECHNIQUE

Nom de l'archipel: LES ÎLES CAYMAN (ou Caïmans)
Nom des îles: GRAND CAYMAN, PETIT CAYMAN, CAYMAN BRAC
Superficie: 312 km^2
Population totale: 16 000 habitants
Capitale: GEORGE TOWN (sur Grand Cayman)
Population de la capitale: 3 000 habitants
Autres villes: WEST BAY, RUM POINT, EAST END
Langue: anglais
Religion: protestante
Monnaie: dollar de Cayman
Gouvernement: colonie britannique
Température moyenne l'hiver: 24°C
Température moyenne l'été: 27°C
Meilleure saison pour y aller: l'hiver
Économie de l'île en général: tourisme, banques, pêcheries
Niveau de vie en général: très élevé
Liaisons aériennes: Cayman Airways (via Miami ou la Jamaïque)
Aéroports: Owen Roberts, et un petit aéroport sur les 2 autres îles
Formalités douanières: passeport idéal, quoique non obligatoire
Infrastructure routière: passable
Infrastructure hôtelière: quelques très bons petits hôtels
Restaurants/cuisines: en nombre limité; excellents steaks de tortues

Activités sportives: tous les sports nautiques, surtout la plongée sous-marine
Divers: attention aux moustiques, surtout l'été

Les aspects touristiques

À VOIR — surtout les plages
— une ferme d'élevage de tortues (Société de Mariculture)
— quelques épaves de navires échoués

À FAIRE — une excursion à Cayman Brac pour la pêche en haute mer, pour la plongée sous-marine et pour les nombreuses falaises calcaires qui sont un paradis pour les spéléologues
— du shopping hors-taxes, dans la capitale surtout
— enfin, ...y déposer (pour ceux qui le peuvent) son argent dans l'une des nombreuses banques de la capitale (on ne paie ni taxes ni impôts)

SE DIVERTIR: — quelques boîtes de nuit, dans les bons hôtels

À RAPPORTER: — bijoux, alcools et parfums

S'INFORMER: — *Earl B. Smith, Travel Marketing Consultants, 11 Adelaide St. West, suite 406, Toronto, Ontario M4P 1K5*
— *Cayman Islands Dept. of Tourism, P.O. Box 67, George Town, Grand Cayman, West Indies*

La Jamaïque 3

La Jamaïque est l'une des quatre Grandes Antilles, et l'une des îles les plus visitées de la région. Il faut l'admettre, c'est l'une des plus belles îles des Antilles, tant pour ses paysages, ses plages, son climat, ses attractions et son infrastructure touristique également.

Il faut l'admettre aussi, l'île s'est beaucoup améliorée et commercialisée, sans compter qu'elle a subi certains problèmes socio-politiques, il y a quelques années, dus en particulier au chômage.

Un peu de géographie

Située dans la mer des Caraïbes, à 150 km au sud de Cuba, et à l'ouest d'Haïti, la Jamaïque est une ancienne colonie britannique devenue un État indépendant en 1962.

D'une superficie de 11 000 km², l'île est quand même facile à traverser en voiture. L'île est très montagneuse, le massif des Blue Mountains y culminant à 2 292 m.

Le climat est de type tropical, avec des pluies plus abondantes au nord qu'au sud. La forêt est de type tropical humide, exubérante, surtout sur les versants montagneux.

La population s'élève à plus de 2,5 millions d'habitants. À forte majorité noire, cette population vit le long des plaines côtières où s'étendent les plantations de cannes à sucre et de bananes. On cultive aussi le tabac, le café, les ananas et les agrumes, des épices et des légumes. L'une des grandes richesses du pays est toutefois dans son sous-sol, la bauxite (1er exportateur au monde).

Quant au tourisme, il est un complément important et indispensable à l'économie de l'île.

Un peu d'histoire

À l'époque où elle était habitée par les Indiens Arawaks, l'île s'appelait «la terre des bois et des eaux»: XAYMACA. L'île fut ensuite découverte par Christophe Colomb en 1494 (le 3 mai).

Les Espagnols commencèrent à la coloniser à partir de 1509, et l'appelèrent «l'île de Santiago». Après l'extermination des Indiens, on les «remplaça» par des esclaves d'Afrique.

L'île fut ensuite conquise par les Anglais en 1658, et le traité de Madrid confirma la possession anglaise. Ceux-ci l'appelèrent Jamaïca (à la fois pour rappeler le nom en arawak et pour honorer Jacques II) et en firent une colonie prospère en dépit des difficultés causées par l'esclavage et la révolte des Noirs; et les insoumis se réfugièrent dans la montagne. La grande richesse de l'époque était la canne à sucre.

À partir de 1884, les Jamaïquains obtinrent une certaine autonomie à l'intérieur, mais l'île faisait toujours partie de la Grande-Bretagne. La Jamaïque obtint son indépendance totale en 1962, et est toujours membre du Commonwealth.

Les Jamaïquains sont très fiers de leur autonomie; mais ils ont gardé la subdivision du pays en 12 comtés et trois parties principales: Cornwall, Middelsex et Surrey, qui évoquent bien encore l'héritage anglais de l'île.

Les chutes de la Dunn's River.

La langue officielle est l'anglais, mais il existe un créole jamaïquain typique ; ainsi l'expression «its boonoonoonoos» veut dire : excellent, extraordinaire, superbe, etc.

Les attraits touristiques

Kingston, la capitale, est très peuplée. C'est la plus importante ville anglaise d'Amérique située au sud de Miami. La ville fut détruite par un tremblement de terre en 1907. C'est aujourd'hui une ville moderne, avec quelques jardins, parcs, musées, quelques fortifications anciennes (le fort Charles), les ruines de l'ancienne ville détruite de Port-Royal et quelques souvenirs du fameux pirate et boucanier Henry Morgan (il est devenu à la fin de sa vie lieutenant-gouverneur de l'île).

Spanish Town est plus riche d'histoire, ayant été l'ancienne capitale à l'époque coloniale.

Montego Bay a quelques souvenirs de l'époque espagnole, mais est surtout connue comme la Côte d'Azur jamaïquaine.

Ocho Rios mérite une excursion (ou un séjour) pour ses fameuses chutes de la Dunn's River, chutes de près de 200 m que l'on escalade à pied, en compagnie d'un guide.

On fera aussi une excursion à Port Antonio, en particulier pour y descendre la rivière Rio Grande sur des radeaux de bambou ; une intéressante balade au coeur de la forêt tropicale. Le même genre de descente de rivière se fait aussi sur la Martha Brae.

Mais surtout, la valeur touristique de la Jamaïque réside dans ses installations touristiques modernes le long d'excellentes plages. À Négril, entre autres, mais aussi à Montego Bay, à Ocho Rios, à Port Antonio.

Une destination très appréciée de la plupart des connaisseurs.

FICHE TECHNIQUE

Nom de l'île : la JAMAÏQUE (en anglais : JAMAICA)
Superficie : 10 962 km^2
Population totale : 2 400 000 habitants (Jamaïquains)
Capitale : Kingston

Population de la capitale: 700 000 habitants
Autres villes: MONTEGO BAY, SPANISH TOWN, OCHO RIOS, PORT ANTONIO
Langue: anglais
Religions: anglicane et catholique
Monnaie: dollar jamaïquain
Gouvernement: État indépendant (depuis 1962)
Température moyenne l'hiver: 21°C
Température moyenne l'été: 30°C
Meilleure saison pour y aller: toute l'année (l'été un peu humide)
Économie de l'île en général: agriculture, bauxite, tourisme
Niveau de vie en général: assez élevé
Liaisons aériennes: Air Canada, Air Jamaica et nombreuses compagnies américaines
Aéroports: surtout à Kingston et Montego Bay
Formalités douanières: passeport non obligatoire, mais idéal
Infrastructure routière: très bonne (mais conduite à gauche)
Location d'auto: toutes les facilités
Infrastructure hôtelière: excellent choix, en qualité et en quantité
Restaurants: en très grand nombre; cuisines antillaise et internationale
Activités sportives: tous les sports nautiques, tennis, golf, équitation
Divers: le climat socio-politique s'est stabilisé

Les aspects touristiques

À VOIR
— à Montego Bay: quelques fortifications, la baie elle-même, des hôtels de luxe
— à Ocho Rios: les fameuses chutes de la Dunn's River; le Shaw Park Gardens avec le thé devant un défilé de mode, et une fanfare militaire
— à Kingston: le port, les rues commerçantes, des musées
— à Port Antonio: la station balnéaire huppée
— à Négril: 10 km de plages de sable et des villages-vacances
— à Spanish Town: plusieurs vestiges de l'époque coloniale espagnole (l'ancienne capitale de l'île)

À FAIRE — une excursion, soit sur rivière Rio Grande ou sur rivière Martha Brae, pour les descendre sur des radeaux de bambous, dans des décors enchanteurs
— une excursion en train, ou en autocar touristique, vers les Blue Mountains, avec la visite des musées Arawak et de Port-Royal
— une excursion en soirée (mardi et jeudi) à Great River: balades en bateau et festin en plein air, orchestres de steel band, etc.
— une visite dans une plantation de bananes

SE DIVERTIR: — courses de chevaux, orchestres, discothèques, boîtes de nuit, etc.

À RAPPORTER: — coquillages, porcelaines, bijoux, vannerie, sculptures sur bois

S'INFORMER: — *Office du Tourisme de la Jamaïque, Mezzanine, 1110, rue Sherbrooke ouest, Montréal, Québec H3A 1G9*
— *Jamaica Tourist Board, 20 Knudsford Blvd., Kingston, Jamaïque*

Le vent dans les voiles.

Haïti 4

Haïti fait régulièrement les manchettes depuis quelques années. C'est un pays en voie de développement et en voie de stabilisation politique également. C'est aussi la «Perle des Antilles», l'une des destinations touristiques les plus choyées par plusieurs personnes.

Un peu de géographie

Contrairement à ce que plusieurs croient, Haïti n'est pas une île, mais l'un des deux pays qui forment ensemble l'île d'Hispaniola. En effet, Haïti est une république située dans la partie occidentale de l'île, qu'elle partage avec la république Dominicaine, entre l'Atlantique au nord et la mer des Caraïbes au sud. Plusieurs parlent «d'île d'Haïti» en parlant de l'ensemble de l'île d'Hispaniola

Le pays couvre environ le tiers de l'île, soit 27 750 km².

L'intérieur du pays est très montagneux ; le massif de la Selle culmine à 2700 m. La côte est très découpée ; à l'ouest, on y trouve l'immense golfe des Gonaïves, au fond duquel s'abritent la capitale Port-au-Prince et aussi l'île de Gonave.

Le climat est de type tropical, tempéré par les vents venant de l'Atlantique au nord. Certains versants de montagnes sont couverts de forêts tropicales, tandis que d'autres régions plus plates sont semi-désertiques.

La population s'élève à plus de 6 millions d'habitants. Les Haïtiens sont tous de race noire. Les gens vivent pauvrement, dans l'ensemble, et l'émigration des masses paysannes vers les villes est très forte. L'économie du pays est toujours basée sur l'agriculture (café, canne à sucre, cacao, bananes, tabac, maïs, coton, sisal, riz).

De petites industries de transformation existent, et le tourisme est l'une des grandes ressources potentielles de l'île ; mais ce tourisme est développé surtout par des intérêts américains et canadiens. Il faut espérer qu'avec le nouveau gouvernement en place, plus démocratique que les précédents, Haïti reprenne en main son développement économique pour un mieux-être de sa population.

Un peu d'histoire

Découverte par Christophe Colomb en 1492, l'île d'Hispaniola (mot qui veut dire «Petite Espagne») devint rapidement la première colonie espagnole d'Amérique latine. Ce fut longtemps la base des expéditions espagnoles vers les autres îles des Caraïbes et même vers toute l'Amérique latine. Le nom Haïti veut dire «Grande Terre» en langue indienne Caraïbe.

Comme sur la plupart des autres îles, on y fit venir des esclaves noirs d'Afrique, après que les populations indiennes, les Arawaks, y furent décimées (par des maladies, des guerres et des déportations...) Ce fut ensuite l'époque des flibustiers français qui s'installèrent dans l'île, et ils la nommèrent «Saint-Domingue».

Au milieu du 17e siècle, l'île d'Hispaniola fut divisée en deux. En 1697, le traité de Ryswick ratifia le partage: le tiers à la France, les deux tiers à l'Espagne (voir: la république Dominicaine). Les Français s'installèrent à l'ouest de l'île et en firent une colonie prospère grâce au tabac, à l'ébène et à la canne à sucre.

Petit à petit, les riches planteurs se brouillèrent avec la métropole; et la révolte des esclaves noirs, dirigée par Toussaint Louverture, provoqua plusieurs émeutes, révol-

L'avenir d'Haïti.

tes et conflits avec la France, jusqu'à ce que le général Dessalines réussisse à chasser les Français et à proclamer l'indépendance, en 1804.

Haïti est en fait la première République noire de l'histoire, le premier peuple à se libérer du joug colonial européen (après les États-Unis en 1776).

De 1811 à 1820, le pays fut gouverné par Henri Christophe, qui se proclama roi. En 1843, la partie orientale de l'île obtint son indépendance de l'Espagne et forma un nouvel État: la république Dominicaine. Puis ce fut en Haïti une série de problèmes économiques, agraires, sociaux, militaires et politiques, jusqu'à ce que cette situation provoque l'intervention militaire, économique et financière des États-Unis, à partir de 1915, au moment de l'assassinat du président haïtien.

Puis la dictature s'installa petit à petit, à partir de 1950 surtout. Avec l'arrivée du docteur («Papa Doc») François Duvalier à la tête du pays, en 1957, suivi de son fils Jean-Claude en 1971, le pays fut en fait dirigé sans véritable opposition, par opportunisme et par des militaires et une police dictatoriale (les «tontons-macoutes»), avec des rapports souvent ambigus avec les États-Unis.

En 1986, le «Président à vie» Duvalier a fui le pays et un régime démocratique s'est installé. En améliorant sa situation socio-économique, le peuple démontrera sûrement, dans les prochaines années, toutes les qualités qui l'ont marqué dans le passé: fierté, autonomie, travail, liberté.

Les attraits touristiques

Haïti est une destination touristique spéciale. Comme pour Cuba et les Bahamas, c'est le genre d'île où l'on va en vacances pour le soleil, la mer, la plage, l'exotisme et le dépaysement dans «le sud». Mais, comme Cuba aussi, Haïti ne plaît pas à tout le monde. C'est le genre d'île où «le choc culturel» pour un Nord-Américain est plus violent qu'ailleurs. Le fait de se retrouver en vacances dans le pays le plus pauvre d'Amérique peut provoquer certaines réactions. Il faut donc bien se préparer, mentalement, pour une voyage en Haïti.

Les paysages y sont extrêmement beaux, l'infrastructure hôtelière est complète (on trouve entre autres plusieurs petits hôtels sympathiques, à très bas prix), plusieurs plages sont intéressantes, quoique l'on n'y aille pas pour les plus belles plages des Antilles. On y va en fait pour le peuple haïtien.

On ira voir entre autres la citadelle du roi Christophe, une forteresse construite à 900 m d'altitude, à 30 km de Cap-Haïtien. On s'attardera dans la capitale Port-au-Prince pour y voir vivre un peuple fier, beau et heureux malgré les nombreux problèmes d'ordre socio-politique et économique qu'il a connus. La vie intense qui le caractérise est, somme toute, sa plus grande richesse. Haïti, en effet, c'est son peuple. Haïti c'est le soleil mais aussi le vaudou, la musique, la danse, le rythme, la langue créole, l'art naïf, les couleurs; en bref, la vie sous toutes ses formes.

FICHE TECHNIQUE

Nom du pays: HAÏTI (nom de l'île: Hispaniola)

Superficie: 27 750 km² pour Haïti (et 77 253 km² pour Hispaniola)

Population totale: 6 millions d'habitants (Haïtiens)

Capitale: PORT-AU-PRINCE

Population de la capitale: 600 000 habitants

Autres villes: CAP-HAÏTIEN, GONAÏVES, PÉTIONVILLE, JACMEL, LES CAYES, JÉRÉMIE

Langues: français et créole

Religion: catholique

Monnaie: gourde (et dollar américain...)

Gouvernement: république (depuis 1804)

Température moyenne l'hiver: 24° C

Température moyenne l'été: 29° C

Meilleure saison pour y aller: de décembre à mai

Économie du pays en général: agriculture, petites industries, tourisme

Niveau de vie en général: très bas (le pays le plus pauvre d'Amérique)

Liaisons aériennes: Air Canada, différentes compagnies américaines (via New York ou Miami)

Formalités douanières: passeport

Infrastructure routière: réseau routier complet, mais pas partout en bon état
Location d'auto: possibilités, mais vaut peut-être mieux prendre des taxis
Hôtellerie: choix varié et en grande quantité
Restaurants: nombreux et variés; cuisines créole et américaine
Activités sportives: tous les sports nautiques, tennis, golf, équitation
Divers: les «tontons-macoutes» sont enfin disparus...

Les aspects touristiques

À VOIR — à Port-au-Prince: Le Palais National, avec son parc et ses jardins; le Marché de Fer (là où l'animation est la plus intense dans la cap.); la Place des Héros de l'Indépendance; le Musée national et le Musée d'art haïtien; la cathédrale Sainte-Trinité, et quelques autres petites églises
— dans la région de Cap-Haïtien: la Citadelle du roi Christophe, construite en 1817, et le Palais de Sans-Souci
— à Pétionville: des villas et des hôtels luxueux

À FAIRE — une excursion à l'île de la Tortue (l'ancien repère de pirates et corsaires)
— une excursion à l'île de Gonave pour ses plages désertes et ses pêcheurs
— des excursions en bateau à fond de verre pour admirer des «jardins sous-marins»
— des excursions à l'intérieur du pays pour voir la population dans sa vie quotidienne, dans les marchés de village (surtout celui de Kenscoff), à travers quelques forêts de pins; on trouve aussi plusieurs vestiges de l'époque coloniale

SE DIVERTIR: — 2 casinos, plusieurs boîtes de nuit et discothèques (dans les bons hôtels)

À RAPPORTER: — peintures «naïves», vannerie, rhum (Barbancourt), tissus, bijoux de coquillages

S'INFORMER: — *Office du Tourisme d'Haïti, 44, Fundy, Place Bonaventure, C.P. 187, Montréal, Québec H5A 1A9*
— *Office National du Tourisme, Avenue Marie-Jeanne, Port-au-Prince, Haïti*

La république Dominicaine 5

Plusieurs l'appellent l'île de SAINT-DOMINGUE. Ce n'est pas vraiment une île, puisque la république Dominicaine partage avec Haïti l'île d'Hispaniola, et Saint-Domingue c'est le nom de sa capitale.

C'est par contre l'une des destinations parmi les plus populaires des Antilles, entre autres raisons parce que son infrastructure hôtelière s'est grandement améliorée depuis quelques années et qu'elle est la plus espagnole de toutes les Caraïbes. «Santo Domingo» reste pour plusieurs une destination touristique très attachante.

Un peu de géographie

La république Dominicaine est située dans la partie orientale, y couvrant les deux tiers de l'île d'Hispaniola, dans les Grandes Antilles, entre l'océan Atlantique au nord et la mer des Caraïbes au sud.

Le pays est très montagneux, son point culminant, le mont Duarte, étant à 3175 m d'altitude (c'est d'ailleurs la plus haute montagne de toute la chaîne des Antilles). La côte

À la mémoire du découvreur.

est très découpée, formant des baies et des péninsules nombreuses, et jalonnée de plusieurs très belles plages. Le climat est de type tropical, tempéré à l'intérieur par l'altitude et sur le littoral par les alizés. Les pluies sont plus abondantes durant l'été, surtout au nord et à l'est de l'île. La forêt tropicale domine presque partout dans le pays.

Les 6,5 millions d'habitants, dont 70% sont mulâtres, vivent essentiellement d'agriculture (bananes, fruits tropicaux, café, cacao, tabac, canne à sucre), d'élevage bovin, et d'industries reliées aux ressources minières (sulfates de calcium, fer, bauxite, nickel, etc.). Le commerce s'effectue principalement avec les États-Unis.

Un peu d'histoire

Découverte en 1492 par Christophe Colomb, l'île fut nommée Hispaniola (ou «Petite Espagne», que plusieurs appellent aussi Haïti); ce fut la première grande colonie espagnole, tout en étant le tremplin pour la découverte, la conquête et la colonisation de toute l'Amérique latine, des Antilles jusqu'à la Terre de Feu, en passant par le Mexique également.

Par le traité de Ryswick de 1697, l'île fut partagée entre la France et l'Espagne. En 1809, les Espagnols chassent les Français et y rétablissent leur souveraineté pour quelques années encore. Après plusieurs révoltes intérieures, l'indépendance fut proclamée en 1821, dix-sept ans après celle de sa voisine Haïti, mais ne fut effective qu'à partir de 1844.

La république Dominicaine se trouva aux prises par la suite avec des problèmes de pauvreté, avec des révolutions, des révoltes nombreuses encore, des conflits avec Haïti, avec des interventions américaines également. Ceux-ci prirent en charge le gouvernement de l'île et y protégèrent plusieurs dictateurs en place. Un mélange d'interventions militaires, de répressions policières, d'investissements de capitaux étrangers, et de progrès économiques. Il est quelque fois difficile de porter un jugement global et définitif.

Après quelques assassinats et coups d'État, l'intervention militaire américaine dans les années 60 permit au pays de se stabiliser au point de vue politique et économique. La stabilité règne aujourd'hui, et le pays a fait depuis une dizaine d'années de gros efforts de modernisation et de création au niveau des équipements touristiques.

Les attraits du pays

La grande richesse de la république Dominicaine, en plus du soleil, des plages et du climat tropical, c'est que ce pays offre un bel exemple de la présence de la civilisation espagnole en Amérique. Cuba n'est plus espagnole, et Porto Rico est de plus en plus américaine, tandis que la république Dominicaine a gardé plusieurs marques de son riche passé colonial espagnol, à Saint-Domingue entre autres.

La capitale offre sa belle cathédrale Santa Maria de la Menor (la plus ancienne cathédrale d'Amérique: elle renferme la tombe de Christophe Colomb), son Palais des Beaux-Arts, son Théâtre National, et plusieurs vestiges coloniaux tels des fortifications, des églises et couvents anciens. On trouve aussi plusieurs parcs et jardins, ainsi que plusieurs musées. La ville est une escale appréciée également des amateurs de croisière dans les Caraïbes (on y retrouve de nombreuses boutiques...).

Le reste de l'île est très apprécié par les amateurs de paysages et de plages, ou de ceux qui cherchent une station balnéaire moderne. Le pays est riche aussi au niveau flore et faune: des oiseaux tropicaux par milliers, des récifs de corail au large des côtes. Tout cela complète bien le tableau d'un pays ensoleillé et invitant, en particulier pour les touristes nord-américains.

FICHE TECHNIQUE

Nom du pays: RÉPUBLIQUE DOMINICAINE; nom de l'île: Hispaniola (ou Haïti)

Superficie: 48 442 km²

Population totale: 6,5 millions d'habitants (Dominicains)

Capitale: SAINT-DOMINGUE (Santos-Domingo, en espagnol)

Population de la capitale: 1 million d'habitants

Autres villes: SANTIAGO DE CABALLEROS, SAN FRANCISCO, LA ROMANA, PUERTO PLATA

Langue: espagnol (beaucoup d'anglais aussi)

Religion: catholique

Monnaie: peso dominicain
Gouvernement: république (indépendante depuis 1821)
Température moyenne l'hiver: 20°C
Température moyenne l'été: 30°C
Meilleure saison pour y aller: de janvier à mai
Économie de l'île en général: agriculture, mines, tourisme
Niveau de vie en général: moyen
Liaisons aériennes: Dominica Airlines et compagnies américaines (via New York, Miami ou San Juan)
Aéroports: «Las Americas» à Saint-Domingue, et «La Union» à Sosua / Puerto Plata
Formalités douanières: passeport et carte de touriste
Infrastructure routière: passable
Location d'auto: possibilités
Hôtellerie: maintenant le choix varie entre moyen et excellent
Restaurants / cuisines: très nombreux restaurants / cuisines antillaise et américaine
Activités sportives: tous les sports nautiques, golf, tennis
Divers: de nombreux vols nolisés partent chaque semaine (de l'hiver)

La plage de Sosua.

Les aspects touristiques

À VOIR — à Saint-Domingue : la cathédrale Santa Maria de la Menor (la plus ancienne d'Amérique) où se trouve paraît-il les restes de Christophe Colomb, le Théâtre National, le Palais des Beaux-Arts, le couvent Saint-Domingue, le Parc de l'indépendance, et plusieurs autres vestiges coloniaux dans cette plus vieille ville d'Amérique, et qui est en même temps un important port d'escale de bateaux de croisière dans les Caraïbes (plusieurs rues commerçantes)

— à Puerto Plata : la forteresse San Felipe, et le mont Isabel de Torrès dans la région

— les plages de Boca Chica (le « Old Orchard » de Saint-Domingue), Costa Verde, Baie Samana et Villas des Mar

À FAIRE — une excursion dans les parcs nationaux (Cordillère centrale) pour la faune et la flore, en particulier jusqu'au sommet du Pico Duarte, le point culminant du pays ainsi que de toutes les Antilles (3 175 m)

— une excursion (ou un séjour) à Sosua, la nouvelle station balnéaire

— des excursions vers les récifs de corail où abondent les poissons tropicaux

SE DIVERTIR : — combats de coqs, baseball, plusieurs casinos, bars, discothèques, etc.

À RAPPORTER : — ambre, batiks, poterie, argenterie, vannerie

S'INFORMER : — *Dominican Republic Tourist Office, 1464, rue Crescent, Montréal, Québec H3A 2B6*

— *Centro Dominicano de Informacion Turistica, Av. Arzobisco Merino, 156, Saint-Domingue, R.D.*

Porto Rico 6

Il y a autant de Portoricains à New York qu'à San Juan, et autant de New-Yorkais en même temps en vacances à Porto Rico également. Porto Rico est en fait la «Floride insulaire» des Américains de l'Est. C'est une île des Caraïbes très accessible, jouissant d'un climat tropical toute l'année, et qui est américaine en plus. De nombreux grossistes y organisent des forfaits tout compris, à prix assez abordables.

Un peu de géographie

L'île de Porto Rico est située dans la mer des Caraïbes, entre l'immense île d'Hispaniola (Haïti et république Dominicaine) et les îles Vierges américaines et britanniques. C'est en fait la plus petite des quatre Grandes Antilles (après Cuba, la Jamaïque et Hispaniola).

Sa superficie totale est de 8 971 km². En fait, il s'agit d'un archipel qui comprend, en plus de l'île de Porto Rico même, les petites îles de Vieques, de Culebra et de Mona. La population totale est d'environ 3,5 millions d'habitants, le métissage étant fort élevé entre Noirs, Espagnols, Indiens et Américains.

L'île est très montagneuse. Des plaines jalonnent les côtes, couvrant environ le tiers du pays. Le climat est de type tropical humide, ce qui donne une végétation très luxuriante.

Politiquement, Porto Rico est un État libre, mais «associé» aux États-Unis, dans une sorte de commonwealth américain. L'île s'occupe des affaires internes, et les Américains les représentent à l'échelle internationale.

La moitié de l'île est cultivée. On y trouve de la canne à sucre, du tabac, du café, des bananes, des ananas, des agrumes et des céréales. Plusieurs petites industries sont reliées aux cultures (distilleries de rhum, sucreries, jus de fruits, vêtements et chaussures). Les exportations et importations se font essentiellement avec les États-Unis. La principale activité économique demeure toutefois le tourisme (hôtellerie, restauration, distractions, commerces, transport, services, etc.).

La Forteresse El Morro.

Un peu d'histoire

L'île de Porto Rico fut découverte, comme tant d'autres, par Christophe Colomb, en 1493. Déjà peuplée par les Indiens Arawaks, on lui donna le nom de «port riche» au moment de la fondation de San Juan au fond d'une très belle baie, par Juan Ponce de Leon, (le découvreur de la Floride) en 1511.

L'île fut occupée par les Anglais et les Hollandais, en plus de la longue colonisation par les Espagnols. Les révoltes des Noirs et le problème de l'esclavage ont provoqué des insurrections prônant l'autonomie de l'île. Celle-ci fut cédée aux États-Unis au traité de Paris en 1898, à la suite de la guerre hispano-américaine. Les Américains en font alors une colonie. Les Portoricains deviennent officiellement américains en 1917, et leur constitution de 1952 accorde à leur île le statut d'État libre associé aux États-Unis. Le gouverneur de l'île a les pouvoirs d'un chef d'État, mais c'est en fait Washington qui gouverne, qui «empoche et qui distribue» aussi. Lors d'un référendum tenu en 1967, la majorité des Portoricains votèrent dans le sens de demeurer un État associé aux États-Unis. Peut-être qu'un jour l'île deviendra le 51e État américain.

Les attraits touristiques

Une île où l'on trouve à la fois un peu d'Espagne, l'âme antillaise et le grand frère américain, tout cela avec un climat privilégié et des plages assez intéressantes, ne peut qu'être une destination touristique de premier ordre. L'accueil y est chaleureux et les infrastructures d'équipement touristique sont modernes maintenant. Toutes les facilités au niveau des sports et des loisirs également. Le coeur de la vie touristique se concentre d'abord sur le «Condado Strip», la promenade du bord de plage à San Juan. Mais il y a aussi le «Vieux San Juan».

Là, le visiteur s'attardera d'abord à la forteresse El Morro, qui date du 16e siècle. Il ira ensuite admirer la cathédrale San Juan Batista (Saint-Jean-Baptiste, bien sûr) qui date de 1527. La ville possède plusieurs musées (musée Pablo Casals, musée d'histoire, musée d'art), plusieurs rues piétonnières avec des boutiques et des galeries d'art, plusieurs vieux édifices restaurés, de bons restaurants offrant la cuisine de pratiquement tous les pays européens.

San Juan est probablement la ville où il y a le plus de divertissements en soirée à travers toutes les Antilles. On y trouve une douzaine de casinos, des boîtes de nuit, des cabarets, des spectacles de danses folkloriques, des concerts, des discothèques en grand nombre, sans compter qu'on peut assister à un spectacle de flamenco espagnol. Il y a également le Festival LE LO LAI qui est un événement hebdomadaire, et non annuel (spectacle et divertissements variés).

Enfin, l'intérieur mérite également quelques excursions afin de découvrir l'une des plus belles îles des Antilles.

FICHE TECHNIQUE

Nom de l'île: PORTO RICO (en espagnol: Puerto Rico)

Superficie: 8 891 km²

Population totale: 3,5 millions d'habitants (Portoricains)

Capitale: SAN JUAN

Population de la capitale: 1 million d'habitants

Autres villes: PONCE, MAYAGUEZ, ARECIBO

Langues: espagnol; l'anglais en hôtellerie et affaires

Religion: catholique

Un peu de l'Espagne, un peu du Mexique aussi...

Monnaie: dollar américain

Gouvernement: État libre, mais «associé» aux États-Unis

Température moyenne l'hiver: 23°C

Température moyenne l'été: 30°C

Meilleure saison pour y aller: toute l'année (l'été est par contre très humide)

Économie de l'île en général: agriculture et tourisme

Niveau de vie en général: assez élevé

Liaisons aériennes: Prinair et plusieurs compagnies américaines (via New York et Miami)

Aéroport international: à San Juan

Formalités douanières: passeport non obligatoire, mais idéal

Infrastructure routière: excellente

Location d'auto: toutes les facilités

Hôtellerie: excellent choix d'hôtels, et quelques paradores

Restaurants: en nombre et en variété; cuisines antillaise, américaine et internationale

Activités sportives: tous les sports nautiques, golf, tennis, équitation

Divers: San Juan est un important port d'embarquement de croisières dans les Caraïbes

Les aspects touristiques

À VOIR — à San Juan: le Vieux San Juan, avec sa forteresse El Morro, d'autres fortifications, des places ombragées, son hôtel de ville, ses musées, ses parcs, ses rues tortueuses
— à Ponce: une cathédrale et un musée
— à Mayaguez: le jardin tropical et le zoo
— à Arecibo: l'un des plus grands télescopes au monde

À FAIRE — des excursions en montagne pour les panoramas
— une excursion dans la forêt El Yunge (un immense jardin botanique naturel à proximité de la capitale)
— une balade à l'intérieur de l'île pour voir les gens vivre dans leur petit village, des pêcheurs à leur retour, des rivières, de charmantes petites églises, etc.

SE DIVERTIR: — plusieurs casinos (dans de grands hôtels), des spectacles de danses folkloriques, des concerts, des festivals, des combats de coqs, des courses de chevaux, plusieurs boîtes de nuit également

À RAPPORTER: — vannerie, bijoux en coquillages, rhum

S'INFORMER: — *Office du Tourisme de Porto Rico, 10 King Street East, suite 501, Toronto, Ontario M5C 1C3*
— *Office du Tourisme de Porto Rico, Calle San Justo, P.O. Box 3072, San Juan, 00903 Porto Rico*

Les îles Vierges américaines et Saint-John 7

Les îles américaines

Les îles Vierges (Virgin Islands) sont un archipel des Petites Antilles, situé à l'est de Porto Rico, entre l'Atlantique et la mer des Caraïbes, colonisé en partie par la Grande-Bretagne et en partie par les États-Unis.

Les îles Vierges américaines, elles, achetées du Danemark en 1917 pour leur intérêt stratégique, comprennent les îles de SAINT-THOMAS, SAINTE-CROIX, SAINT-JOHN, et une cinquantaine d'autres, inhabitées. En tout: 344 km^2, et près de 70 000 habitants. La ville de Charlotte Amalie est la capitale pour l'ensemble de l'archipel. L'on y vit de l'agriculture (canne à sucre, fruits tropicaux et légumes) et du tourisme.

La plage de Cinnamon Bay.

Rappel historique

Les îles Vierges américaines (autant Ste-Croix, St-Thomas que St-John) ont été découvertes par Christophe Colomb en 1493. Ce furent au début des escales pour navigateurs, pirates, boucaniers ou flibustiers, autant français, anglais, hollandais et espagnols, avant que les Danois ne les achètent... et les revendent aux Américains, en 1917.

Saint-John

Saint-John fut danoise déjà à partir de 1671. On y exploitait la canne à sucre, grâce à l'esclavage.

L'île n'a que 50 km². Elle est assez montagneuse, et le point culminant (389 m) est situé en plein milieu du Parc national des îles Vierges. Parmi les trois «Vierges» américaines, c'est la plus verdoyante, mais aussi la moins peuplée, la plus tranquille, la plus paradisiaque, comme on dit dans les brochures touristiques.

FICHE TECHNIQUE

Nom de l'île: SAINT-JOHN
Superficie: 58 km²
Population totale: 2300 habitants
Capitale des îles Vierges américaines: CHARLOTTE AMALIE (sur l'île St-Thomas)
Langue: anglais
Religions: protestante et catholique
Monnaie: dollar américain
Gouvernement: une possession des États-Unis
Température moyenne l'hiver: 24°C
Température moyenne l'été: 29°C
Meilleure saison pour y aller: l'hiver
Économie de l'île en général: villégiature et tourisme
Niveau de vie en général: très élevé
Liaisons aériennes: aucune (l'île est reliée par bateau à St-Thomas)
Formalités douanières: passeport non obligatoire, mais idéal
Infrastructure routière: quasi inexistante
Location d'auto: aucune

Hôtellerie: luxueuse et très chère (pas en grand nombre)
Restaurants: très peu et très chers
Activités sportives: tous les sports nautiques
Divers: on peut s'y rendre par hydravion, via San Juan ou St-Thomas, avec «Antilles Air Boat»

Les aspects touristiques

À VOIR — un hôtel pour millionnaires, le «Plantation» à Caneel Bay, construit par Rockefeller
— le Parc national des îles Vierges: un paradis tropical presque intact, couvrant les deux tiers de l'île

À FAIRE — un pique-nique sur la plage, avec steak et langouste sur feu de bois, riz créole et rhum local
— des excursions vers les autres îles Vierges, tant britanniques qu'américaines, en yacht ou en voilier
— de la pêche en haute mer et de la plongée sous-marine

SE DIVERTIR: — un peu, dans les hôtels

À RAPPORTER: — tissus, bijoux, coquillages, parfums et alcools

S'INFORMER: — *Bureau du Tourisme des îles Vierges des États-Unis, 234 Eglinton Avenue East, suite 306, Toronto, Ontario M4P 1K5*
— *Office du Tourisme des États-Unis, 1405, rue Peel, suite 300, Montréal H3A 1S5*

Saint-Thomas 8

Pour des plages tranquilles, des baies spectaculaires, ou du shopping à son meilleur, lors d'une escale en bateau de croisière, Charlotte Harbour est devenue un «must» pour les Nord-Américains. La capitale de l'île de Saint-Thomas, Charlotte Amalie, est la capitale de l'ensemble des îles Vierges américaines.

Rappel historique et géographique

Découverte par Christophe Colomb en 1493, l'île de Saint-Thomas n'est située qu'à une soixantaine de kilomètres de Porto Rico.

Colonisée au début par des boucaniers hollandais à partir de 1643, l'île fut prise ensuite par les Anglais, avant d'appartenir aux Danois à partir de 1666. Le Danemark l'a cédée ensuite aux États-Unis en 1917. Mais le style danois demeure toujours présent sur l'île. C'est comme un décor de «conte d'Andersen revu et corrigé par les Américains»...

Dans cette petite île montagneuse, le mont Crown culmine à 474 m. Le «style danois» domine un peu partout dans l'île encore aujourd'hui, mais dans l'ensemble l'architectu-

L'escale à Charlotte Amalie.

re est très cosmopolite. À noter que l'île n'a que 20 km de long sur moins de 5 km de large: on en fait rapidement le tour.

FICHE TECHNIQUE

Nom de l'île: SAINT-THOMAS
Superficie: 83 km^2
Population totale: 47 000 habitants
Capitale: CHARLOTTE AMALIE
Population de la capitale: 30 000 habitants
Autres villes: FRENCHTOWN, ALTONA, MAFOLIE, MANDAL, CANAAN
Langue: anglais
Religions: protestante et catholique
Monnaie: dollar américain
Gouvernement: une possession des États-Unis
Température moyenne l'hiver: 24°C
Température moyenne l'été: 29°C
Meilleure saison pour y aller: l'hiver
Économie de l'île en général: tourisme, distillerie de rhum, commerce
Niveau de vie en général: très élevé (le plus élevé des Antilles)
Liaisons aériennes: American Airlines, Prinair, Air B.V.I., et LIAT
Aéroport international: aéroport «Harry S. Truman» à Charlotte Amalie
Formalités douanières: passeport non obligatoire, mais idéal
Infrastructure routière: moyennement développée
Location d'auto: possibilités, mais conduite à gauche
Hôtellerie: bon choix d'hôtels
Restaurants: nombreux restaurants, cuisines internationales
Activités sportives: tous les sports nautiques, golf et tennis

Les aspects touristiques

À VOIR — à Charlotte Amalie: le «charme du vieux port danois du 18e siècle», ses rues étroites et tortueuses, ses anciens entrepôts, ses murailles, son marché du samedi; quelques vieux édifices de style colonial, sa très célèbre rue de 99 marches, le Parlement, plusieurs jolies vieilles maisons et églises, le Musée des îles Vierges, etc. (la capitale organise, entre autres manifestations, un important Festival à la fin d'avril).

À FAIRE — des excursions en voilier
— de la pêche en haute mer
— des excursions en bateaux à fond de verre, au large du port
— du shopping hors taxe dans plusieurs boutiques internationales de la capitale (c'est une escale fort appréciée des croisiéristes nord-américains)

SE DIVERTIR : — plusieurs boîtes de nuit, en plus des divertissements que l'on trouve dans la plupart des hôtels

À RAPPORTER : — bijoux, porcelaines, cuirs, tissus, parfums, alcools, vannerie

S'INFORMER : — *Bureau du Tourisme des Îles Vierges des États-Unis, 234 Eglinton Avenue East, suite 306, Toronto, Ontario M4P 1K5*
— *U.S. Virgins Islands, Division of Tourism, 10 Rockefeller Plaza, New York, 10020 N.Y. U.S.A.*

Sainte-Croix 9

Sainte-Croix est la plus grande des îles Vierges américaines (45 km de long sur 11 km de large). On y va essentiellement pour admirer la charmante ville de Christiansted, restée typiquement danoise et fort colorée depuis le 18e siècle.

Rappel historique et géographique

Découverte par Christophe Colomb en 1493, l'île de Sainte-Croix (baptisée au début Santa Cruz) fut appelée «îles Vierges» avec l'archipel voisin, en souvenir de sainte Ursule et ses compagnes massacrées par les Huns. Colonisée d'abord par les boucaniers hollandais à partir de 1643, l'île fut prise par les Anglais, puis un peu plus tard par les Espagnols. En 1651, un groupe de 160 Français s'emparent de l'île, venant eux-mêmes d'être chassés de l'île de St-Christophe (aujourd'hui St-Eustatius).

Sainte-Croix fut vendue toutefois en 1733 par les Français au roi Christian VI du Danemark. Et l'île fut achetée enfin par les Américains en 1917 (pour 25 millions de dollars, paraît-il).

Située à 65 km au sud de l'île de Saint-Thomas, Sainte-Croix vit autant de l'agriculture que du tourisme.

Le souper pour la famille.

Pour se nourrir, mais aussi pour plaire aux touristes.

FICHE TECHNIQUE

Nom de l'île: SAINTE-CROIX
Superficie: 218 km²
Population totale: 50 000 habitants
Capitale de l'île: CHRISTIANSTED (la capitale de l'archipel est Charlotte Amalie)
Population de la ville: 10 000 habitants
Autres villes ou villages: BETHLEHEM, FREDERIKSTED, ANNALY, FREDENSBORG
Langue: anglais
Religions: protestante et catholique
Monnaie: dollar américain
Gouvernement: possession des États-Unis
Température moyenne l'hiver: 23°C
Température moyenne l'été: 29°C
Meilleure saison pour y aller: l'hiver
Économie de l'île en général: canne à sucre, élevage, tourisme, villégiature
Niveau de vie en général: très élevé (le plus haut des Antilles)
Liaisons aériennes: Air B.V.I., American Airlines, Prinair, LIAT
Aéroport international: «Alexander-Hamilton»
Formalités douanières: passeport idéal, mais non obligatoire
Infrastructure routière: assez bonne

Location d'auto: possibilités (mais la conduite est à gauche)
Hôtellerie: grand choix d'hôtels, mais très chers
Restaurants: excellent choix; cuisines antillaise et américaine
Activités sportives: tous les sports nautiques, golf, tennis

Les aspects touristiques

À VOIR — le vieux port de Christiansted
— les forts Christiansted et Frederik, construits au 17e siècle
— plusieurs édifices gouvernementaux construits par les colonisateurs danois
— le Jardin botanique de St. George Village

À FAIRE — des excursions en voilier autour des autres îles Vierges, tant britanniques qu'américaines
— une excursion à Buck Island, un îlot entouré de récifs coralliens, pour la plongée sous-marine, ou tout simplement pour l'observation de poissons exotiques à travers le fond de verre d'un bateau

SE DIVERTIR: — peu, et seulement dans les bons hôtels

À RAPPORTER: — bijoux, tissus, parfums, alcools

S'INFORMER: — *Bureau du Tourisme des îles Vierges des États-Unis, 234 Eglinton Avenue East, suite 306, Toronto, Ontario M4P 1K5*
— *Division of Tourism, Christiansted, St. Croix, U.S. Virgins Islands, 00820 V.I., U.S.A.*

Les îles Vierges britanniques (Tortola) 10

Les îles Vierges (Virgin Islands) sont un archipel des Petites Antilles, situé à l'est de Porto Rico, entre l'Atlantique et la mer des Caraïbes, colonisé en partie par la Grande-Bretagne et en partie par les États-Unis.

Les îles Vierges britanniques, elles, ont une superficie de 153 km^2. Elles comprennent 42 îles dont seulement 15 sont habitées. Plus précisément, elles font partie des îles Sous-le-Vent. La principale de ses îles Vierges britanniques est Tortola, où se trouve d'ailleurs la capitale de l'archipel: Road Town.

L'archipel fournit de la canne à sucre, des légumes et des fruits tropicaux. Le tourisme, surtout à cause de la mode de la voile, se développe de plus en plus.

Rappel historique

Découvertes par Christophe Colomb en 1493, les îles Vierges, tant américaines que britanniques, ne formaient au début qu'un tout. L'Espagne ne colonisa pas ces îles. Elles servaient de repaires aux pirates de toutes les nationalités. Les premiers colons britanniques s'y installèrent à

Sur la petite île de Virgin Gorda.

partir de 1620 environ, surtout sur Tortola. L'archipel est toujours une colonie du Royaume-Uni, et ce, depuis 1672. Tortola, l'île la plus visitée, est l'un des centres du yachting les plus recherchés des Antilles aujourd'hui. C'est une base de ravitaillement pour voiliers qui partent ensuite à la découverte d'îles et d'îlots «pratiquement» vierges. Ce sont comme de véritables petites «îles aux trésors» de notre enfance.

FICHE TECHNIQUE

Nom de l'archipel: ÎLES VIERGES BRITANNIQUES
(en anglais: British Virgin Islands)
Superficie de l'archipel: 153 km^2
Population totale: 11 000 habitants
Capitale: ROAD TOWN, située sur l'île principale: TORTOLA
Population de la capitale: 6 000 habitants
Autres îles: VIRGIN GORDA, ANAGADA, BEEF ISLAND, SALT ISLAND, JOST VAN DYKE
Langue: anglais
Religions: anglicane et catholique
Monnaie: dollar américain
Gouvernement: colonie britannique
Température moyenne l'hiver: 22°C
Température moyenne l'été: 26°C
Meilleure saison pour y aller: l'hiver
Économie de l'archipel en général: tourisme et villégiature
Niveau de vie en général: très élevé
Liaisons aériennes: Air B.V.I., Dorado Wings, Antilles Air Boat
Aéroport: aéroport international de Beef Island
Formalités douanières: passeport obligatoire
Infrastructure routière: développée sur Tortola et Virgin Gorda surtout
Location d'auto: possibilités, mais conduite à gauche comme en Angleterre
Hôtellerie: choix varié, du simple hôtel au plus luxueux
Restaurants: quelques bons restaurants; cuisines internationales
Activités sportives: tous les sports nautiques, voile surtout

Divers : des îles-refuges pour millionnaires sous le soleil des Antilles (plus du tiers des visiteurs possèdent leur propre bateau)

Les aspects touristiques

À VOIR — sur l'île Tortola : le mont Sage, dont le sommet atteint 542 m, transformé en parc national, avec ses forêts magnifiques et ses vues panoramiques sur toute la région ; des fortifications de l'époque coloniale (les forts Charlotte, Recovery, Shirley) ; une distillerie de rhum également
— sur l'île Virgin Gorda : « The Baths », des bassins et des grottes remplis d'eau salée
— l'hôtel luxueux de Little Dix Bay

À FAIRE — des excursions en voilier autour de toutes les îles environnantes
— des pique-niques sur les plus belles plages de Tortola : Smuggler's Cove, Belmont Bay, Brewer Bay
— de la plongée sous-marine dans les récifs de corail, des sites privilégiés vraiment exceptionnels

SE DIVERTIR : — un peu, dans les meilleurs hôtels

À RAPPORTER : — artisanat local, parfums et alcools

S'INFORMER : — *B.V.I. / Caribbean Travel Association, 20 East, 46th Street, New York, N.Y. 10017, U.S.A.*
— *British Virgin Islands Tourist Board, P.O. 134, Road Town, Tortola, British Virgin Islands*

Anguilla 11

L'île a la forme d'une anguille, d'où son nom. Mais ce qui la distingue, c'est le fait que ses habitants ont refusé l'indépendance que leur a offerte l'Angleterre en même temps qu'aux îles de Saint-Kitts et Nevis.

Situation géographique et rappel historique

Anguilla est un «Paradis perdu» comme l'écrivent certains chroniqueurs. C'est une petite île située à l'extrémité septentrionale de la chaîne des Petites Antilles. Sa largeur ne dépasse guère 5 km, mais elle mesure environ 25 km de long. La végétation est plutôt sèche.

Découverte par les Espagnols, colonisée par les Anglais à partir de 1650, l'île subit quelques invasions de la part des Français, entre autres en 1745 et 1796.

Longtemps associée à Saint-Kitts et Nevis au niveau administratif, les trois étant des colonies britanniques, Anguilla s'est dissociée de ses deux îles soeurs lorsque celles-ci sont devenues indépendantes et formèrent un pays en 1983. Ainsi donc, Anguilla est toujours une possession du Royaume-Uni.

Anguilla est à 111 km au nord-ouest de Saint-Kitts, mais elle est seulement à quelques kilomètres de Saint-Martin. C'est une île assez plate au niveau du relief (le point culminant n'est qu'à 59 m), une île formée essentiellement de récifs coralliens.

On s'y arrête davantage pour un soir lors d'une croisière en voilier dans la région, plutôt que pour y séjourner une semaine ou deux comme on le fait dans certaines «grandes» îles des Antilles généralement.

FICHE TECHNIQUE

Nom de l'île: ANGUILLA (à cause de sa forme)
Superficie: 91 km² (comprend aussi quelques îlots)
Population totale: 6500 habitants
Capitale: THE VALLEY

On y pêche de tout... sauf l'anguille.

Population de la capitale: 3000 habitants
Autres villes (ou villages): THE QUARTER, EAST END, CROCUS HILL
Langue: anglais
Religions: protestante et catholique
Monnaie: Eastern Caribbean dollar
Gouvernement: colonie du Royaume-Uni (État associé indépendant)
Température moyenne l'hiver: 24°C
Température moyenne l'été: 29°C
Meilleure saison pour y aller: l'hiver (l'automne est très humide)
Économie de l'île en général: pêcheries, sel, agriculture, tourisme
Niveau de vie en général: assez élevé
Liaisons aériennes: Windward Islands Airways (via Antigua ou Saint-Martin)
Aéroport international: «Wall Blake Airport» à The Valley
Formalités douanières: passeport obligatoire ainsi que carte touristique
Infrastructure routière: simple, mais carrossable
Location d'auto: possibilités, mais conduite à gauche
Hôtellerie: quelques petits hôtels (ou auberges)

Restaurants: dans les hôtels surtout; cuisines antillaise et américaine

Activités sportives: tous les sports nautiques, surtout la plongée sous-marine

Divers: Anguilla est en fait un petit archipel comprenant aussi quelques petites îles autour de l'île mère (les îles SCRUB, DOG et PRICKLY PEAR CAYS)

Les aspects touristiques

À VOIR — les marais salants de Salt Pond
— les plages tranquilles, presque vierges, situées au nord-est de l'île dans la région de Road Bay

À FAIRE — repos dans un petit hôtel tranquille
— des excursions avec les pêcheurs de homard
— de la plongée sous-marine le long des récifs de corail (Rendezvous Bay, Mead's Bay, Maunday's Bay, ainsi qu'autour des îlots de Prickly Pear Cays)

SE DIVERTIR: — quasi inexistants; à ce niveau, Anguilla est probablement l'île la plus tranquille de toutes les Antilles

À RAPPORTER: — très peu de choses, sinon des coquillages et des objets de vannerie

S'INFORMER: — *Anguilla Travel Service, P.O. Box 139, Anguilla, West Indies*

Saba et Sint Eustatius 12

Les îles de Saba et Sint Eustatius (avec la partie hollandaise de Saint-Martin) font partie des «îles hollandaises du Vent».

Histoire et géographie

Saba, surnommée «le Rocher», et Sint Eustatius, surnommée «Statia», appartiennent aux Pays-Bas. Ce sont deux petites îles tranquilles, situées à moins de 70 km de l'île de Porto Rico.

L'île de Saba est un ancien volcan de 12 km^2 de superficie, sans plage. Sint Eustatius est formée de deux volcans éteints reliés par une vallée, et couvrant environ 30 km^2 ; le point culminant, The Quill, est à 610 m d'altitude.

Saba fut d'abord habitée par les Hollandais. Elle s'est associée à Sint Eustatius en 1828, formant ainsi une colonie des Pays-Bas.

L'île de Sint Eustatius (Saint-Eustache en français) est située à 26 km au sud-est de Saba. Elle connut ses heures

Saba, petite mais typique.

de gloire, au moment de la guerre d'Indépendance américaine, en y vivant du commerce et du trafic d'armes, de vivres et de vêtements destinés aux combattants qui luttaient contre le blocus anglais. Les habitants de l'île, à cette époque, étaient vingt fois plus nombreux que ceux d'aujourd'hui. L'île fut attaquée à quelques reprises par les Anglais, mais resta en définitive très hollandaise.

On va dans ces deux îles davantage par soucis d'originalité et de découverte que pour s'y reposer dans des stations balnéaires traditionnelles. Ces îles ne sont pas très accessibles et ont d'ailleurs peu d'équipements touristiques. Ce sont des endroits que l'on peut qualifier de spéciaux, d'inusités et de privilégiés.

FICHE TECHNIQUE

Nom des îles: SABA et SINT EUSTATIUS

Superficies: Saba 13 km^2; Sint Eustatius 30 km^2

Populations totales: Saba 1 000 habitants; Sint Eustatius 2 000 habitants

Capitales: BOTTOM et ORANJESTAD

Autres villages: sur Saba: Fort Bay; sur Sint Eustatius: Ladder Bay

Langue: néerlandais

Religions: catholique et protestante

Monnaie: florin antillais

Gouvernement: colonies des Pays-Bas

Température moyenne l'hiver: 24°C

Température moyenne l'été: 28°C

Meilleure saison pour y aller: de décembre à mai

Économie des îles en général: agriculture et tourisme

Niveau de vie en général: élevé

Liaisons aériennes: Winward Islands Airways (via Sint Maarten ou Curaçao)

Aéroport sur Saba: l'aéroport «Juancho Yrausquin»

Aéroport sur Sint Eustatius: l'aéroport «F. D. Roosevelt»

Formalités douanières: passeport obligatoire

Infrastructure routière: quasi inexistante sur les deux îles

Location d'auto: vaut mieux louer des taxis-jeep
Hôtellerie: très peu de choix
Restaurants: limités aux hôtels, avec surtout des fruits de mer
Activités sportives: quelques sports nautiques, et la randonnée pédestre
Divers: on ne va surtout pas sur ces îles pour leurs plages...

Les aspects touristiques

À VOIR — sur Saba: la ville de Bottom située dans la vallée, en forme de bol, dans le fond du cratère volcanique
— sur Sint Eustatius: Oranjestad avec son vieux port et les ruines d'entrepôts abandonnés

À FAIRE — une excursion au mont Scenery (904 m), un volcan éteint sur l'île de Saba
— le repos total à Saba, car il n'y a même pas de plage
— un pique-nique sur l'une des petites plages tranquilles de Sint Eustatius
— des rencontres avec les gens non habitués aux flux touristiques

SE DIVERTIR: — quasi inexistants

À RAPPORTER: — broderies de Saba surtout, quelques objets de vannerie

S'INFORMER: — *Netherlands Antilles Windward Islands, 445 Park Avenue, New York, N.Y. 10022, U.S.A.*
— *Saba Tourist Bureau, The Bottom, Saba, Netherlands Antilles*
— *Sint Eustatius Tourist Bureau, Oranjestad, Sint Eustatius, Netherlands Antilles*

Saint-Martin 13

Une île unique au monde que cette petite Saint-Martin où flottent deux drapeaux: celui de la France et celui des Pays-Bas. L'île est aussi une importante escale sur la plupart des itinéraires des bateaux de croisière dans les Caraïbes, le shopping y étant franc de douane. En bref, pour les touristes, ce sont deux îles pour le prix d'une.

Un peu de géographie

L'île de Saint-Martin (que les Hollandais nomment Sint-Maarten), est située à l'est des îles Vierges, dans la partie nord de la chaîne des Petites Antilles. L'île est partagée depuis 1648 entre la France dans sa partie septentrionale, et les Pays-Bas pour sa partie méridionale. La partie française est un peu plus grande, mais la partie hollandaise est plus développée touristiquement parlant.

Le relief de l'île est montagneux, le point culminant, le mont Paradis, étant à 424 m. Le climat est de type tropical, un peu plus sec peut-être que sur d'autres îles voisines.

Les gens vivent du tourisme, d'un peu d'agriculture et d'une exploitation de sel. La partie hollandaise de l'île est plus développée, plus riche que l'autre. C'est en effet au sud que se trouvent la majorité des hôtels, des restaurants, des boutiques. C'est là que se trouve l'important port d'escale de Philipsburg et l'important aéroport international de «Reine Juliana».

Un peu d'histoire

L'île était habitée jadis par les indiens Caraïbes. Puis, comme la plupart des îles antillaises, Saint-Martin fut découverte par Christophe Colomb, cette fois lors de son deuxième voyage en 1493, le jour de la Saint-Martin (le 11 novembre).

Les Hollandais exploitèrent au début le sel de l'île, mais furent chassés par les Espagnols en 1640. Ces derniers, en quittant l'île, laissèrent en 1648 neuf membres d'équipage: 4 Français et 5 Hollandais, qui décidèrent de vivre en paix sur cette île, chaque groupe de son côté. On raconte que, pour délimiter officiellement la frontière, on fit

La baie de Marigot, du côté français.

partir au même moment deux coureurs, le Français de l'extrémité nord de l'île et le Hollandais à partir de l'extrémité sud, et qu'au point de rencontre des deux, l'on traça la ligne de démarcation des deux pays. Comme le Français courut plus rapidement, la partie française de l'île mesure 54 km^2, et la partie hollandaise seulement 41 km^2. Ça se passait en 1648, le 13 mars.

Plus tard, la partie française fut achetée et revendue quelque fois; l'ensemble de l'île fut occupé momentanément par les Anglais à deux reprises, mais la stabilité politique actuelle remonte à 1816, ce qui est presque incroyable dans cette partie du monde.

Les attraits touristiques

On y va pour le soleil, la plage, le repos. On s'y arrête aussi pour le shopping car c'est une île qui profite «du franc de douane». Des minibus et taxis font le tour de l'île en une heure à peine, ce qui permet au visiteur de traverser deux pays frontaliers en quelques minutes. Ainsi, l'un des endroits les plus visités et photographiés de l'île se trouve au monument frontalier qui commémore trois siècles de coexistence pacifique.

Deux îles en une, pour le même prix.

Exceptionnellement, parce que l'île est divisée en deux pays, nous allons résumer ses caractéristiques en deux fiches techniques.

FICHE TECHNIQUE

Nom de l'île: SAINT-MARTIN
Superficie: 54 km² (la partie française seulement)
Population: 6 500 habitants
Capitale: MARIGOT
Population de la capitale: 2 600 habitants
Autres villes ou villages: GRAND-CASE, CUL-DE-SAC,
Langue: français
Religion: catholique
Monnaie: franc français (et dollar américain)
Gouvernement: colonie de la France *
Température moyenne l'hiver: 24° C
Température moyenne l'été: 28° C
Meilleure saison pour y aller: de janvier à mai
Économie de l'île en général: agriculture et tourisme
Niveau de vie en général: élevé
Liaisons aériennes: Air Guadeloupe (via Pointe-à-Pitre) **
Aéroport international: aéroport «de l'Espérance» **
Formalités douanières: passeport obligatoire
Infrastructure routière: simple, mais en bon état
Location d'auto: possibilités, mais vaut mieux louer des taxis, les distances étant très courtes
Hôtellerie: quelques petits hôtels seulement, du côté français du moins
Restaurants: bon choix; cuisines créole, française et américaine
Activités sportives: tous les sports nautiques
Divers: * St-Barthélemy, la Désirade, les Saintes, Marie-Galante et la partie française de St-Martin sont administrées par la Guadeloupe, qui est un département français outre-mer.
** Il est souvent plus facile de passer par l'aéroport international «Princesse Juliana» qui est situé dans la partie hollandaise de l'île.

Les aspects touristiques

À VOIR — le fort Marigot
— l'étang salé de Simsonbaai
— les plages de la baie Marigot et celle de Grand-Case

— le rythme de vie des insulaires, les bistros, la sortie de l'école, etc.

À FAIRE — une excursion dans la partie hollandaise de l'île (pour du shopping surtout)

— une excursion vers l'île de Saint-Barthélemy, située à 15 minutes en avion

SE DIVERTIR: — très peu, surtout aux cafés-terrasses ou aux bars d'hôtels

À RAPPORTER: — coquillages, vannerie, rhum, parfums

S'INFORMER: — *Services Officiels du Tourisme, 1981, av. McGill College, suite 490, Montréal, Québec H3A 2W9*

— *Office du Tourisme de la Guadeloupe (Saint-Martin), 5 Place de la Banque, C.P. 1099, 97181 Pointe-à-Pitre, Guadeloupe*

FICHE TECHNIQUE

Nom de l'île: SINT MAARTEN (partie hollandaise de l'île Saint-Martin)

Superficie: 41 km²

Population totale: 10 000 habitants

Capitale: PHILIPSBURG

Population de la capitale: 6 000 habitants

Langues: anglais et néerlandais

Religions: méthodiste et catholique

Monnaie: florin antillais (et dollar américain)

Gouvernement: possession des Pays-Bas (administrée de Curaçao)

Température moyenne l'hiver: 24° C

Température moyenne l'été: 28° C

Meilleure saison pour y aller: de janvier à mai

Économie de l'île en général: tourisme, commerce, sel, agriculture

Niveau de vie en général: assez élevé

Liaisons aériennes: KLM, Air France, LIAT, ALM, compagnies américaines, Prinair

Aéroport international: aéroport «Princesse Juliana»

Formalités douanières: passeport obligatoire

Infrastructure routière: moyennement développée

Location d'auto: possibilités; vaut mieux louer des taxis
Hôtellerie: très bons choix d'hôtels
Restaurants: quelques-uns, et dans les hôtels
Activités sportives: tous les sports nautiques, tennis
Divers: associée à Sint Eustatius et Saba, cette partie hollandaise de l'île de Saint-Martin jouit d'une autonomie politique pour les affaires internes

Les aspects touristiques

À VOIR — le grand étang de sel de Simsonbaii
— plusieurs plages
— la rue commerçante de la capitale Philipsburg, surtout quand il y a dans la rade un navire de croisière qui a laissé débarquer 1 300 touristes... descendus sur l'île pour faire du shopping

À FAIRE — du shopping (après que le navire de croisière est reparti...)
— une excursion dans la partie française de l'île
— une excursion vers les autres petites îles hollandaises (Saba et Sint Eustatius)

SE DIVERTIR: — des casinos et des boîtes de nuit dans les grands hôtels de Philipsburg

À RAPPORTER: — montres, bijoux, parfums, alcools, tabacs, dans les nombreuses boutiques hors taxe; artisanat local également

S'INFORMER: — *Sint Maartin Tourist Office, 23 Kingsdale Av., Willowdale, Ontario M5H 2R2*
— *Office National Néerlandais du Tourisme, 327 Bay Street, Toronto, Ontario M5H 2R2*
— *Sint Maarten Tourist Office, De Ruyterplain, Philipsburg, Sint Maarten, Netherlands Antilles*

Saint-Barthélemy 14

Saint-Barthélemy est une petite île des Antilles françaises, moins fréquentée que la Guadeloupe de qui elle dépend administrativement parlant, mais c'est une île tranquille et très appréciée des vacanciers. «Saint-Barth» est en fait l'une des plus originales des îles antillaises.

Histoire et géographie

L'île est située dans la série des îles du Vent, à 200 km environ au nord-ouest de la Guadeloupe. Elle appartient à la France, quoiqu'elle fut suédoise de 1784 à 1877. D'ailleurs le nom de sa capitale, Gustavia, rappelle cette époque où la Suède possédait aussi quelques îles dans la région des Caraïbes.

Venus de France au 17ᵉ siècle, de Bretagne et de Normandie en particulier, les premiers colons vivaient autour de la baie de Carénage, l'ancien nom français de la capitale au début de la colonisation de l'île; on y pêchait, on y cultivait la banane, le tabac et les légumes. À noter que l'île porte son nom en l'honneur du frère du découvreur (Barthélemy Colomb). L'île fut rachetée par la France en 1877.

L'île est d'origine volcanique et le climat est de type tropical, plutôt sec. Par contre, c'est l'une des îles antillaises les mieux pourvues en plages superbes. Vingt plages en une île qui n'a que 10 km de largeur, et qui est encore très peu fréquentée par les masses de touristes. C'est à noter, surtout pour les amateurs d'endroits à la fois inusités et très beaux.

FICHE TECHNIQUE

Nom de l'île: SAINT-BARTHÉLEMY (couramment appelée «St-Barth»)

Superficie: 24 km^2

Population totale: 32 000 habitants (les Saint-Barts)

Capitale: GUSTAVIA

Population de la capitale: 1 600 habitants

Entre deux collines, l'aéroport de «St-Barth».

Autres villes ou villages: SAINT-JEAN, COROSSOL, COLOMBIER, LORIENT

Langue: français

Religion: catholique

Monnaie: franc français

Gouvernement: colonie de la France (administrée via la Guadeloupe)

Température moyenne l'hiver: 24°C

Température moyenne l'été: 26°C

Meilleure saison pour y aller: de décembre à mai

Économie de l'île en général: agriculture et tourisme

Niveau de vie en général: cher

Liaisons aériennes: Air Guadeloupe (via St-Martin ou Pointe-à-Pitre)

Aéroport international: à St-Jean

Formalités douanières: passeport obligatoire

Infrastructure routière: peu développée

Location d'auto: possibilités, mais vaut mieux prendre des taxis

Hôtellerie: choix varié, de l'auberge à l'hôtel moyen

Restaurants: quelques très bons restaurants, en plus de ceux des hôtels

Activités sportives: tous les sports nautiques, tennis, équitation

Divers: à noter que Saint-Barthélemy est la seule île des Antilles dont la population est presque entièrement de race blanche (n'ayant pas eu de plantations de canne à sucre à l'époque coloniale, il n'y a pas eu d'esclavage).

Les aspects touristiques

À VOIR — à Gustavia: la rade et la marina; les jolies maisons normando-suédoises avec leurs toits rouges; les rues commerçantes très animées (surtout lors de l'arrêt d'un bateau de croisière)
— la baie Saint-Jean, avec sa plage tranquille et ses cayes (l'endroit idéal pour la plongée sous-marine)

À FAIRE — séjour sur l'une des 20 plages de l'île (qui n'a que 10 km de long...)
— du shopping à Gustavia, qui est restée un port franc (marchandises hors taxe) depuis l'époque de son appartenance à la Suède
— une excursion au point culminant de l'île: le Morne du Vitet
— des excursions vers les petites îles au large: les îles CHEVREAU, les îles FRÉGATE, l'île FOURCHUE, l'île PELÉE, l'île LE BOULANGER

SE DIVERTIR: — presque uniquement dans les bons hôtels

À RAPPORTER: — bijoux, parfums, alcools, tabacs, vannerie

S'INFORMER: — *Services Français du Tourisme, 1981, av. McGill College, suite 490, Montréal, Québec H3A 2W9*
— *Office du Tourisme, rue Auguste-Nyman, 97133 Gustavia, Saint-Barthélemy, Antilles*

Antigua et Barbuda 15

Antigua, c'est la porte des Petites Antilles. C'est là que se trouve l'important aéroport international qui reçoit les avions «gros porteurs» remplis de touristes d'Amérique du Nord ou d'Europe, et d'où l'on repart avec des appareils plus petits pour atteindre toutes les îles autour.

En effet, le moyen d'atteindre Montserrat, Saint-Kitts, Saint-Martin, Anguilla, Saint-Barthélemy, et plusieurs autres, c'est via Antigua. On peut bien sûr y séjourner également.

Situation géographique

Notons au départ, qu'avec ses dépendances de BARBUDA et de REDONDA, Antigua forme un pays indépendant seulement depuis 1981. L'archipel fait partie des «Leeward Islands», appellation britannique des îles-Sous-le Vent, au nord-est de la chaîne des Antilles.

Le relief de l'île est plutôt montagneux, le point culminant étant le mont Boggy Peak, à 432 m au-dessus du niveau de la mer. On n'y trouve pas une végétation luxuriante comme à Cuba, en Jamaïque ou en Martinique. Le climat y est plutôt sec, chaud à longueur d'année.

Rappel historique

Découverte comme tant d'autres par Christophe Colomb en 1493, lors de son deuxième voyage «vers les Indes», par l'ouest, l'île fut nommée ainsi à cause de la célèbre église Santa Maria la Antigua de Séville.

Des Français s'y installèrent en 1629 mais la sécheresse les découragea. Ce sont les Anglais qui, en 1632, venant de l'île de Saint-Christophe, décidèrent de coloniser l'île. À part une courte occupation française en 1666, Antigua fut toujours une possession britannique, jusqu'en 1967 où elle acquit une certaine autonomie comme État associé au Royaume-Uni. Associée maintenant à l'île Barbuda, Antigua est devenue un pays totalement indépendant en 1981.

Pendant très longtemps, l'île dut sa fortune à ses nombreux ports qui étaient très fiables; English Harbour, par exemple, fut le grand chantier naval de la flotte anglaise dans les Caraïbes. Aujourd'hui encore, c'est le transport qui fait sa fortune, tant aérien que maritime. Le tourisme de séjour également.

Pourquoi séjourner à Antigua

L'île d'Antigua a tout pour répondre aux besoins des vacanciers d'aujourd'hui: des côtes très découpées offrant des panoramas grandioses et des plages incomparables; des fonds sous-marins remplis de coraux qui font la joie des plongeurs et des photographes; un excellent choix d'hôtels tant pour la qualité que pour la quantité; un climat tropical chaud et sec propice à des séjours en toutes saisons, et des activités et des attraits touristiques qui comblent les désirs des plus exigeants.

Saint John's, la capitale, est une escale privilégiée des grandes croisières dans les Caraïbes. Les touristes d'un jour aiment bien flâner autour du vieux port, monter ensuite à l'ancien fort James qui domine depuis le 18e siècle l'ensemble de la ville et de la baie.

Antigua, la porte d'entrée des Petites Antilles.

Tous les excursionnistes, en autocars, en taxis ou en voitures de location, partent aussi à la découverte des célèbres «Nelson's Dockyards» dans l'ancien English Harbour. On y a restauré une partie de la fameuse base navale britannique, on y a aménagé aussi un musée Nelson à la gloire du grand héros anglais. La même route conduit ensuite le visiteur aux fortifications de «Shirley Heights» d'où la vue sur le belvédère est l'une des plus remarquables de toutes les Antilles, en particulier sur l'English Harbour rempli à longueur d'année de centaines de voiliers et yachts de toutes dimensions et de toutes nationalités.

D'autres vacanciers préfèrent séjourner à Antigua pour toutes sortes d'activités sportives reliées à la mer: baignade, surf, ski nautique, et plongée sous-marine surtout, car l'île est entourée de nombreux récifs coralliens. On y organise également des excursions de pêche en haute mer. Il est possible de faire de l'équitation, d'y jouer au football et même au cricket.

D'autres préfèrent visiter une distillerie de rhum, ou une plantation de canne à sucre. Et si vous visitez l'île à la fin juillet ou au début août, vous serez en plein carnaval, car celui-ci dure une dizaine de jours.

À noter aussi qu'Antigua est l'une des îles antillaises très renommées comme base de départ pour des croisières en voilier. En effet, entre Antigua et Grenade, les alizés soufflent et assurent une navigation facile et agréable à l'abri de plusieurs îles, entre autres la Guadeloupe, la Dominique, la Martinique, Ste-Lucie, St-Vincent, et toutes les Grenadines qui sont le paradis de la voile. De Grenade, l'on peut revenir à son point de départ en avion. C'est là l'un des circuits préférés des nouveaux «navigateurs-touristes» du 20e siècle.

Au niveau de l'hébergement, Antigua est l'une des îles antillaises les mieux équipées. Des hôtels, plus d'une trentaine en tout, quelques-uns de luxe, avec golf privé, tennis, discothèque, casino; d'autres sont des hôtels chics, d'autres sont moyens. Notons toutefois que les prix sont assez élevés en général, compte tenu de la faiblesse du dollar canadien par rapport au dollar américain, sur lequel le dollar d'Antigua s'appuie.

Comme spécialité culinaire, on trouvera sur l'île des poissons et des fruits de mer. La langouste, entre autres, tient une place de choix. On y trouve bien sûr une cuisine européenne «épicée à la créole», de même que tous les plats traditionnels de la cuisine nord-américaine. Les fruits et légumes frais sont surtout importés des îles voisines. Quant au rhum, il équivaut à ceux de la Jamaïque, de la Barbade ou de la Martinique... à moins que vous ne soyez un grand expert dans la matière. Antigua offre aussi une très grande variété de divertissements en soirée. En plus des boîtes de nuit, tous les grands hôtels organisent des spectacles, présentent des orchestres de steel band ou de calypso, y offrent une discothèque aussi. On trouve sur l'île deux casinos: à l'Halcion Cove Beach Resort et au Castel Harbour Club.

Barbuda et Redonda

L'île de Barbuda (certains disent la Barbude) est politiquement associée à Antigua. Il s'agit d'une île de 160 km² qui appartenait à la famille Cadrington depuis l'époque de la reine Victoria. La capitale se nomme justement Cadrington.

Barbuda est une réserve de chasse, remplie d'oiseaux, entourée de récifs de corail et très peu fréquentée par les touristes. On n'y trouve que de petits hôtels très tranquilles et quelques belles plages. On peut rejoindre l'île par navette quotidienne à partir de l'île mère Antigua, ou avec un court vol de la compagnie LIAT.

Quant à REDONDA, c'est un point dans la mer des Caraïbes: un rocher de 2 km² au maximum, inhabité, situé entre les îles de Montserrat et Nevis.

FICHE TECHNIQUE

Nom de l'île: ANTIGUA (le nom officiel du pays est ANTIGUA AND BARBUDA)

Superficie de l'île: 280 km²; superficie du pays: 442 km²

Population totale: 80 000 habitants

Capitale: SAINT JOHN'S

Population de la capitale: 25 000 habitants

La pétanque antillaise.

Autres villes: ENGLISH HARBOUR TOWN, OLD ROAD, PARHAM, WILLIKIE'S
Langue: anglais
Religion: anglicane
Monnaie: Eastern Caribbean dollar
Gouvernement: pays indépendant (depuis 1981)
Température moyenne l'hiver: 24°C
Température moyenne l'été: 29°C
Meilleure saison pour y aller: l'hiver
Économie de l'île en général: agriculture, commerce, tourisme
Niveau de vie en général: très élevé
Liaisons aériennes: Air Canada, plusieurs compagnies américaines et LIAT
Aéroport international: aéroport «Coolidge» à St. John's
Formalités douanières: le passeport non obligatoire, mais idéal
Infrastructure routière: assez bonne, mais conduite à gauche
Location d'auto: toutes les facilités
Hôtellerie: un grand choix d'hôtels de toutes catégories
Restaurants: en grand nombre et en variété; cuisines antillaise, américaine et internationale
Activités sportives: tous les sports nautiques, golf, tennis, équitation
Divers: le nom de l'île se prononce «An-tee-ga»

Les aspects touristiques

À VOIR — dans la capitale Saint John's : la cathédrale, le Palais du Gouvernement, les rues commerçantes du centre-ville, le jardin botanique

— l'Arsenal Nelson (Nelson's Dockyards) dans English Harbour

— une distillerie de rhum et une plantation de canne à sucre

— les fortifications de Shirley Heights

À FAIRE — une excursion dans l'île, au hasard, à la rencontre des gens, des plages, des baies panoramiques, des falaises, des vestiges de moulins à sucre, des villages tranquilles

— une excursion à l'île de BARBUDA, pour ses petits hôtels de type familial, pour ses oiseaux, pour ses plages tranquilles, pour la plongée sous-marine

— une excursion enfin, en bateau, vers l'îlot rocheux de REDONDA, un paradis pour les ornithologues, et qui appartient aussi au pays

SE DIVERTIR : — casinos, discothèques, boîtes de nuit, surtout dans les grands hôtels

À RAPPORTER : — importations anglaises, bijoux, parfums, alcools, tissus, et divers objets d'artisanat local

S'INFORMER : — *Antigua and Barbuda Department of Tourism and Trade, 60 St-Clair Avenue East, suite 225, Toronto, Ontario M4T 1N5*

— *Department of Tourism, High Street, P.O. Box 363, Saint John's, Antigua, West Indies*

Saint-Kitts et Nevis 16

Deux belles îles des Antilles, séparées l'une de l'autre par un simple bras de mer de trois km de large, politiquement réunies et formant un pays indépendant depuis 1983 seulement. Saint-Kitts est à voir surtout; elle est surnommée quelquefois « le Berceau des Antilles ».

Situation géographique et rappel historique

L'île de Saint-Christophe (Saint-Kitts, ou Saint-Christopher) est située à 75 km à l'ouest d'Antigua. Elle fut longtemps la principale colonie française, et la principale colonie anglaise aussi, dans les Petites Antilles. De là partaient toutes les expéditions de conquêtes des îles voisines. Ce fut longtemps un peu « l'île mère » de la région des Caraïbes.

Christophe Colomb découvrit l'île qui porte le nom de son saint patron, en 1493. Les Anglais baptisèrent l'île « Saint-Christopher ». Les Français baptisèrent eux la capitale: Basse-Terre. Avec le traité de Versailles en 1783, l'île fut officiellement une colonie de la Couronne britannique.

En 1967, Saint-Christopher s'associa avec les îles de Nevis et Anguilla, avant que cette dernière ne se détache de l'association à la suite d'une insurrection populaire. Ainsi donc, Saint-Kitts et Nevis forment un pays tandis qu'Anguilla est toujours une possession britannique.

Nevis, quant à elle, doit son nom aux nuages (*nieves* en espagnol veut dire neige) que Christophe Colomb aurait aperçus au sommet de la montagne et qu'il prit pour de la neige. Le Nevis Peak culmine à 985 m.

FICHE TECHNIQUE

Nom de l'archipel: SAINT-KITTS ET NEVIS

Superficies: St-Kitts 168 km^2; Nevis 94 km^2

Populations: St-Kitts 35 000 habitants; Nevis 15 000 habitants

Capitale de l'archipel: BASSE-TERRE, sur St-Kitts

Population de la capitale: 16 000 habitants

Saint Kitts et Nevis, vues de l'île de Montserrat.

Autre ville: CHARLESTON, 3000 habitants, sur Nevis
Langue: anglais
Religions: anglicane et catholique
Monnaie: Eastern Caribbean dollar
Gouvernement: pays indépendant (depuis 1983)
Température moyenne l'hiver: 23°C
Température moyenne l'été: 30°C
Meilleure saison pour y aller: l'hiver
Économie de l'île en général: coton, canne à sucre, tourisme
Niveau de vie en général: moyen
Liaisons aériennes pour St-Kitts: LIAT (via Antigua) et Prinair (via San Juan)
Aéroport: à Golden Rock (Basse-Terre)
Formalités douanières: passeport obligatoire
Infrastructure routière: passable
Location d'auto: possibilités, mais conduite à gauche
Hôtellerie: quelques bons hôtels
Restaurants: quelques petits restaurants, sinon à l'hôtel
Activités sportives: tous les sports nautiques, tennis et golf

Les aspects touristiques

À VOIR — sur Saint-Kitts : la formidable forteresse de Brimstone Hill, située sur un rocher volcanique, offrant des vues superbes sur le nord de l'île mais aussi sur les îles voisines de Saba et Sint Eustatius, et de Nevis aussi (on surnomme le fort « le Gibraltar des Antilles »)

— le port de Basse-Terre, les rues commerçantes de la ville et quelques édifices qui restent de l'époque coloniale

À FAIRE — l'escalade du mont Misery (1 156 m)

— une excursion à l'île de Nevis, en bateau, pour voir de près le volcan éteint, rocheux, culminant à 985 m ; pour voir surtout les récifs de corail autour de l'île ; pour voir aussi l'établissement thermal de Bath House (installations qui remontent au 18e siècle) ; pour quelques vestiges coloniaux aussi dans la petite ville de Charleston

SE DIVERTIR : — très peu, et surtout dans les hôtels

À RAPPORTER : — bijoux, coquillages, vannerie, tissus, parfums et alcools

S'INFORMER : — *Haut-Commissariat des Antilles, Place de Ville, Tour B, suite 1701, 112, rue Kent, Ottawa, Ontario K1P 5P2*

— *St. Kitts and Nevis Tourism, P.O. Box 132, Basse-Terre, Saint-Kitts, West Indies*

Montserrat 17

Montserrat est probablement la plus tranquille des îles antillaises. C'est une destination pour ceux qui cherchent le calme en vacances, sans plages bondées, ni pollution, ni bruit, dans des petits hôtels sympathiques à l'ambiance familiale.

Situation géographique

Montserrat est une île située à 40 km au sud-ouest d'Antigua, d'où l'on arrive habituellement. C'est une île volcanique et très montagneuse (le point culminant, le mont Chance, est à 914 m d'altitude). L'île est petite et a la forme d'une poire (6 km de large sur une douzaine de kilomètres de long). On la surnomme « l'Île d'Émeraude ».

La végétation y est dense, riche et typiquement antillaise : bananiers, palmiers, cocotiers, citronniers, avocatiers, etc. Les plus belles plages sont situées du côté ouest, le long de la mer des Caraïbes, mais elles sont très petites.

Rappel historique

L'île fut découverte par Christophe Colomb en 1493, et nommée ainsi en l'honneur d'Ignace de Loyola et des Jésuites du monastère de Montserrat, près de Barcelone, en

Devant la maison du gouverneur.

Espagne. Les premiers habitants, bien avant l'arrivée des Blancs, furent des Indiens Arawaks et Caraïbes.

Les Anglais colonisèrent l'île à partir de 1632. À deux reprises, les Français s'emparèrent de l'île, en 1664 et 1782. Mais ce sont enfin les Irlandais qui s'y établirent et restèrent comme colons pour y exploiter le coton et la canne à sucre.

Disons, en bref, que l'île est très peu exploitée touristiquement parlant. Une île à découvrir, pour le calme, le repos, la détente. Une île qui est restée vraie. Une île à l'échelle humaine.

FICHE TECHNIQUE

Nom de l'île: MONTSERRAT, surnom: «l'Île d'Émeraude»
Superficie: 100 km^2
Population totale: 15 000 habitants
Capitale: PLYMOUTH
Population de la capitale: 1 500 habitants
Autres villes: St. PATRICK, SALEM, ST. JOHN, ST. PETER
Langue: anglais
Religion: protestante
Monnaie: Eastern Caribbean dollar
Gouvernement: une colonie de la Grande-Bretagne
Température moyenne l'hiver: 22°C
Température moyenne l'été: 28°C
Meilleure saison pour y aller: l'hiver
Économie de l'île en général: agriculture, très peu de tourisme
Niveau de vie en général: élevé
Liaisons aériennes: Air Canada et LIAT (via Antigua)
Aéroport: l'aéroport «Blackburn», minuscule, à 16 km de Plymouth
Formalités douanières: le passeport est idéal, quoique non obligatoire
Infrastructure routière: routes étroites et tortueuses
Location d'auto: il vaut mieux louer un taxi (conduite à gauche)
Hôtellerie: que de petits hôtels, sympathiques et familials
Restaurants: cuisines antillaise et européenne (restaurants d'hôtel)

Activités sportives: tous les sports nautiques, un golf, quelques tennis

Divers: les gens sont extrêmement accueillants

Les aspects touristiques

À VOIR — un petit musée situé dans un vieux moulin à sucre
— à noter que les plages sont nombreuses, mais petites, minuscules même
— le marché de Plymouth, son port également
— la Soufrière de Galway, avec du soufre orange et jaune qui coule le long des ravins
— la route serpente autour de l'île: nombreux petits villages typiques

À FAIRE — on y va en fait pour la tranquillité, la paix, le silence, dans une végétation exubérante
— il faut rencontrer un pêcheur qui peint sa barque, l'agriculteur qui descend de la montagne à dos d'âne, et le douanier qui examine vos bagages sans trop se presser
— il y a une belle chute (Great Alp Falls) mais quasi inaccessible pour le touriste moyen

SE DIVERTIR: — aucun divertissement en réalité

À RAPPORTER: — vannerie, cuir, poterie, tissages

S'INFORMER: — *Eastern Caribbean Tourist Ass., room 411, 200 East, 42nd Street, New York, N.Y. 10017, U.S.A.*
— *Montserrat Tourist Office, Plymouth, Montserrat, West Indies*

La Guadeloupe 18

La Guadeloupe est la plus grande des Antilles françaises. L'île a la forme d'un papillon, et c'est l'une des plus belles de toute la zone caraïbe. On y trouve le soleil, la mer, de très belles plages, des forêts tropicales exceptionnelles, des volcans, des chutes spectaculaires, des fortifications de l'époque coloniale, sans compter l'accueil chaleureux et le rythme créole.

Un peu de géographie

La Guadeloupe est un département français outre-mer. Elle est située dans l'archipel des Petites Antilles, entre la Dominique au sud, qui l'isole un peu de la Martinique, et Montserrat au nord.

Il faut noter tout de suite que la Guadeloupe a des dépendances au point de vue administratif: deux îles un peu éloignées d'elle (Saint-Barthélemy et la partie française de Saint-Martin) et trois îles toutes proches et directement reliées, qui sont LES SAINTES, LA DÉSIRADE et MARIE-GALANTE. La Guadeloupe elle-même est formée de deux îles: Basse-Terre et Grande-Terre, séparées par un étroit bras de mer. L'île est très montagneuse, et de type volcanique. Basse-Terre est la partie la plus élevée, avec la Soufrière qui culmine à 1467 m. Les forêts denses dominent les montagnes tandis que les plateaux de faible altitude sont plus secs et réservés à l'élevage.

Le climat est de type tropical, avec des pluies plus abondantes du côté oriental, ou «au vent», du côté de l'Atlantique.

L'île produit de la canne à sucre (sucre et rhum), des bananes, des ananas, du café, du cacao et de la vanille. Il y a quelques pêcheries et de petites industries, mais c'est le tourisme, le commerce et les services qui occupent la plupart des gens.

Les Guadeloupéens sont en très grande majorité des Noirs ou des mulâtres, et leur émigration est très forte vers la France. Les langues officielles sont le français et le créole. La cuisine est exceptionnelle, soit française ou créole; et il en est de même pour la musique guadeloupéenne, la danse, les fêtes, les costumes traditionnels, etc. Tout est couleurs et rythmes ensoleillés dans ce paradis français des tropiques.

Un peu d'histoire

Découverte par Christophe Colomb en 1493, lors de son deuxième voyage dans les Indes occidentales, la Guadeloupe fut nommée ainsi en l'honneur d'un célèbre monastère d'Espagne: Santa Maria de Guadeloupe de Estramadura. Les Indiens Caraïbes originaires de l'île l'avaient nommée *KARUKERA,* ce qui signifie «l'île aux eaux merveilleuses». Les Espagnols ne colonisèrent pas l'île, trop occupés par leurs nouvelles colonies de Cuba, Porto Rico et Saint-Domingue.

L'île devint possession française en 1635, quand Richelieu y envoya un groupe de 400 pionniers, originaires de Normandie et de Touraine. Les Indiens Caraïbes prirent la fuite devant le nombre des envahisseurs et se réfugièrent sur l'île de la Dominique.

Le costume créole traditionnel.

L'île devint possession anglaise en 1691. On y créa de grandes plantations de cannes à sucre à l'aide des 30 000 esclaves d'Afrique, on y construisit le fort de Pointe-à-Pitre et toute l'île devint en fait plus prospère que la Martinique. Après l'abolition de l'esclavage, les Anglais recrutèrent leur main-d'oeuvre aux Indes. Entre-temps, une longue rivalité devait opposer les colons anglais et français dans le climat social tendu de la révolte des Noirs.

Par le traité de Paris de 1763, la France reprit la Guadeloupe et la Martinique, en échange du Canada, à l'Angleterre. Après la Révolution française, les Britanniques reprirent l'île à trois occasions, mais l'acharnement des insulaires a finalement obligé le conquérant à repartir. L'île devint définitivement française à partir de 1816. Depuis 1946, c'est un département français outre-mer. Notons enfin qu'il y a un certain mouvement autonomiste qui pointe à l'horizon. Après la Nouvelle-Calédonie, il se peut que l'attention se porte vers la Guadeloupe dans les prochaines années.

Les attraits touristiques

En Guadeloupe même, on visitera d'abord la capitale Pointe-à-Pitre, avec son marché, son port pittoresque, ses rues commerçantes colorées et animées, et le musée Schoelcher. La plus belle excursion amène ensuite le visiteur faire le tour de la Grande-Terre: la pointe de la Grande-Vigie, le parc naturel et le volcan de la Soufrière, puis les fameuses chutes du Carbet (où il faut marcher 20 minutes pour jouir du site cependant).

On ira voir ensuite la Pointe-des-Châteaux: des falaises granitiques d'où l'on aperçoit la Désirade et Marie-Galante et en chemin les petites villes de Sainte-Anne et Saint-François. Il y a aussi la «route des fleurs», avec ses jardins tropicaux et sa forêt luxuriante. Dans les îles proches de l'île-mère (on les appelle quelquefois les «Îles-à-vue»), on ira voir successivement:

LES SAINTES (14 km^2 / 3 300 habitants): le fort Napoléon, quelques jolies plages, la rade de Terre-de-Haut et son joli port de pêche; deux îles et quelques îlots en tout.

La MARIE-GALANTE (158 km^2 / 30 000 habitants): une distillerie de rhum, le château Murat, quelques plages et l'écomusée des arts et des traditions de l'île.

La DÉSIRADE (30 km² / 1 800 habitants): la petite ville de Grande-Anse, une très belle plage et une grande variété de cactus au milieu de l'île.

Chacune de ces îles possède un petit aéroport d'où partent et arrivent des vols quotidiens de Pointe-à-Pitre, par Air Guadeloupe. Il y a aussi des navettes maritimes.

FICHE TECHNIQUE

Nom de l'île: la GUADELOUPE

Superficie: 1 373 km²

Population totale: 350 000 habitants (Guadeloupéens)

Capitale: POINTE-À-PITRE

Population de la capitale: 35 000 habitants

Autres villes: GOSIER, SAINTE-ANNE, SAINT-FRANÇOIS, LE MOULE, TROIS-RIVIÈRES

Langues: français et créole

Religion: catholique

Monnaie: franc français

Gouvernement: département français outre-mer

Température moyenne l'hiver: 25°C

Température moyenne l'été: 28°C

Meilleure saison pour y aller: de décembre à mai (humide en automne)

Économie de l'île en général: agriculture et tourisme

Niveau de vie en général: élevé

Liaisons aériennes: Air Canada, Air France, compagnies américaines, LIAT, Air Guadeloupe

Aéroport international: «Le Raizet», à Pointe-à-Pitre

Formalités douanières: passeport obligatoire

Infrastructure routière: très bonne, mais beaucoup de trafic

Location d'auto: toutes les facilités

Hôtellerie: plusieurs auberges, petits, grands et luxueux hôtels, 2 Club Med

Restaurants: en quantité et en variété aussi; cuisines créole et internationale

Activités sportives: tous les sports nautiques, golf, tennis, équitation, etc.

Divers: la Guadeloupe administre aussi d'autres petites îles françaises dans la région (toutes reliées à Pointe-à-Pitre par Air Guadeloupe): LES SAINTES, LA DÉSIRADE, MARIE-GALANTE, SAINT-BARTHÉLEMY, et la partie française de SAINT-MARTIN

Les aspects touristiques

À VOIR — à Pointe-à-Pitre: le port très animé, le marché achalandé, les rues commerçantes, le musée Schoelcher (du nom du libérateur de l'esclavage)
— la Pointe-des-Châteaux et ses falaises
— le parc national dominé par le fameux volcan La Soufrière (1 467 m)
— les chutes du Carbet

À FAIRE — une excursion à travers l'île pour voir les gens à leur travail, pour traverser des forêts tropicales magnifiques, et s'arrêter dans des villes et villages sympathiques tels Gosier, Sainte-Anne, Saint-François, Trois-Rivières
— des excursions, en avion ou en bateau, vers les autres îles à proximité: les Saintes (le fort Napoléon et le petit port de pêche), la Désirade (le village de Grande-Anse et une très belle plage), Marie-Galante (le château Murat et une distillerie de rhum, le meilleur des Antilles d'après certains...)

SE DIVERTIR: — casino, boîtes de nuit, discothèques (dans les meilleurs hôtels surtout)

À RAPPORTER: — rhum, tissages, vannerie, coquillages, batiks, etc.

S'INFORMER: — *Services Officiels Français du Tourisme, 1981, av. McGill College, suite 490, Montréal, Québec H3A 2W9*
— *Office du Tourisme, 5 Place de la Banque, C.P. 1099, 97181 Pointe-à-Pitre, Guadeloupe*

La Dominique 19

L'île de la Dominique est le dernier endroit des Antilles où vivent des Indiens Caraïbes, tous les autres vivant sur l'ensemble des îles antillaises ayant été tués au moment de la «colonisation» européenne.

Situation géographique et rappel historique

L'île de la Dominique est située à mi-chemin entre la Guadeloupe et la Martinique. Il est donc incroyable qu'elle ne soit pas restée française, comme ses deux voisines.

D'abord habitée par les Arawaks, puis les Indiens Caraïbes, l'île fut aperçue par Christophe Colomb un dimanche en 1493 (d'où son nom de «Dominica»). Des Français et des Anglais s'y installèrent au 18e siècle, ce qui provoqua comme ailleurs quelques affrontements. Devenue colonie britannique en 1805, l'île a acquis son indépendance récemment: le 3 novembre 1978. On trouve sur cette île des noms assez intéressants, insolites même: Cape-Capucin, Vieille Case, Pointe-à-Peine, Pointe-Mulâtre, Pointe-des-Fous, Scotts Head, Massacre, Morne Raquette.

La Dominique, l'une des plus montagneuses.

La Dominique mesure 45 km sur 25. Le point culminant de l'île, le morne Diablotin, est à 1 247 m au-dessus du niveau de la mer; c'est une île montagneuse: on retrouve aussi le morne Trois Pitons, le morne au Diable et le morne Macaque (à noter que le mot «morne», en créole, veut dire colline ou montagne). En fait, c'est la plus montagneuse de toutes les Petites Antilles. L'île est aussi reconnue comme l'une des plus verdoyantes, et il y pleut très souvent.

On ira donc dans cette île pour du tourisme d'exploration davantage que pour du tourisme balnéaire traditionnel.

FICHE TECHNIQUE

Nom de l'île: La DOMINIQUE (en anglais: DOMINICA)
Superficie: 790 km^2
Population totale: 100 000 habitants
Capitale: ROSEAU
Population de la capitale: 16 000 habitants
Autres villes: POTSMOUTH, SCOTTS HEAD, SOUFRIERE BAY
Langues: anglais et français créole
Religions: catholique et anglicane
Monnaie: Eastern Carribean dollar
Gouvernement: pays indépendant depuis 1978
Température moyenne l'hiver: 22°C
Température moyenne l'été: 32°C
Meilleure saison pour y aller: l'hiver
Économie de l'île en général: agrumes et autres fruits, tourisme
Niveau de vie en général: moyen
Liaisons aériennes: Air Guadeloupe, LIAT (via Antigua ou Martinique)
Aéroport: aéroport «Melville Hall» à 60 km de Roseau
Formalités douanières: le passeport est idéal
Infrastructure routière: très peu de routes, et pas toujours en bon état
Location d'auto: possibilités, mais conduite à gauche
Hôtellerie: bons hôtels à Roseau (dont un dans une forteresse restaurée)
Restaurants: quelques restaurants; cuisines créole et américaine
Activités sportives: très peu

Les aspects touristiques

À VOIR — une plantation d'agrumes (Rose's Lime Juice Co.)
— le Jardin Botanique de Roseau, l'un des plus riches des Antilles, l'un des plus grands aussi
— le Fresh Water Lake, à plus de 1 000 m d'altitude, pour le paysage et le sanctuaire d'oiseaux
— le lac Boiling, entouré de falaises abruptes
— la réserve des Indiens Caraïbes

À FAIRE — pique-nique sur quelques belles plages (situées surtout sur la côte Caraïbes et sur la côte Nord)
— excursion (8 km par la route et une heure à pied) pour admirer les Waterfalls, de belles chutes au milieu d'une végétation tropicale vraiment exceptionnelle

SE DIVERTIR : — peu ; et uniquement dans quelques bons hôtels

À RAPPORTER : — coquillages, vannerie, tissages, sculptures sur bois

S'INFORMER : — *Haut-Commissariat du Commonwealth de la Dominique, 112, rue Kent, suite 1701, Place de Ville, Tour B, Ottawa, Ontario K1P 5P2*
— Dominica Tourist Board, Box 73, Roseau, Dominica, West Indies

La Martinique 20

La Martinique est l'une des Petites Antilles qui appartiennent à la France, l'une aussi des plus développées, des plus riches et des plus belles de toute la région des Caraïbes. La Martinique c'est du soleil, des couleurs et des musiques, des fleurs et des parfums. Les Indiens Caraïbes l'appelaient déjà *MADININA :* «l'île aux fleurs».

Un peu de géographie

Située dans la chaîne des Petites Antilles, entre la Dominique et Sainte-Lucie, elle est baignée à l'est par l'océan Atlantique et à l'ouest par la mer des Caraïbes. Elle est moins étendue que sa presque voisine la Guadeloupe, mais un peu plus peuplée qu'elle. C'est une île quand même assez grande, avec ses 80 km de long, et une largeur moyenne de 20 km.

L'île est très montagneuse, et volcanique. La Montagne Pelée culmine à 1 400 m, et il y a aussi les pitons du Carbet et le morne Jacob qui sont assez élevés. Le climat est de type tropical, assez humide, subissant l'influence des alizés. La forêt exubérante domine à plusieurs endroits.

Les gens vivent de l'exploitation de la canne à sucre, des bananes, des ananas, du café, du cacao, des épices, et surtout du commerce et du tourisme. L'élevage et quelques petites industries complètent le tableau économique. Dans l'ensemble on peut parler d'une évolution économique régulière, mais il y a un problème de surpopulation et d'émigration vers la France. Certains parlent aussi d'une éventuelle autonomie politique.

Un peu d'histoire

Découverte par Christophe Colomb, lors de son quatrième voyage en 1502, l'île de la Martinique avait été primitivement occupée par des peuplades précolombiennes, les Arawaks, qui furent décimées par les Indiens Caraïbes venus d'Amazonie, éliminés à leur tour par les Européens.

L'île ne fut colonisée qu'à partir de 1635 par la France qui y utilisa une main-d'oeuvre d'esclaves venus d'Afrique (plus de 700 000). Les Anglais s'emparèrent de cette île

Activité quotidienne.

Et pas uniquement pour la photo!

très convoitée à deux reprises. Après l'occupation de 1762, c'est le traité de Paris qui rendit la Martinique à la France, en même temps qu'il remettait le Canada à l'Angleterre. La deuxième occupation anglaise dura huit ans, de 1794 jusqu'au traité d'Amiens en 1802.

Le fait marquant du 18e siècle fut l'abolition de l'esclavage, à l'instigation du ministre français Victor Schoelcher, en 1848. Il y a aussi une date qui a marqué l'histoire de la Martinique: le 8 mai 1902, la ville de Saint-Pierre, capitale de l'île à l'époque, fut totalement détruite par l'éruption de la Montagne Pelée, et fit 30 000 morts.

Depuis 1946, la Martinique est officiellement devenue un département français outre-mer. Elle fait partie de ce que l'on nomme communément: la France des Tropiques.

Les attraits touristiques

L'infrastructure touristique s'est nettement développée depuis quelques années. On y a aménagé de nombreux complexes hôteliers luxueux, on a amélioré le système routier, on a créé le Parc naturel régional, et l'on a mis en valeur de nombreux attraits historiques et culturels.

De plus, les Martiniquais sont les plus accueillants et chaleureux du monde. Chez eux, l'élément africain est le plus important en nombre et c'est lui qui influence le folklore et la cuisine. Le parler créole est un heureux mélange de vieux français, avec des expressions de marins français, hollandais, espagnols et anglais, le tout déformé et enrichi par les Africains. C'est toujours l'heure de la danse (la biguine), ou celle d'un carnaval ou d'une fête populaire, avec madras, foulards, jupons et bijoux nombreux. La cuisine est variée, autant créole que française et américaine, offrant entre autres de nombreux fruits de mer. Et, en Martinique comme en Guadeloupe, c'est toujours l'heure du punch...

Comme visites touristiques, on s'attardera d'abord dans la capitale Fort-de-France (Place de la Savane, face à la baie, puis dans quelques musées, dans les rues commerçantes, à la cathédrale Saint-Louis, au marché aux légumes et celui aux poissons). La ville rappelle beaucoup, par son ambiance et ses couleurs, les petites villes de la Côte d'Azur.

Il faut aussi aller jusqu'à la petite ville de Saint-Pierre, au pied de la célèbre montagne Pelée au nord de l'île (intéressant musée volcanique). En chemin on visite une bananeraie, on voit les pitons du Carbet, on visite une réplique du Sacré-Coeur de Montmartre. Une autre route mène jusqu'à la presqu'île montagneuse La Caravelle, avec ses falaises déchiquetées, son phare et ses baies spectaculaires; c'est là que l'on a aménagé la réserve naturelle du Parc régional.

On visitera également, aux Trois-Îlets, le domaine de La Pagerie (où est née Marie-Joséphine Rose Tascher de la Pagerie, veuve d'Alexandre de Beauharnais avant qu'elle n'épouse Napoléon Bonaparte en 1796), ainsi que la Pointe-du-Bout où dans l'un des plus beaux panoramas des Antilles on a aménagé plusieurs hôtels luxueux, juste en face de la capitale, de l'autre côté de la baie de Fort-de-France.

Tout le littoral de l'île est en fait jalonné de falaises, de rochers (dont le célèbre «Diamant»), de jardins et de forêts. L'île de la Martinique est considérée à juste raison comme l'une des plus belles des Antilles.

FICHE TECHNIQUE

Nom de l'île: la MARTINIQUE, surnommée «l'île aux Fleurs»
Superficie: 1 080 km^2
Population totale: 350 000 habitants (Martiniquais)
Capitale: FORT-DE-FRANCE
Population de la capitale: 105 000 habitants
Autres villes: LE FRANÇOIS, SAINTE-MARIE, SCHOELCHER, TRINITÉ, LE CARBET, LE MARIN, SAINTE-ANNE, SAINT-PIERRE, POINTE-DU-BOUT, LE VAUCLIN
Langues: français et créole
Religion: catholique
Monnaie: franc français
Gouvernement: département français outre-mer
Température moyenne l'hiver: 22°C
Température moyenne l'été: 30°C
Meilleure saison pour y aller: de décembre à avril
Économie de l'île en général: tourisme, agriculture
Niveau de vie en général: assez élevé
Liaisons aériennes: Air Canada, LIAT, compagnies américaines, Air Martinique
Aéroport international: «Le Lamentin», à Fort-de-France
Formalités douanières: passeport obligatoire
Infrastructure routière: excellente; il y a même des autoroutes
Location d'auto: toutes les facilités
Hôtellerie: des auberges; petits, grands et luxueux hôtels en grand nombre aussi
Restaurants: en grand nombre, en variété et en qualité; cuisines créole et internationale

Les aspects touristiques

À VOIR

— à Fort-de-France: le square au bord de la mer, quelques vieux édifices de l'époque coloniale, les marchés, le musée caraïbe et créole, de riches villas, la boutique «Les Métiers d'art», les rues commerçantes, etc.

— aux Trois-Îlets: le domaine de La Pagerie où est née Joséphine Bonaparte

— quelques musées (de Gauguin, du Département, d'Art et du coquillage)

À FAIRE — une excursion vers la fameuse Montagne Pelée, avec à son pied le petit village de Saint-Pierre, reconstruit après la triste éruption de 1902 qui avait tué tout le monde, sauf un prisonnier au fond du cachot; en chemin, on s'arrête pour visiter une bananeraie, et une réplique du Sacré-Coeur de Montmartre dans une petite ville au hasard de la route

— une excursion au Parc régional de la Martinique, avec ses sentiers pédestres, dans la région de la presqu'île de La Caravelle.

— une excursion aussi à la Pointe-du-Bout, pour les très beaux panoramas sur la baie de Fort-de-France; ainsi qu'au célèbre rocher «Le Diamant»

SE DIVERTIR: — des casinos, boîtes de nuit, cinémas, cafés et bars, des combats de coqs

À RAPPORTER: — rhum, vannerie, foulards, batiks, coquillages, poupées créoles

S'INFORMER: — *Services Officiels Français du Tourisme, 1981, av. McGill College, suite 490, Montréal, Québec H3A 2W9*

— *Office Départemental du Tourisme, boulevard Alfassa, C.P. 520, 97206 Fort-de-France, Martinique*

Sainte-Lucie 21

L'île de Sainte-Lucie est l'une des plus typiquement antillaises. Ni trop grande, ni trop petite, mi-française et mi-anglaise, on y trouve tout ce que l'on recherche d'un séjour au soleil: calme, belles plages, hôtels confortables, gens accueillants et plein d'attraits à visiter.

Situation géographique

L'île de Sainte-Lucie est un pays indépendant maintenant. Elle fait partie des Petites Antilles (îles du Vent), au sud de la Martinique. L'île est assez petite (44 km de long sur 23 de large). On en fait facilement le tour en une journée en voiture, malgré le fait que les routes n'y soient pas toujours en bon état. C'est une île volcanique, très montagneuse. Le point culminant, le mont Gimie, est à 950 m d'altitude. Le climat tropical est adouci par les alizés. La végétation y est luxuriante, exotique et variée: bananiers, cocotiers, palmiers, citronniers, pamplemoussiers, papayers, manguiers, avocatiers, sans compter les hibiscus et les orchidées un peu partout. En voie de disparition sur l'île, les perroquets y sont protégés.

Rappel historique

Sainte-Lucie fut d'abord habitée par les Indiens Ciboney, puis par les Arawaks et les Caraïbes, bien avant l'arrivée des Blancs. Des Espagnols visitèrent l'île, mais ce sont des Anglais qui s'y établirent les premiers, en 1605, avant d'être tous tués ou expulsés. Les Français s'y établissent ensuite en 1650 et, croyez-le ou non, l'île changea de main 14 fois par la suite, à chaque bataille ou traité de paix entre la France et la Grande-Bretagne. De 1814 jusqu'à son indépendance (le 22 février 1979), l'île était une possession britannique.

Un des charmes de l'île, c'est que l'on y parle encore le français (le créole en fait...). On dit par exemple «Sé pa samwé» au lieu de «ce n'est pas à moi», et «Kômé y kuté?» plutôt que «combien cela coûte-t-il?» Charmant, n'est-ce pas? Et la plupart des petites villes ont gardé leur nom français: Micaud, Vieux-Fort, Laborie, Choiseul, Gros-Islet, Anse des Pitons, etc.

Les fameux deux Pitons.

FICHE TECHNIQUE

Nom de l'île: SAINTE-LUCIE (en anglais: ST. LUCIA)
prononciation: «Lou-sha»
Superficie: 620 km²
Population totale: 120 000 habitants
Capitale: CASTRIES
Population de la capitale: 45 000 habitants
Autres villes: VIEUX-FORT, SOUFRIÈRE, MICAUD, GROS-ISLET, LABORIE
Langues: anglais et français-créole
Religions: catholique et protestante
Monnaie: Eastern Caribbean dollar
Gouvernement: pays indépendant depuis 1979
Température moyenne l'hiver: 21 °C
Température moyenne l'été: 29 °C
Meilleure saison pour y aller: l'hiver
Économie de l'île en général: agriculture et tourisme
Niveau de vie en général: assez élevé
Liaisons aériennes: vols nolisés, Air Canada, BWIA, LIAT

Aéroports : aéroport international Hewanorra et petit aéroport de Castries

Formalités douanières : le passeport est idéal

Infrastructure routière : une route contourne l'île (pas toujours en bon état)

Location d'auto : vaut mieux prendre un taxi (conduite à gauche)

Hôtellerie : de moyenne à excellente

Restaurants : restaurants nombreux et cuisines très variées

Activités sportives : tous les sports nautiques, golf, tennis, etc.

Divers : l'accueil y est sympathique et chaleureux

Les aspects touristiques

À VOIR — l'emblème touristique de l'île : les deux Pitons (l'un de 800 m, l'autre de 750) situés près du village de Soufrière, au sud de l'île

— la Soufrière, qu'exceptionnellement l'on peut atteindre par voiture

— Castries, la capitale, surtout le samedi (jour du marché) et pour la vie commerciale autour du port

À FAIRE — une excursion à Pigeon Point (parc national récent) aménagé sur une presqu'île très pittoresque et riche d'histoire

— une excursion à Marigot Bay (où l'on a tourné quelques scènes du film *Dr Doolittle*) ; le site est enchanteur

— excursion dans des bananeraies, palmeraies, etc.

— un petit tour aussi en autobus local, pas cher mais bondé de monde

SE DIVERTIR : — dans les bons hôtels

À RAPPORTER : — batiks, vanneries, sculptures, parfums locaux

S'INFORMER : — *Office du Tourisme de Ste-Lucie, 151 Bloor St. West (suite 655) Toronto, Ont. M5S 1P7*

— *Sainte-Lucie Tourist Board, P.O. Box 221, Castries, Saint Lucia, West Indies*

Saint-Vincent 22

L'île de Saint-Vincent s'éveille maintenant au tourisme. C'est une île assez tranquille, sauf au moment où elle fit les manchettes en 1979, lors de l'éruption volcanique de sa Soufrière. On y aménage plusieurs petits hôtels, on y organise d'intéressantes excursions, mais c'est surtout le point de départ des croisières en voilier, vers les Grenadines, qui la rend célèbre. Une île donc à découvrir.

Situation géographique

L'île de Saint-Vincent fait partie des Petites Antilles, une «île du Vent», située à 35 km au sud de l'île de Sainte-Lucie et à 160 km à l'ouest de la Barbade. Petite, avec ses 30 km de long sur 18 de large environ, elle est très montagneuse, volcanique en fait. Le point culminant est à 1 234 m d'altitude (il s'agit de la fameuse Soufrière qui fit éruption en 1979).

C'est une île très verte, couverte de tous les types d'arbres tropicaux, où dominent entre autres plusieurs

Une petite baie tranquille, une escale pour la nuit.

plantations de bananiers et de cocotiers, ainsi que des champs «d'arrow-root». Les routes serpentent entres collines et falaises, offrant des paysages grandioses. Les plus belles plages sont formées de sable gris volcanique, et situées du côté de l'Atlantique, mais les vagues y sont trop violentes pour la baignade. Du côté de la mer des Caraïbes, les plages sont plus petites et tranquilles.

Rappel historique

Ancienne colonie britannique, même si découverte elle aussi lors du troisième voyage de Christophe Colomb, l'île de Saint-Vincent est devenue un pays indépendant le 27 octobre 1979; son nom officiel est Saint-Vincent et les Grenadines. C'est une île encore très peu exploitée par le tourisme moderne. Ainsi l'accueil est d'autant plus chaleureux et amical.

FICHE TECHNIQUE

Nom de l'île: SAINT-VINCENT (nom du pays: ST. VINCENT AND THE GRENADINES)

Superficie: 344 km^2

Population totale: 110 000 habitants

Capitale: KINGSTON

Population de la capitale: 25 000 habitants

Autres villes: GEORGETOWN, CHATEAUBELAIR, BARROUALLIE

Langue: anglais

Religions: anglicane et catholique

Monnaie: Eastern Caribbean dollar

Gouvernement: république indépendante depuis 1979

Température moyenne l'hiver: 22°C

Température moyenne l'été: 28°C

Meilleure saison pour y aller: l'hiver

Économie de l'île en général: agriculture et tourisme

Niveau de vie en général: assez élevé

Liaisons aériennes: LIAT, via Air Canada et BWIA jusqu'à Antigua ou la Barbade

Aéroport: très petit aéroport «d'Arnos Vale» près de la capitale

Formalités douanières: le passeport est idéal
Infrastructure routière: quelques routes carrossables
Location d'auto: vaut mieux louer un taxi (conduite à gauche)
Hôtellerie: plusieurs petits hôtels (le plus grand n'a que 28 chambres)
Restaurants: Peu de restaurants en dehors des hôtels (cuisine créole)
Activités sportives: tous les sports nautiques, un golf et un tennis
Divers: les plages sont ou petites ou dangereuses pour la baignade

Les aspects touristiques

À VOIR — le jardin botanique de Kingston, considéré comme le plus vieux en Amérique (il date de 1765)
— la Vallée de Mésopotamie, très verdoyante, où se trouve entre autres une petite station thermale appelée Montréal
— Le fort Charlotte, au-dessus de Kingston, d'où la vue panoramique sur l'île et sur les Grenadines est splendide.

À FAIRE — une excursion-safari en «jeep» et à pied, jusqu'au sommet de la Soufrière, à travers des palmeraies et bananeraies magnifiques
— Saint-Vincent, Kingston en particulier, c'est la «porte des Grenadines», donc l'endroit idéal pour louer un yacht ou un voilier afin de partir à leur découverte

SE DIVERTIR: — très très peu, mais il y a un casino par contre

À RAPPORTER: — vannerie, bijoux, coquillages, tissus

S'INFORMER: — *Haut-Commissariat de Saint-Vincent, 112, rue Kent, suite 1701, Tour B, Place de Ville, Ottawa, Ontario K1P 5P2*
— *Saint-Vincent Tourist Board, Halifax Street, Kingston, Saint-Vincent, West Indies*

Les Grenadines 23

Situées entre Grenade et Saint-Vincent, les îles Grenadines sont un véritable paradis pour les amateurs de voile dans les Antilles. On y trouve essentiellement les îles de BEQUIA, MOUSTIQUE, CANOUAN, MAYREAU, UNION, PALM (nommé également PRUNE), TOBAGO CAYS, PETIT ST-VINCENT, mais aussi deux «tas de sable» au milieu de la mer nommés PUNAISE et MORPION.

Situation géographique

Les Grenadines constituent un archipel, un «chapelet d'îles»: près de 100 en tout. En plein milieu de la chaîne des Petites Antilles, ces «îles du Vent» appartiennent pour la plupart à Saint-Vincent. Le nom officiel du pays est en fait «Saint-Vincent et les Grenadines». Deux des îles Grenadines, au sud de l'archipel, sont toutefois reliées politiquement à Grenade, soit les îles Carriacou et Petit Martinique.

Certaines îles sont plutôt plates, et formées de coraux, d'autres sont légèrement montagneuses et volcaniques. Elles sont échelonnées sur plus de 60 km de long, du nord au sud.

Rappel historique

Habitées elles aussi par les Indiens Arawaks et Caraïbes, elles furent découvertes par Christophe Colomb, avant d'être un peu colonisées par les Français et les Anglais. Ce furent surtout des îlots laissés aux pirates, corsaires, flibustiers et aventuriers. Saint-Vincent et les Grenadines forment un pays indépendant depuis seulement 1979, et font partie du Commonwealth britannique.

Ce qui rend ces îles intéressantes au point de vue touristique aujourd'hui, c'est que plusieurs sont tranquilles, offrant des belles plages sablonneuses et désertes, et des possibilités de plongée sous-marine vraiment fantastiques. Sur Palm Island et sur Petit St-Vincent, par exemple, un seul hôtel sur chaque île, rien d'autre. C'est pour les «Robinson Crusoé», pour les solitaires, ou pour jeunes en voyage de noces, loin de la masse des touristes habituels.

L'escale idéale: Petit Saint-Vincent.

FICHE TECHNIQUE

Nom du pays: SAINT-VINCENT ET LES GRENADINES
Superficie: 45 km² (les Grenadines seulement)
Population totale: 18000 habitants
Principales îles de l'archipel: BEQUIA, MOUSTIQUE, CANOUAN, MAYREAU, TOBAGO CAYS, UNION, PALM, PETIT ST-VINCENT, PETIT NEVIS, SAILROCK
Langue: anglais
Religions: catholique et protestante
Monnaie: Eastern Caribbean dollar
Gouvernement: république (associées à St-Vincent)
Température moyenne l'hiver: 22°C
Température moyenne l'été: 28°C
Meilleure saison pour y aller: l'hiver
Économie des îles en général: le tourisme (transport et hôtellerie)
Niveau de vie en général: assez élevé
Liaisons aériennes: LIAT et Air Martinique (à partir de Saint-Vincent surtout)
Aéroports: sur les îles de Moustique, Canouan et Union
Formalités douanières: le passeport est idéal
Infrastructure routière: petites routes sur les principales îles
Location d'auto: il vaut mieux prendre un taxi (conduite à gauche)
Hôtellerie: certaines îles ont des hôtels de 1re classe, d'autres pas du tout

Restaurants: quelques restaurants, en plus des hôtels
Activités sportives: tous les sports nautiques, la voile surtout
Divers: on peut y louer sur place un yacht ou un voilier

Les aspects touristiques

À VOIR ET À FAIRE:
— on y va pour les plages de sable fin, désertes et longues, sauvages et peu exploitées
— on y va pour la voile, pour la pêche, pour la plongée sous-marine (surtout autour des Tabago Cays)
— sur l'île de Bequia, accessible seulement par bateau, on se promène dans la principale ville de l'archipel, Port Elizabeth, située dans la baie «Admiralty»
— Moustique est très tranquille; c'est là que la princesse Margaret possède une résidence secondaire
— Union possède un petit aéroport avec des vols réguliers venant de St-Vincent et de la Martinique; de là, l'on peut atteindre par bateau deux des plus charmantes Grenadines: Palm Island (connue aussi sous le nom de Prune) et Petit St-Vincent

SE DIVERTIR: — très peu, et même pas du tout sur certaines îles

À RAPPORTER: — coquillages, vannerie, artisanat local divers

S'INFORMER:
— *Haut-Commissariat de St-Vincent et les Grenadines, 112, rue Kent, suite 1701, Tour B, Place de Ville, Ottawa, Ontario K1P 5P2*
— *Saint-Vincent Tourist Board, Halifax Street, Kingston, Saint-Vincent, West Indies*

Grenade 24

Grenade, surnommée «l'île des épices», est certes l'une des plus petites et des plus authentiquement antillaises. C'est celle aussi que les Américains sont allés «libérer», militairement, du gouvernement socialiste qui dirigeait le pays depuis 1979. C'est surtout une escale renommée et typique pour la plupart des bateaux de croisière dans les Caraïbes.

Situation géographique

C'est l'une des Petites Antilles (îles du Vent) situées à l'extrémité sud de l'archipel antillais, et de caractère volcanique. Elle est couverte de forêts et de quelques belles petites plages. L'économie est basée sur l'agriculture (canne à sucre, cacao, bananes, coton) et sur les épices: noix de muscade surtout, mais aussi vanille, cannelle, clou de girofle, gingembre, etc. Grenade possède politiquement aussi les îles Grenadines de Carriacou et de Petit Martinique. L'île n'est qu'à 150 km de la côte du Venezuela.

Saint-George, une escale appréciée dans les Antilles.

Rappel historique

Découverte elle aussi par Christophe Colomb en 1498, elle s'appela d'abord Conception. Des marins espagnols l'appelèrent plus tard Granada, du nom de leur ville natale en Andalousie. L'île était habitée par les Indiens Caraïbes, très belliqueux, que les Français réussirent à «acheter». Le traité de Versailles rendit l'île finalement aux Anglais. Elle est devenue un pays indépendant en 1974, après avoir obtenu le statut d'État semi-autonome à partir de 1967. L'architecture, le rythme de vie, les coutumes et la langue, lui donnent encore le style «colonie britannique».

FICHE TECHNIQUE

Nom de l'île: GRENADE (en anglais: GRENADA) surnommée «l'île des épices»

Superficie: 311 km^2: comprend aussi les îles CARRIACOU et PETIT MARTINIQUE

Population totale: 125 000 habitants

Capitale: SAINT-GEORGE

Population de la capitale: 35 000 habitants

Autres villes: VICTORIA, SAUTEURS, CHARLOTTE TOWN, GRAND ANSE, GRENVILLE

Langue: anglais

Religion: anglicane

Monnaie: Eastern Caribbean dollar

Gouvernement: pays indépendant depuis 1974

Température moyenne l'hiver: 24°C

Température moyenne l'été: 29°C

Meilleure saison pour y aller: l'hiver

Économie de l'île en général: agriculture (surtout la noix de muscade) et le tourisme

Niveau de vie en général: assez élevé

Liaisons aériennes: Air Canada (via Antigua ou la Barbade), puis LIAT

Aéroport: aéroport international de «Pearls» à Grenville

Formalités douanières: le passeport est idéal

Infrastructure routière: bonne à passable

Location d'auto: toutes les possibilités

Hôtellerie: de moyenne à très bonne

Cuisines: créole et nord-américaine
Activités sportives: tous les sports nautiques, golf et tennis
Divers: escale importante pour de nombreux navires de croisière

Les aspects touristiques

À VOIR — le port de Saint-George, le marché des épices, et les petites rues du centre-ville
— le jardin botanique et le zoo
— quelques belles et vieilles églises
— la cascade d'Annandale Falls (150 m)
— le fort George, pour le panorama surtout

À FAIRE — une excursion à la plage de Grand Anse (3 km de long) et à Grenville pour son marché aux poissons
— une excursion vers les plantations d'arbres à épices, et la visite d'une usine de traitement des épices
— une excursion en voilier jusqu'à l'île de Carriacou (très belle) et jusqu'à celle aussi de Petit-Martinique (où les 600 habitants parlent encore le français)

SE DIVERTIR: — dans les meilleurs hôtels

À RAPPORTER: — des épices et des objets en paille; artisanat divers

S'INFORMER: — *Haut-Commissariat des Caraïbes, 112, rue Kent, suite 1701, Tour B, Place de Ville, Ottawa, Ontario K1P 5P2*
— *Grenade Tourist Board, P.O. Box 293, St. George, Grenada, West Indies*

La Barbade 25

La Barbade est l'île située le plus à l'est dans l'archipel des Antilles. Même si l'île est indépendante depuis 1966, elle a su conserver toutefois ses traditions coloniales, ses coutumes britanniques, et ses habitants sont parmi les plus accueillants du monde.

Un peu d'histoire

Découverte par un Portugais, Pedro a Campo, en 1536, alors qu'il était en route pour le Brésil, il l'aurait appelée «Los Barbados» à cause des figuiers barbus qui y poussaient à l'époque. L'île était inhabitée (les premiers habitants de l'île, les Indiens Arawaks, l'avaient déjà quittée) et les Portugais ne la colonisèrent pas non plus. Redécouverte plus tard en 1625 par des Britanniques, ceux-ci revinrent deux ans plus tard installer 80 colons sur l'île; ils en firent la colonie la plus prospère de l'Empire britannique à l'époque, grâce surtout aux plantations de canne à sucre, de tabac et de coton.

Comme la Barbade a été une colonie anglaise durant trois siècles, les traditions britanniques transparaissent encore aujourd'hui sous la personnalité des «Bajans», les habitants de l'île. Ils sont gais et fiers. D'ailleurs de nombreux vestiges de la puissance militaire britannique subsistent encore de nos jours et sont devenus des attraits touristiques. Le 30 novembre 1966, à la suite d'une longue et constante amélioration de son système gouvernemental, l'île est devenue indépendante, tout en faisant partie du Commonwealth britannique.

Un peu de géographie

L'île a la forme d'une poire, ayant seulement 33 km de long sur 22 dans sa partie la plus large. Située la plus à l'est dans les Antilles, loin au large des îles de Sainte-Lucie et Saint-Vincent, la Barbade a un relief vallonné mais non montagneux; son point le plus élevé au-dessus du niveau de la mer n'est qu'à 337 m (le mont Hillaby).

Le littoral atlantique est découpé et pittoresque tandis que le littoral caraïbes, à l'ouest, est plat et calme: c'est là surtout que l'on retrouve des kilomètres de plages de fin sable blanc.

Le climat est certes l'un des plus intéressants en Amérique puisqu'il est tempéré par une brise de mer légère et constante d'environ 15 km / heure, et les températures oscillent en moyenne entre 24°C et 29°C de janvier à juillet. La moyenne annuelle d'ensoleillement dépasse 3000 heures. La végétation tropicale attire, quant à elle, autant d'oiseaux migrateurs que de touristes observateurs.

Environ 40% des 300000 habitants de l'île vivent dans la capitale, Bridgetown. Ils sont d'origine afro-antillaise en très forte majorité (5% seulement sont Blancs) et de religion protestante surtout. Les Barbadiens sont sympathiques, accueillants, travailleurs et respectueux des lois. Tout le monde parle l'anglais, et plusieurs aussi le «bajan», le dialecte local.

En plus du tourisme, le pays vit essentiellement de l'agriculture, surtout de la culture de la canne à sucre d'où l'on extrait sucre, mélasse et rhum, (l'un des meilleurs au monde bien sûr...).

Les attraits touristiques

On va à la Barbade surtout pour une semaine ou deux de repos, de détente, pour la plage, les activités sportives,

On se protège du soleil... et non de la pluie.

donc pour le soleil. On se doit par contre de visiter Bridgetown, surtout pour son vieux port, ses monuments, ses musées (dont le Barbados Museum situé dans l'ancienne prison militaire), ses églises et ses édifices publics, pour l'animation de ses rues. La ville possède aussi un port en eau profonde qui reçoit paquebots de croisière et cargos qui s'y ravitaillent, le Carénage. Et toutes les visites touristiques partent de Trafalgar Square...

La Barbade offre au visiteur un éventail complet d'activités sportives: pêche en haute mer (merlin bleu, thon...), plongée sous-marine, surf, football, courses de chevaux, polo, golf, tennis, cyclisme, équitation, etc. Le sport national est le cricket, mais sa saison ne dure que de juin à janvier.

De Bridgetown jusqu'à Holetown, sur le littoral caraïbes, toute la «côte de Platine» est jalonnée de plages, de jardins, de villas de millionnaires et d'hôtels de luxe. Comme partout dans les îles antillaises, on trouve à la Barbade de nombreux divertissements nocturnes: spectacles animés, orchestres calypso, danseurs de limbo, steel band, et bien sûr des discothèques.

Une excursion touristique spéciale est à recommander aussi à la Barbade: il s'agit d'une visite guidée de la grotte Harrison, située en plein milieu de l'île, à quelques kilomètres seulement des plages de Holetown où se trouvent d'ailleurs la plupart des touristes. C'est une expérience unique dans le monde tropical: une descente à travers des couloirs pittoresques creusés par une rivière souterraine, avec chutes d'eau en cascade, stalactites et stalagmites, avec des sons, des lumières et des couleurs qu'on ne voit pas tous les jours.

Il restera aussi à voir, lors d'un tour de l'île, deux attraits bien particuliers: le Codrington College, le plus vieux collège des Antilles britanniques, et le Sam Lord's Castle, une superbe demeure richement meublée du siècle dernier et transformée en hôtel (Sam Lord était un pirate sédentaire: il allumait des lanternes pour tromper les bateaux qui venaient s'échouer sur les récifs, puis les pillait avec son équipe). Il n'y a plus de ces attrape-touristes aujourd'hui, heureusement.

FICHE TECHNIQUE

Nom de l'île: la BARBADE (en anglais: BARBADOS)
Superficie: 430 km^2
Population totale: 300 000 habitants (Barbadiens ou Bajans)
Capitale: BRIDGETOWN
Population de la capitale: 110 000 habitants
Autres villes: HOLETOWN, SPEIGHTSTOWN, OISTINS, HASTINGS
Langues: anglais et bajan
Religion: protestante
Monnaie: dollar Barbados
Gouvernement: pays indépendant (depuis 1966)
Température moyenne l'hiver: 24°C
Température moyenne l'été: 29°C
Meilleure saison pour y aller: l'hiver
Économie de l'île en général: tourisme, agriculture
Niveau de vie en général: très élevé
Liaisons aériennes: Air Canada, BWIA, LIAT, compagnies américaines,
Aéroport international: «Grantley Adams», près de Bridgetown
Formalités douanières: passeport non obligatoire, mais idéal
Infrastructure routière: assez bonne, mais conduite à gauche
Location d'auto: toutes les possibilités
Hôtellerie: excellent choix d'hôtels
Restaurants: bon choix; cuisines antillaise et américaine
Activités sportives: tous les sports nautiques, golf, polo, équitation, etc.
Divers: la Barbade est probablement le pays le plus stable au point de vue politique et économique de toute la région des Antilles

Les aspects touristiques

À VOIR

— à Bridgetown: le port le plus achalandé des Antilles, la cathédrale St-Michael, le quartier des affaires très animé, le Palais du Gouverneur, le square Trafalgar avec la statue de Nelson et les policiers «à l'anglaise», les rues commerçantes (surtout Broad Street), le centre d'artisanat local de Pelican Crafts Village

— les orchestres de steel band, et les musiciens et danseurs de calypso

À FAIRE — un séjour d'une ou deux semaines sur l'une des très belles plages, situées surtout entre Bridgetown et Holetown, dans des complexes hôteliers luxueux et bien équipés

— des excursions autour de l'île pour admirer la végétation tropicale, quelques jolis petits ports de pêche, des vestiges aussi de l'époque coloniale, le vieux collège Codrington et le célèbre Sam Lord's Castle (un ancien repaire de pirates transformé en hôtel moderne et luxueusement meublé)

SE DIVERTIR: — boîtes de nuit et discothèques, courses de chevaux, orchestres calypso

À RAPPORTER: — vêtements de sport, rhum, bijoux, broderies, vannerie, parfums, coquillages, porcelaines anglaises, argenterie

S'INFORMER: — *Office de Tourisme de la Barbade, 615, boul. Dorchester ouest, suite 960, Montréal, Québec H3B 1P5*

— *Office du Tourisme, Marine House, Hastings, P.O. Box 242, Bridgetown, Barbados*

Associée politiquement à l'île de Trinidad, Tobago sa voisine est très différente. On la surnomme «l'île de Robinson Crusoé». Elle est restée naturelle, moins touristiquement exploitée que Trinidad.

Situation géographique et histoire

Tobago fut découverte en même temps que sa voisine du sud. Mais l'Espagne colonisa Trinidad et oublia Tobago. L'île n'a que 42 km de long sur 11 de large. Le point culminant est à 576 m. Les deux îles soeurs ne sont séparées que de 30 km. Son nom vient soit de «tabac», soit d'un mot espagnol désignant une pipe.

Peuplée d'Indiens Caraïbes au début, l'île fut envahie par les Hollandais en 1658, les Anglais en 1666, les Français en 1667, et ainsi de suite pendant un siècle. À nouveau les Français possédèrent l'île en 1781, puis les Anglais en 1793, puis les Français à nouveau en 1802... avant de la perdre enfin aux Anglais l'année suivante.

Tobago et Trinidad obtinrent leur indépendance le 31 août 1962. L'île s'est depuis légèrement transformée, développée au point de vue touristique, sans pour autant perdre sa beauté et son charme traditionnel. On y va pour les plages tranquilles, la végétation exubérante et un peuple très hospitalier.

FICHE TECHNIQUE

Nom de l'île: TOBAGO (nom du pays: Trinidad et Tobago)
Superficie: 300 km^2
Population totale: 50 000 habitants
Capitale: SCARBOROUGH
Population de la capitale: 18 000 habitants
Autres villes: CHARLOTTEVILLE, ROXBOROUGH, PLYMOUTH
Langue: anglais
Religions: catholique, anglicane, hindoue
Monnaie: dollar de Trinidad et Tobago

Petit village tranquille, sur Tobago.

Gouvernement: république (associée à Trinidad) depuis 1962
Température moyenne l'hiver: 24°C
Température moyenne l'été: 28°C
Meilleure saison pour y aller: l'hiver
Économie de l'île en général: tourisme et agriculture
Niveau de vie en général: assez élevé
Liaisons aériennes: LIAT
Aéroport: à Crown Point (20 km de Scarborough)
Formalités douanières: passeport
Infrastructure routière: assez bonne
Location d'auto: toutes les facilités
Hôtellerie: quelques très bons hôtels, d'autres moyens
Restaurants: dans les meilleurs hôtels surtout
Activités sportives: tous les sports nautiques, golf, tennis

Les aspects touristiques

À VOIR — le marché à Scarborough, tous les matins sauf le dimanche
— le fort King George, à 140 m au-dessus de la capitale, d'où l'on peut voir l'île soeur de Trinidad
— le Musée de Tobago (des objets de l'époque coloniale, mais des souvenirs aussi des Arawaks et des Caraïbes)
— plusieurs baies, pour le panorama et les plages

À FAIRE — une petite excursion peut-être avec des pêcheurs pour aller fureter sur la petite île au large, appelée Little Tobago, un sanctuaire d'oiseaux exotiques
— une autre excursion, cette fois en bateau à fond de verre, pour admirer le récif corallien au large de Pigeon Point: Buccoo Reef

SE DIVERTIR: — dans les meilleurs hôtels surtout

À RAPPORTER: — coquillages et écailles, poupées, objets de vannerie

S'INFORMER: — *Trinidad and Tobago Tourist Board, 56 Frederick Street, Port of Spain, Trinidad, West Indies*
— *Trinidad and Tobago Tourist Office, 145 King Street West, suite 202, Toronto, Ontario M5H 1J8*

Trinidad, l'île de «la Trinité» en fait, est politiquement associée à sa voisine Tobago pour ne former qu'un seul pays. C'est l'île du calypso, et c'est là également qu'on a joué pour la première fois, en 1945, du «steel band». C'est aussi l'île des Caraïbes qui organise le plus important carnaval des Antilles.

Situation géographique

Trinidad est située à l'extrémité des Petites Antilles, à 14 km seulement des côtes du Venezuela. C'est la plus grande des deux jumelles: 80 km de long sur 60 de large. On pense que c'est une île qui s'est détachée jadis du continent sud-américain, puisque l'on y retrouve le même sol, la même végétation et la même faune qu'au Venezuela. L'île est très montagneuse, le point culminant est à 940 m. Enfin, le tourisme joue un rôle important dans l'économie de l'île, mais bien après le pétrole et l'agriculture.

Rappel historique

L'union de Trinidad et de Tobago en un seul pays est plutôt un mariage de raison. Artificiellement réunies en 1889,

Le plus important carnaval des Antilles.

après l'effondrement du marché du sucre, Tobago en ruine eut besoin du soutien de sa voisine plus riche.

D'abord découverte par Christophe Colomb le 31 juillet 1498, il lui donna le nom de la Sainte Trinité, ou parce qu'il voyait bien trois pics montagneux de son bateau; l'île fut prise ensuite par les Anglais en 1595. L'Espagne et l'Angleterre firent venir chacune de nombreux colons de toutes nationalités et de toutes religions. Cette diversité ethnique et religieuse caractérise encore aujourd'hui cette île. Le tiers de la population est constitué de descendants des colons asiatiques qui sont venus en grand nombre après l'abolition de l'esclavage en 1840. L'île forme, associée à Tobago, un pays indépendant depuis le 31 août 1962.

FICHE TECHNIQUE

Nom de l'île: TRINIDAD
Superficie: 4828 km^2
Population totale: 300000 habitants
Capitale: PORT-OF-SPAIN
Population de la capitale: 100000 habitants
Autre ville: SAN FERNANDO
Langue: anglais
Religions: catholique, anglicane, hindoue
Monnaie: dollar de Trinidad et Tobago
Gouvernement: associée à Tobago, elles forment une république depuis 1962
Température moyenne l'hiver: 24°C
Température moyenne l'été: 28°C
Meilleure saison pour y aller: l'hiver
Économie de l'île en général: pétrole, agriculture, tourisme
Niveau de vie en général: assez élevé
Liaisons aériennes: Air Canada, BWIA, LIAT
Aéroport: aéroport international de «Piarco» (25 km de Port-of-Spain)
Formalités douanières: passeport
Infrastructure routière: bonne
Location d'auto: toutes les facilités
Hôtellerie: de moyenne à très bonne

Restaurants: spécialités françaises, hindoues, créoles et américaines
Activités sportives: tous les sports nautiques, tennis et golf
Divers: à noter que les plus belles plages sont à l'est de l'île

Les aspects touristiques

À VOIR ET À FAIRE

— le plus important Carnaval dans les Antilles (mardi gras)
— Port-of-Spain (cosmopolite, aux architectures religieuses très diversifiées, avec son vieil édifice du Gouvernement appelé Red House, puis le Queen's Park Savannah et le Jardin botanique)
— la Réserve ornithologique du Caroni (10 km de la capitale)
— Pitch Lake, immense étendue d'asphalte pur
— spectacle de calypso et de steel band dans les grands hôtels
— les plus alléchantes boutiques chinoises, hindoues, anglaises, qui sont le passe-temps favori de plusieurs touristes
— des excursions au fort George, à Blue Basin ou à Maracas Beach

SE DIVERTIR: — dans les bons hôtels

À RAPPORTER: — bijoux, céramiques, broderies hindoues et soies de Chine, vanneries diverses, coquillages, porcelaines anglaises, sculptures sur bois, etc.

S'INFORMER: — *Trinidad and Tobago Tourist Board, 56 Frederick Street, Port of Spain, Trinidad, West Indies*
— *Trinidad and Tobago Tourist Office, 145 King Street West, suite 202, Toronto, Ontario M5H 1J8*

Margarita 28

Enfin, une nouvelle destination dans les Antilles. Ceux qui recherchent du nouveau, ceux qui connaissent déjà les Antilles britanniques, françaises et néerlandaises, qui sont allés aussi à Cuba, en Haïti et en république Dominicaine, Margarita leur offre quelque chose de différent: l'exotisme, ou simplement le plaisir de séjourner sur le territoire vénézuélien, donc en Amérique du Sud.

L'infrastructure touristique est à peine développée, ce qui implique que le voyageur ne peut pas encore s'attendre à la qualité des grandes destinations antillaises.

Situation géographique et rappel historique

L'île de Margarita appartient au Venezuela. Elle est située à l'extrémité sud des Antilles, à 30 km seulement des côtes de l'Amérique du Sud, à la même latitude que Trinidad, Tobago, Aruba et Curaçao.

L'île est très montagneuse; le point culminant est à 939 m d'altitude. Le climat est plutôt sec, nous rappelant celui du nord du Mexique, et très chaud tout au long de l'année. Précisons que Margarita est la principale île d'un archipel comprenant aussi les petites îles de Coche (66 km², 5 000 habitants vivant de la pêche) et Cubagua (immense rocher inhabité), l'ensemble des trois faisant partie de l'État vénézuélien de Nueva Esparta.

Les colliers de coquillage se vendent à 1 $...

L'île fut découverte par Colomb le 15 août 1498. Le nom de «Margarita» suggère celui d'une fille, ou d'une fleur. Les Indiens Guaigueri l'appelaient «*Paraguachoa*» à cause de l'abondance du poisson. Les Espagnols l'appelèrent «*Garita del Mar*» à cause des perles qu'on y trouva. C'est véritablement une «perle des Antilles», comme on la surnomme d'ailleurs. L'accueil y est chaleureux et fort sympathique.

FICHE TECHNIQUE

Nom de l'île: MARGARITA, surnom: «la Perle des Caraïbes»
Superficie: 850 km^2
Population totale: 230 000 habitants
Capitale: PORLAMAR
Population de la capitale: 50 000 habitants
Autres villes: LA ASUNCION, JUANGRIEGO, PAMPATAR, SANTA ANA
Langue: espagnol
Religion: catholique
Monnaie: bolivar
Gouvernement: appartient au Venezuela
Température moyenne l'hiver: 24°C
Température moyenne l'été: 28°C
Meilleure saison pour y aller: l'hiver
Économie de l'île en général: agriculture, pêcheries, tourisme
Niveau de vie en général: assez bas
Liaisons aériennes: compagnies américaines et vénézuéliennes (via Miami, New York) Caracas
Aéroport: aéroport international «Del Caribe» à Porlamar
Formalités douanières: passeport
Infrastructure routière: très bonne
Location d'auto: aucun problème
Hôtellerie: de moyenne à bonne
Restaurants: nombreux et variés; cuisines vénézuélienne et nord-américaine
Activités sportives: tous les sports nautiques, tennis
Divers: accueil très chaleureux (le tourisme n'est pas encore une plaie...)

Les aspects touristiques

À VOIR — le Parc national Laguna de la Restinga, avec excursion en bateau dans la lagune qui est formée de plusieurs kilomètres de canaux au milieu d'une forêt de mangrove et bordée par une plage de 6 km de long

— des excursions sont organisées vers Caracas, la capitale du pays (une journée)

— nombreux monuments et vestiges de l'époque coloniale

À FAIRE — repos sur les plages (à noter que certains hôtels n'ont que de toutes petites plages)

— shopping dans plusieurs boutiques «duty free» de la capitale

— pique-nique et repos à la plage El Agua, à Miragua, avec un restaurant ombragé, un orchestre vénézuélien, et une longue plage, large, superbe et déserte

SE DIVERTIR: — en soirée, dans les hôtels les plus importants

À RAPPORTER: — vannerie, poterie, céramique, bijoux de coquillages, parfums et alcools

S'INFORMER: — *Venezuelan Government Tourist and Information Center, 450 Park Avenue, New York, N.Y. 10022, U.S.A.*

— *Consulat du Venezuela, 1410, rue Stanley, suite 600, Montréal, Québec H3A 1A8*

Bonaire 29

Bonaire est l'une des trois îles néerlandaises à proximité de l'Amérique du Sud. Le tourisme y est l'économie principale, puisqu'elle n'est pas exploitée, comme ses deux soeurs voisines Aruba et Curaçao, par l'industrie pétrolière. C'est une petite île très tranquille.

Situation géographique et histoire

Bonaire est située à l'est de l'île de Curaçao dans la mer des Caraïbes, au large des côtes vénézuéliennes. C'est une des trois îles Sous-le-Vent qui appartiennent aux Pays-Bas (à 80 km du Venezuela). Son point le plus élevé est de 240 m seulement. Le reste de l'île est plutôt plat, sec et aride au niveau de la végétation. La vie économique tourne autour des mines de sel, de la pêche et de plus en plus du tourisme.

La mer tranquille, tout près du Venezuela.

L'histoire de Bonaire est identique à celle de sa voisine et «capitale» Curaçao. Toutefois on y chante et on y danse, au mois de février, pour le «simadan», la fête des moissons et celle des flamants.

On dit que dans cette île il y a trois femmes pour un homme, ces derniers étant attirés par les bons salaires offerts dans les raffineries de pétrole d'Aruba et de Cuaçao. Une île donc assez différente des autres, encore peu envahie par les hordes de touristes nord-américains.

FICHE TECHNIQUE

Nom de l'île: BONAIRE
Superficie: 288 km^2
Population totale: 10 000 habitants
Capitale: KRALENDIJK
Population de la capitale: 1 500 habitants
Autres villes: quelques petits villages seulement
Langues: hollandais et anglais, mais aussi le papiamento
Religions: catholique et protestante
Monnaie: le florin antillais
Gouvernement: possession des Pays-Bas (avec une certaine autonomie)
Température moyenne l'hiver: 22°C
Température moyenne l'été: 29°C
Meilleure saison pour y aller: l'hiver
Économie de l'île en général: pêcherie, tourisme
Niveau de vie en général: assez élevé
Liaisons aériennes: par ALM (via Curaçao et Miami)
Aéroport: aéroport international «Flamingo»
Formalités douanières: le passeport est obligatoire
Infrastructure routière: quelques petites routes
Location d'auto: possibilités, mais il vaut mieux louer un taxi
Hôtellerie: plusieurs hôtels construits récemment
Cuisines: créole, hollandaise et américaine
Activités sportives: sports nautiques, golf et tennis
Divers: l'île s'ouvre de plus en plus au tourisme (croisière et plage)

Les aspects touristiques

À VOIR — le marché aux poissons sur les quais de la capitale (à noter que les maisons sont peintes en orange, rose ou vert)
— les colonies de flamants roses, de pélicans, de hérons (on surnomme quelquefois Bonaire « l'Île des Flamants »)
— l'île de Little Bonaire, très proche, au large de la capitale
— les marais salants au sud de l'île

À FAIRE — on y va en fait pour le soleil, pour se reposer calmement sur les plages ; c'est une île vraiment tranquille
— intéressante excursion sur les récifs coralliens autour de l'île

SE DIVERTIR : — casinos et divertissements dans les bons hôtels

À RAPPORTER : — coraux, coquillages, peintures sur bois

S'INFORMER : — *Bonaire Tourist Information Office, 815 A, Queen Street East, Toronto, Ontario M4M 1H8*
— *Bonaire Government Tourist Bureau, Breedestraat Street, Kralendijk, Bonaire, Netherland Antilles*

Curaçao 30

Curaçao est la plus grande et la plus importante des îles des Antilles (hollandaises). C'est l'île aussi qui a donné son nom à une liqueur d'oranges très connue dans le monde entier. C'est une Hollande en miniature, sous les tropiques.

Géographie et histoire

Curaçao est située entre Aruba et Bonaire, dans la mer des Caraïbes, à l'extrémité occidentale des îles Sous-le-Vent, à quelques kilomètres seulement des côtes du Venezuela. C'est la capitale des îles «A B C» (Aruba, Bonaire, Curaçao).

C'est une île assez désertique, au climat plutôt sec, et très rocailleuse; peu élevée également puisque son sommet le plus élevé est de 372 m seulement.

Curaçao est en fait la capitale des six îles néerlandaises de la région des Antilles. C'est la plus développée et la plus visitée des six également (en plus de Bonaire et Aruba, il y aussi la moitié de l'île de Saint-Martin, puis Saba et Sint Eustatius qu'elle «représente» auprès de La Haye).

D'abord peuplée d'Indiens Caraïbes, l'île fut découverte par les Espagnols en 1499. Les Hollandais y débarquèrent en 1634. Malgré plusieurs attaques françaises et anglaises aux 17e, 18e et 19e siècles, l'île fut toujours une possession hollandaise, sauf pour un ou deux courts intermèdes. À noter que les îles «A B C» jouissent d'une certaine autonomie, même si elles sont une possession néerlandaise. C'est encore la Reine des Pays-Bas qui nomme le Gouverneur de l'archipel antillais.

FICHE TECHNIQUE

Nom de l'île: CURAÇAO

Superficie: 543 km^2

Population totale: 170 000 habitants

Capitale: WILLIEMSTAD

Population de la capitale: 42 000 habitants

Une Hollande en miniature: Williemstad.

Autres villes ou villages: BARBER, WESTPUNT, SANTA CRUZ, JUAN DOMINGO
Langues: l'anglais, le hollandais, le papiamento
Religion: catholique et protestante
Monnaie: le florin antillais
Gouvernement: possession hollandaise (avec une certaine autonomie)
Température moyenne l'hiver: 22°C
Température moyenne l'été: 28°C
Meilleure saison pour y aller: l'hiver
Économie de l'île en général: pétrole, agrumes, phosphate, tourisme, commerce
Niveau de vie en général: assez élevé
Liaisons aériennes: ALM et KLM (via New York ou Miami) et compagnies américaines
Aéroports: aéroport international «Dr. Albert Plesman»
Formalités douanières: le passeport est idéal
Infrastructure routière: passable
Location d'auto: possibilités, mais il vaut mieux louer des taxis
Hôtellerie: le meilleur hôtel est celui de la chaîne C.P.
Cuisines: créole, hollandaise, indonésienne et américaine
Activités sportives: tous les sports nautiques, golf, tennis,
Divers: une escale idéale pour le shopping lors d'une croisière

Les aspects touristiques

À VOIR — Williemstad, avec ses canaux, ses maisons à pignons fort colorées, ses rues commerçantes, son port achalandé, son marché flottant très pittoresque, l'ensemble formant un immense décor de théâtre aux couleurs pastel; à noter: le pont flottant (appelé «Reine Emma») et tournant, qui relie les deux principaux quartiers de la ville; quelques églises et fortifications également.

À FAIRE — du shopping: Williemstad est considérée comme l'une des capitales internationales pour le magasinage (boutiques hors taxe); la ville est très cosmopolite

— une excursion pour visiter les raffineries Shell!...

— une autre excursion pour touristes: à la distillerie du Curaçao (Senior et Co.)

SE DIVERTIR: — deux casinos, et d'autres divertissements dans les bons hôtels

À RAPPORTER: — bijoux, parfums, vêtements, porcelaines, artisanat divers, liqueur Curaçao, tapis tissés, objets de vannerie

S'INFORMER: — *Curaçao Tourist Office, 30 Rockefeller Plaza, Mezzanine, New York, N.Y. 10020, USA*

— *Curaçao Government Tourist, Plaza Piar, Williemstad, Curaçao, West Indies*

Aruba est l'une des trois îles hollandaises des Antilles.

Géographie et histoire

Aruba est la plus occidentale des îles Sous-le-Vent; elle est située dans la mer des Caraïbes face à la péninsule de Paraguana au Venezuela, à 24 km seulement de la côte.

Le climat y est plutôt sec et chaud. L'île est assez plate, et vit surtout du raffinage du pétrole. L'hôtellerie sert davantage le tourisme d'affaires que le tourisme balnéaire.

Comme ses soeurs Curaçao et Bonaire, l'île fut découverte par Alfonso de Ojeda, mais fut peu colonisée par les Espagnols. Les Hollandais s'emparèrent de l'île en 1634 et l'exploitèrent davantage.

La population est fortement métissée entre Indiens Arawaks, Espagnols et Hollandais. C'est l'une des rares îles où les Indiens ne furent pas exterminés. Encore aujourd'hui, plus de la moitié des habitants de l'île ont du sang indien.

Une escale appréciée lors d'une croisière.

On y va pour affaires, pour une escale lors d'une croisière, ou pour le repos.

FICHE TECHNIQUE

Nom de l'île: ARUBA
Superficie: 193 km²
Population totale: 65 000 habitants
Capitale: ORANJESTAD
Population de la capitale: 13 000 habitants
Autres villes ou villages: SANTA CRUZ, SINT NICOLAAS
Langues: papiamento, anglais, hollandais et espagnol
Religions: catholique et protestante
Monnaie: le florin (ou guilder) antillais
Gouvernement: possession des Pays-Bas (avec une certaine autonomie)
Température moyenne l'hiver: 24°C
Température moyenne l'été: 29°C
Meilleure saison pour y aller: l'hiver
Économie de l'île en général: raffineries de pétrole, tourisme
Niveau de vie en général: très élevé
Liaisons aériennes: ALM (de Miami ou Puerto Rico), KLM (de New York)
Aéroport: aéroport international «Princess Beatrix»
Formalités douanières: le passeport est obligatoire
Infrastructure routière: peu développée
Location d'auto: possibilités; vaut mieux prendre des taxis
Hôtellerie: excellent choix, mais très dispendieux
Cuisines: antillaise, européenne et américaine
Activités sportives: tous les sports nautiques, golf et tennis,

Les aspects touristiques

À VOIR — la capitale Oranjestad, aussi hollandaise qu'antillaise, se traverse très bien à pied
— le marché (fruits, légumes et poissons)
— le palais du Gouverneur
— les maisons, coquettes et très colorées, dispersées dans la campagne

À FAIRE — jouer aux casinos
— repos sur la plage (la plus belle est située au nord de l'île, à Palm Beach)
— excursion pour admirer des grottes et cavernes, quelquefois ornées de dessins primitifs
— on peut aussi visiter les raffineries de pétrole

SE DIVERTIR: — dans les bons hôtels, entre autres dans les casinos

À RAPPORTER: — bijoux, porcelaines, alcools et parfums, objets de vannerie

S'INFORMER: — *Aruba Information Center, 576 Fifth Avenue, New York, N.Y. 10036, U.S.A.*
— *Aruba Tourist Bureau, A. Shuttestraat 2, Oranjestad, Aruba, Netherland Antilles*

Une île mexicaine. En deux mots, voilà deux bonnes raisons pour s'y rendre. Des plages, le soleil, une culture différente, le tout baigné par la mer des Caraïbes.

Situation géographique et histoire

Une île de 45 km sur 16, située dans la mer des Caraïbes, à peine à 20 km des côtes de la péninsule du Yucatàn au Mexique.

Une végétation tropicale, un climat extraordinaire durant toute l'année, plusieurs plages de sable bordées de cocotiers et des lagunes aux eaux claires, voilà autant d'atouts pour faire de l'île un lieu touristique très fréquenté. Sans compter qu'à proximité, s'y trouvent plusieurs vestiges précolombiens reliés à la civilisation des Mayas: Chichen Itza, Tulum, Palenque, Uxmal.

À l'époque préhispanique, c'était un lieu de pèlerinage pour les Mayas qui y vénéraient la déesse de la lune

Tout près des vestiges des Mayas.

Ixchel. Découverte par les Espagnols en 1518, Cortez fit escale l'année suivante et détruisit les idoles du grand sanctuaire maya.

Repaire de pirates jusqu'au 18e siècle, l'île ne se développa véritablement qu'à partir du 20e siècle, grâce à l'arrivée de touristes. On y va surtout pour le repos, et en particulier pour la plongée sous-marine dans les eaux les plus claires des Caraïbes.

FICHE TECHNIQUE

Nom de l'île: COZUMEL (Cuzamil, en maya, veut dire «l'île aux Hirondelles»)
Superficie: 800 km²
Population totale: 12600 habitants
Capitale: SAN MIGUEL
Population de la capitale: 10000 habitants
Autres villes: quelques petits hameaux seulement
Langue: espagnol
Religion: catholique
Monnaie: peso mexicain
Gouvernement: Mexique
Température moyenne l'hiver: 25°C
Température moyenne l'été: 30°C
Meilleure saison pour y aller: l'hiver
Économie de l'île en général: tourisme, agriculture
Niveau de vie en général: plutôt bas
Liaisons aériennes: Aeromexico et Mexicana (via Mexico ou Merida)
Aéroport: aéroport international de Cozumel, près de San Miguel
Formalités douanières: passeport et visa touristique
Infrastructure routière: assez bonne
Hôtellerie: bon choix d'hôtels à San Miguel et dans les stations balnéaires
Restaurants: nombreux; cuisines mexicaine et américaine
Activités sportives: tous les sports nautiques, golf et tennis

Les aspects touristiques

À VOIR — à San Miguel: un musée d'antiquités, un aquarium, le marché, les rues commerçantes du centre-ville
— les sites mayas de Buenavista, d'Aguada Grande, d'El Real et d'El Cedral (même s'ils ne sont pas aussi exceptionnels et aussi bien restaurés que ceux de la péninsule du Yucatàn)

À FAIRE — de la plongée sous-marine dans les barrières de corail
— louer une bicyclette ou une moto pour faire le tour de l'île
— excursion en bateau dans la lagune Chancanab, à 9 km au sud de San Miguel
— séjour aux plages de San Francisco ou d'EL Pinar, réchauffées par le Gulf Stream
— une excursion à la petite île voisine ISLA MUJERES (très tranquille)
— une excursion à Cancun et aux célèbres sites archéologiques mayas du Yucatàn

SE DIVERTIR: — deux boîtes de nuit, et orchestres dans les bons hôtels

À RAPPORTER: — coquillages, vanneries, onyx, bijoux, poterie, tissages

S'INFORMER: — *Office de Tourisme du Gouvernement Mexicain, 1, Place Ville-Marie, suite 2409, Montréal, Québec H3B 3M9*
— *Oficina del Secretaria de Turismo, Palacio Municipal, San Miguel, Cozumel, Mexico*

Les Bahamas 33

Sept cents îles à découvrir. Nassau, Freeport, Eleuthera, Andros, Bimini, Sanish Wells, Abaco, San Salvador, des noms qui raisonnent comme le vent et la voile, comme l'exotisme et le soleil, comme la plage et les vacances.

Les Bahamas sont l'une des destinations touristiques parmi les plus populaires en Amérique du Nord. Pour les bas prix de ses forfaits, pour l'hospitalité des Bahamiens, pour l'excellent choix d'hôtels et de distractions que l'on y retrouve, pour le climat bien sûr en premier lieu. Alors, hissons les voiles !

Un peu de géographie

Notons au départ que l'archipel des Bahamas fait bien partie de l'Atlantique. Contrairement à ce que plusieurs croient, ces 700 îles ne sont pas officiellement situées dans les Caraïbes, mais elles sont dispersées au large de la Floride, dans l'océan Atlantique. L'archipel est dispersé sur plus de 1 200 km de long, à partir de 80 km à l'est de la Floride.

Ces îles sont pour la plupart formées de récifs coralliens qui reposent sur une vaste plate-forme sous-marine peu profonde. Le relief n'est pas très marqué (sur l'île Grand Bahamas, par exemple, le point culminant est à 5 m d'altitude ; sur New Providence à 37 m, sur Abaco à 41 m, etc.) C'est très plat partout, et la végétation n'a pas encore envahi la région de façon aussi exubérante que dans les îles antillaises situées plus au sud, et de formation volcanique plus ancienne.

Les principales îles sont: ANDROS (4 144 km^2) les deux ABACO, les INAGUA, GRANDE BAHAMA (où se trouve Freeport), ELEUTHERA, NEW PROVIDENCE (où se trouve Nassau), les BIMINIS, les EXUMAS, SAN SALVADOR, LONG ISLAND, MAYAGUANA, CROOKED ISLAND, AKLINS ISLAND, BERRY ISLANDS.

Seulement vingt-neuf îles de l'archipel bahamien sont habitées. En tout, près de 250 000 habitants, à 85% des Noirs.

L'archipel est entouré de mers peu profondes et est baigné par le Gulf Stream. Le climat y est très doux, les pluies abondantes mais très brèves, l'ensoleillement important durant toute l'année.

Les gens vivent essentiellement de tourisme depuis une vingtaine d'années, d'un élevage et d'une agriculture de subsistance uniquement et d'un peu de pêche.

Un peu d'histoire

L'archipel fut peuplé d'abord par des Indiens Lucayiens et Arawaks. Christophe Colomb débarqua sur l'île de *Guanahani,* en premier, en 1492. Cette île, nommée maintenant San Salvador, fait partie des Bahamas. Les îles furent d'abord soumises par les Espagnols, avant d'être occupées par les Anglais à partir de 1647. Disputées entre l'Espagne, l'Angleterre, les pirates et la France, elles furent attribuées en 1783, au traité de Versailles, à la Grande-Bretagne.

Colonie britannique jusqu'en 1964, l'archipel est devenu autonome et membre du Commonwealth à partir de 1964, et totalement indépendant, et membre de l'ONU, en 1973 seulement (le 10 juillet).

Le nom actuel de « Bahamas » est dérivé du mot espagnol *« bajamar »* qui signifie « hauts-fonds » ou « eau peu profon-

Coquillages de toutes sortes, dans le port de Nassau.

de». Pendant plusieurs années également, l'archipel fut connu sous le nom d'«îles Lucayes».

Aujourd'hui, les nouveaux conquistadors sont les touristes, nord-américains en très grande majorité; et ces migrations temporaires vers le soleil alimentent 75% de l'économie de l'archipel: hôtellerie, restauration, transports, distractions, attractions, services.

Les attraits touristiques (île par île)

Pour la très grande majorité des touristes nord-américains, les Bahamas sont synonymes de Nassau et Freeport. En réalité ces deux destinations ne sont que les deux principales villes du pays. Nassau, la capitale, est située en fait sur l'île New Providence (un nom que peu de gens emploient) et Freeport est située sur l'île Grande Bahama. Par contre, quand on prononce des noms comme Eleuthera, Abaco, Andros, ou San Salvador, on devine mieux que ce sont des îles.

Partons à leur découverte, sommairement. En commençant par les plus visitées et les mieux organisées au niveau de leur infrastructure touristique.

NEW PROVIDENCE: Nassau, c'est New Providence. Nassau c'est 10% de la superficie de l'île seulement, mais toute l'île est en fait une banlieue de la capitale. Nassau est en effet entourée de plusieurs villages, tout autour de l'île; des villages remplis de nombreuses villas, de petits centres commerciaux, des plages, quelques petites industries, etc.

New Providence, c'est Nassau. Où l'on atterrit. Où l'on débarque aussi lors de l'une des nombreuses croisières dans les Caraïbes, à partir de Miami ou Fort Lauderdale. Nassau c'est la ville d'escale où le shopping est la grande préoccupation des croisiéristes de toutes nationalités.

On y a récemment réaménagé le Straw Marquet qui a marqué depuis quelques décennies cette ville portuaire. Un immense marché où la vannerie est reine: chapeaux, sacs, colliers, sculptures, tapis, bijoux, etc. Tout tourne autour de la paille et ses dérivés: osier, bambous, rotin, etc.

Et tout le centre-ville en fait est commercial, surtout Bay Street.

Le port est très achalandé, avec quelques fois cinq ou six paquebots de croisière accostés pour la journée, sans compter les marchands de fruits et légumes qui sont aussi sur leurs bateaux, et la dizaine de petits bateaux à fond de verre qui amènent les touristes au large pour admirer des coraux et des poissons tropicaux.

La ville possède de très jolies maisons coloniales, de grands édifices gouvernementaux, des squares, des parcs, des monuments, etc. Plusieurs visiteurs en font le tour dans de charmantes calèches qui sont l'une des marques touristiques de la ville.

Nassau possède un choix varié et excellent d'hôtels et de restaurants. Il en est de même pour les divertissements en soirée.

Les plus belles plages sont du côté de Cable Beach.

PARADISE ISLAND: L'île est toute petite, mais très visitée du fait de sa proximité à Nassau. C'est une banlieue, maintenant reliée à la capitale par un pont. L'île est remplie d'hôtels, d'un golf, mais surtout c'est là que se trouve le plus ancien casino des Bahamas. On y joue toute la journée et une partie de la nuit, mais on peut assister aussi à différents spectacles de classe internationale.

GRANDE BAHAMA: L'île, c'est d'abord Freeport et sa banlieue Lucaya, deux villes récentes et sans vestiges coloniaux.

Freeport, une ville créée donc pour le tourisme. Toute neuve (sa fondation remonte à l'époque de la prohibition, dans les années 30), la ville renferme plusieurs hôtels modernes, des restaurants de toutes nationalités, des centres commerciaux, des terrains de golf, des plages très belles et aussi un casino très célèbre (pour peut-être les gains ou les pertes qu'on y fait, mais aussi pour son architecture maghrébine).

L'attrait majeur de la ville, du moins pour plusieurs amateurs de shopping, consiste en un supermarché hétéroclite, le Bazar International: on y trouve des souvenirs mexicains, hawaïens, guatémaltèques, français, hollandais, chinois, anglais, italiens, et... quelques souvenirs bahamiens. Les restaurants y sont nombreux, comme il se doit.
L'île de Grande Bahama possède aussi quelques autres

centres touristiques: Lucaya, en banlieue de Freeport surtout, West End, à l'autre bout de l'île, et Freetown, McLeanstown, Bayan's Town.

Les îles ABACO: (Great et Little Abaco, et quelques îlots et cayes) sont des destinations idéales pour le repos, la voile et la plongée sous-marine.

ANDROS: la plus grande, l'île des crabes aussi, est renommée pour sa barrière de corail.

Les EXUMAS: le paradis de la plongée sous-marine, avec son parc national aquatique entre autres.

ELEUTHERA: très étroite, mais 176 km de long, la première île colonisée par des Européens; on y trouve de très belles plages (sable rose) dans cette île dont le nom vient du grec et veut dire «liberté»; on y trouve un Club Med.

HARBOUR ISLAND: quelques belles plages, des hôtels luxueux et des centres de plongée sous-marine.

Les BIMINIS: l'ancien refuge des contrebandiers américains du rhum durant les années 30; région idéale pour la pêche en haute mer.

SAN SALVADOR: où Christophe Colomb débarqua en premier en 1492. Une île encore peu exploitée touristiquement parlant (heureusement diront certains...); à l'époque, c'était l'île de *Guanahani.* Un monument de la Croix marque l'endroit vraisemblable du débarquement. (Le *National Geographic Magazine* affirmait, dans son numéro de novembre 1986, que Christophe Colomb serait plutôt débarqué sur l'île Samara Cay en premier, le 12 octobre 1492.)

SPANISH WELLS: reliée à Eleuthera, avec ses très belles plages.

LONG ISLAND: avec des vestiges d'une plantation de coton de l'époque coloniale et des raffineries de sel.

CAT ISLAND: et ses falaises, ses forêts, son point culminant dans l'archipel bahamien (45 m) le mont Alvernia.

Les INAGUA: (Great Inagua et Little Inagua), les plus au sud de l'archipel, avec une usine de sel et une réserve d'oiseaux.

WALKER'S CAY: le point de départ d'excursions de pêche.

Et tellement d'autres îles, îlots et cayes encore...

En bref, on va aux Bahamas pour des vacances dans le Sud. Pour le repos, le soleil, la mer. De plus en plus pour des croisières en voilier également. Pour la plongée sous-marine aussi, qui correspond là-bas à l'un des meilleurs sites en Amérique du Nord.

Ajoutons en terminant un autre aspect qui prouve bien le slogan de l'archipel au point de vue touristique «It's better in the Bahamas». Il s'agit du programme «People-to-People». C'est intéressant et sympathique comme formule, et cela devrait être organisé un peu partout dans le monde de cette façon. C'est simple: un programme d'accueil où les Bahamiens sont volontaires; on s'inscrit d'avance (c'est gratuit) au bureau du tourisme du pays à l'étranger, ou en arrivant à l'aéroport; sur place, l'on rencontre des Bahamiens qui ont les mêmes intérêts (ou le même métier par exemple, les mêmes loisirs, club social, religion, ou activité particulière), soit pour un apéritif, un souper ou une soirée chez eux, soit pour une balade de quelques heures dans les environs.

Le programme n'exige pas la réciprocité. C'est donc l'accueil et l'hospitalité dans le vrai sens du terme. Le tourisme humanisé comme il devrait être pratiqué partout. Quelqu'un a déjà dit d'ailleurs «qu'accueillir un touriste c'est

Le célèbre «Straw Market» de Nassau.

déjà voyager un peu». Et c'est très vrai. Alors, vive les Bahamas!

FICHE TECHNIQUE

Nom de l'archipel: les BAHAMAS
Superficie: 11 409 km²
Population totale: 250 000 habitants (Bahamiens)
Capitale: NASSAU
Population de la capitale: 75 000 habitants
Autres villes: FREEPORT, LUCAYA, ALICE TOWN, COCKBURN TOWN, GOVERNOR'S HARBOUR
Langue: anglais
Religion: protestante
Monnaie: dollar des Bahamas (le dollar américain est accepté)
Gouvernement: pays indépendant depuis 1973
Température moyenne l'hiver: 22°C
Température moyenne l'été: 28°C
Meilleure saison pour y aller: de février à mai (l'été est très humide)
Économie de l'archipel en général: tourisme, agriculture, pêcheries
Niveau de vie en général: élevé
Liaisons aériennes: Air Canada, Bahamasair, plusieurs compagnies américaines
Aéroports: Nassau et Freeport surtout; plusieurs autres îles ont un petit aéroport également
Formalités douanières: passeport non obligatoire, mais idéal
Infrastructure routière: excellente sur les principales îles; passable sur les autres
Location d'auto: toutes les possibilités, mais la conduite est à gauche
Hôtellerie: excellent choix d'hôtels à Nassau et Freeport; un certain choix ailleurs
Restaurants: nombreux et variés; cuisines bahamienne, américaine et internationale
Activités sportives: tous les sports nautiques, golf, tennis, équitation, parachute ascensionnel

Divers : il y a l'important festival Goombay durant l'été (danses et musiques typiques) et le carnaval Junkanoo durant le temps des Fêtes l'hiver

Les aspects touristiques

À VOIR — à Nassau : le Straw Market (marché de paille), le port très achalandé, le Parlement, Rawson Square (d'où partent les calèches pour touristes), la rue commerçante Bay Street, le fort Charlotte, le fort Montagu, le jardin botanique, les jardins Versailles, le casino et la plage superbe de Cable Beach

— sur Paradise Island, reliée par un pont à Nassau : le Casino

— à Freeport : le Bazar International, le Casino, le jardin botanique, le Musée Grande Bahama, les poissons exotiques que l'on peut voir à travers le fond de verre des bateaux

À FAIRE — des excursions sur les principales autres îles, dont : ABACO, ANDROS, les BIMINIS, ELEUTHERA, SAN SALVADOR, les EXUMAS, pour leurs plages, la plongée sous-marine à son meilleur, la voile, la pêche en haute mer ; certaines offrent un golf, d'autres la visite d'un phare, ou d'une plantation de canne à sucre, ou d'une grotte ; la plupart sont des endroits tout à fait recommandés pour un séjour de repos

SE DIVERTIR : — des casinos, des boîtes de nuit, discothèques, cabarets (dans les grands hôtels de Nassau et de Freeport surtout)

À RAPPORTER : — vannerie à Nassau, bijoux, coquillages, sculptures

S'INFORMER : — *Office du Tourisme des Bahamas, 1255, Carré Phillips, suite 401, Montréal, Québec H3B 3G1*

— *Bahamas Tourist Board, P.Q. Box N.3071, Nassau, Bahamas*

Turks et Caïcos 34

Anciennement on les appelait: «les îles Oubliées». Depuis que le Club Méditerranée y a ouvert son club Turquoise en 1985, l'archipel des îles Turks et Caïcos est nettement plus connu des vacanciers à la recherche du soleil dans des coins exotiques et peu fréquentés par la masse des gens.

Un peu d'histoire et de géographie

Ce sont des îles tranquilles, situées à l'extrémité orientale des Bahamas, dans l'océan Atlantique. (Comme les Bahamas, dont elles ont déjà fait partie, elles ne sont pas à proprement parler dans les Caraïbes, mais elles y sont assez proches et l'on y va tellement pour les mêmes raisons que l'on peut sans gravité les associer aux Antilles...)

Cinq îles principales et plusieurs îlots isolés, et des cayes tout autour: il y a GRAND TURK, SALT CAY, GRAND CAICOS, EAST CAICOS, NORTH CAICOS, WEST CAICOS, PROVIDENCIALES, SEAL CAYS, etc. La capitale est Cockburn Town (sur Grand Turk). Ce sont des îles plates et constituées de récifs de corail. Le point culminant est à 27 m (sur l'île Grand Turk).

Du colonialisme au tourisme.

Présumément découvertes au début du 16e siècle par l'Espagnol Juan Ponce de Leon, ces îles ne furent habitées qu'à la fin du 17e siècle par des Bermudiens qui y faisaient le commerce du sel. On a trouvé quelques vestiges de la présence d'Indiens Lucayans, mais pas de vestiges coloniaux comme dans les Antilles. Anciennement sous la juridiction des Bahamas, jusqu'en 1873, l'archipel fut ensuite administré par la Jamaïque, toujours comme colonie britannique. En 1962, au moment où la Jamaïque obtint son indépendance, les îles Turks et Caïcos préférèrent rester une colonie de la Grande-Bretagne. Depuis 1973, les insulaires ont leur propre constitution et leur autonomie interne, la Grande-Bretagne ne faisant que nommer le gouverneur général des îles, et les représenter à l'échelle mondiale.

L'archipel s'ouvre au tourisme de plus en plus. Ce sont de véritables paradis, perdus entre les Bahamas, l'Atlantique et les Antilles.

FICHE TECHNIQUE

Nom de l'archipel: TURKS ET CAÏCOS
Superficie: 430 km^2
Population totale: 8 000 habitants
Capitale: COCKBURN TOWN (située sur l'île Grand Turk)
Population de la capitale: 2 000 habitants
Autre ville: COCKBURN HARBOUR (sur South Caïcos)
Langue: anglais
Religion: protestante
Monnaie: couronne de Turks et Caïcos (les dollars des Bahamas et américains sont acceptés)
Gouvernement: colonie britannique, avec l'autonomie des affaires internes
Température moyenne l'hiver: 25°C
Température moyenne l'été: 28°C
Meilleure saison pour y aller: toute l'année
Économie de l'île en général: canne à sucre, sisal, pêcheries, tourisme
Niveau de vie en général: élevé

Liaisons aériennes: Turks et Caïcos Airways, Bahamasair, Mackey (via Miami)
Aéroports: sur Grand Turk, ainsi que sur la plupart des autres petites îles
Formalités douanières: passeport non obligatoire, mais idéal
Infrastructure routière: peu développée
Location d'auto: possibilités, mais vaut mieux prendre des taxis
Hôtellerie: on commence vraiment à la développer
Restaurants: presque uniquement dans les hôtels
Activités sportives: tous les sports nautiques, tennis,
Divers: le nom de Turk vient de la ressemblance d'un cactus de l'île avec le Fès, le fameux chapeau rouge porté entre autres par les Turcs; Caïcos est dérivé lui du mot Cayos, ou caye en espagnol

Les aspects touristiques

À VOIR — sur Grand Turk (3200 habitants): la capitale Cockburn Town, la maison du Gouverneur
— sur North Caïcos (1400 habitants): les plages
— sur South Caïcos (1300 habitants): quelques récifs de corail
— sur Providenciales (1000 habitants): le village de Provo, les plages, le village «Turquoise» du Club Méditerranée
— sur Salt Cay: les étangs de sel

À FAIRE — de la plongée sous-marine sur les hauts-fonds de corail
— des excursions de pêche en haute mer
— de la voile en particulier dans le «passage» des Caïcos qui sépare l'archipel de son voisin les Bahamas, situé à 45 km plus à l'ouest

SE DIVERTIR: — pratiquement aucun divertissement, sauf au Club Med situé sur Providenciales

À RAPPORTER: — coquillages, vannerie, perles, éponges

S'INFORMER: — *Turks and Caïcos Information Office, 1255 Yonge Street, Toronto, Ontario M4W 1Z3*

Les Bermudes 35

Archipel et colonie britannique depuis plus de 300 ans, situé en plein milieu de l'Atlantique, les Bermudes sont une destination spéciale. Elles ont beaucoup de classe et un cachet bien particulier qui ne manque pas de plaire, surtout aux sportifs et à ceux qui apprécient l'élégance et la distinction. On est bien loin de la Floride et des vacances traditionnelles au soleil.

Un peu d'histoire et de géographie

L'archipel des Bermudes a été découvert par Juan Bermudez, un navigateur espagnol du 16e siècle. Personne n'habitait dans ces îles jusqu'à ce que l'amiral anglais Sir George Somers y fit naufrage, en route pour la Virginie en 1609. Depuis cette époque, les Bermudiens ont toujours été fidèles à la couronne britannique. Depuis 1968, l'archipel jouit d'une autonomie interne.

Il s'agit d'un archipel composé de 300 îlots rocheux et d'une île principale qui fait 35 km de longueur sur un ou deux de largeur maximale, le tout étant situé à environ 1 000 kilomètres au large des Carolines et de la Virginie américaine. L'île principale se nomme Main Island, ou Grande Bermude. L'ensemble de l'archipel ressemble à un hameçon. Le relief est très peu marqué : il s'agit essentiellement de terrains plats, constitués de sable rouge d'origine corallienne et de nombreux rochers. Le point culminant, Town Hill, n'est qu'à 79 m d'altitude.

Le climat est intéressant puisque l'archipel est traversé par le Gulf Stream, qui lui apporte du temps chaud (très supportable) de la mi-mars à la mi-décembre, et du temps doux durant l'hiver. Ce n'est pas le Mexique, ni les Antilles bien sûr. L'hiver, il peut faire 18° C s'il fait soleil. On ne se baigne dans l'Atlantique qu'à partir de la mi-mai, ce qui constitue peut-être la meilleure période pour s'y rendre. Il faut dire par contre que les grands hôtels ont tous des piscines chauffées... Donc, comme destination-soleil à choisir, il est préférable d'attendre peut-être le printemps, l'été ou l'automne.

La végétation y est fort intéressante. Et les fleurs pous-

Escale appréciée depuis des décennies.

sent toute l'année: on y trouve entre autres l'un des plus beaux jardins botaniques au monde.

La population et les principales villes

Les 65000 habitants sont tous britanniques, de langue anglaise et protestants, à 40% des Blancs et à 60% des Noirs ou des mulâtres. On vit surtout de tourisme. Mais c'est une colonie très conservatrice, très traditionnelle.

La capitale est Hamilton, avec ses 3500 habitants. On y trouve l'aéroport international de Kindley Field. C'est une ville remplie de jardins, de riches demeures coloniales et d'un centre commercial qui plaît aux touristes. On y retrouve les mêmes façades qu'en Angleterre, les mêmes noms de rues, la même politesse. Tout y est plus coloré par contre.

L'autre ville importante, plus ancienne que Hamilton, St. George, se trouve à l'extrémité de l'île principale. Les maisons, ruelles et gros pavés nous rappellent le passé colonial traditionnel. Au hasard de la promenade, on découvre des rues minuscules et sinueuses aux murs toujours ornés de fleurs, de plantes ou de cactus. Tous les jours à midi, sur la place publique, la garde militaire en costume d'époque défile pour tirer la salve comme le faisaient les Anglais il y a trois siècles.

Dans ce «Gilbraltar de l'Ouest», comme l'ont surnommé les Britanniques, on y va surtout pour le repos, le temps doux, pour les sports et pour les belles plages.

Les autres attraits

On visite surtout le fort Hamilton, une immense fortification de style victorien qui a été restaurée pour offrir une magnifique vue sur la ville; puis la riche Maison du Gouverneur, le représentant de la Reine sur l'archipel; puis les grottes de Crystal Cave, le Parlement colonial, l'Albray's Point (siège du Royal Bermuda Yacht Club qui date de 1844), la cathédrale de Hamilton, puis celle de St. George, l'une des plus anciennes du monde anglican, de même que le musée historique de St. George. On se doit de voir et de photographier aussi le fameux Somerset Bridge, le plus petit pont-levis du monde encore en usage. Il y a aussi des phares, un jardin zoologique, un aquarium, quelques musées.

Les routes sont plus pittoresques que modernes. On peut y louer des voitures, mais les taxis offrent le service de chauffeur-guide touristique. Presque tous les visiteurs louent par contre des vélo-moteurs (les «moped») ou des bicyclettes. La conduite est à gauche, of course...

Le réseau hôtelier est important, en quantité comme en qualité. On n'accepte pas par contre les cartes de crédit partout. Plusieurs propriétaires louent aussi des appartements pour une période plus ou moins longue selon le cas, soit en pension complète, soit avec maisonnettes et service de domestiques (les «cottage colonies»).

On n'y retrouve pas une gastronomie spéciale. On mange bien, mais à l'américaine plus qu'à l'anglaise. Plusieurs restaurants offrent les fruits de mer.

On y va surtout pour les activités sportives: pêche sous-marine et pêche en haute mer, voile, golf (9 terrains), tennis (100 courts), bicyclette, équitation, jogging. On y va pour le repos, davantage que pour uniquement s'y faire bronzer sur la plage. Disons, en bref, que les Bermudes ont toujours attiré une clientèle spéciale: beaucoup de jeunes mariés, des sportifs, des gens assez aisés, en général, et des Américains en très grande majorité.

Le terrain de golf de Port Royal, non loin de Hamilton.

FICHE TECHNIQUE

Nom de l'archipel: les BERMUDES (en anglais: BERMUDA)
Superficie: 53 km^2
Population totale: 65 000 habitants (Bermudiens)
Capitale: HAMILTON
Population de la capitale: 3 500 habitants
Autres villes: SAINT GEORGE, SOMERSET
Langue: anglais
Religion: protestante
Monnaie: dollar des Bermudes
Gouvernement: colonie britannique, avec l'autonomie pour les affaires internes
Température moyenne l'hiver: 18° C
Température moyenne l'été: 25° C
Meilleure saison pour y aller: d'avril à septembre
Économie de l'île en général: tourisme et agriculture
Niveau de vie en général: très élevé
Liaisons aériennes: Air Canada et plusieurs compagnies américaines
Aéroport international: «Kindley Field»
Formalités douanières: passeport non obligatoire, mais recommandé
Infrastructure routière: bonne

Location d'auto: quasi impossible ; on loue une petite moto, ou des taxis

Hôtellerie: choix très varié ; beaucoup d'hôtels luxueux

Restaurants: nombreux, surtout dans les hôtels ; cuisines américaine et européenne

Activités sportives: tous les sports nautiques, golf, tennis, équitation

Divers: les cartes de crédit ne sont pas acceptées partout, loin de là...

Les aspects touristiques

À VOIR — à Hamilton : la cathédrale, et 10 autres églises ; le Parlement, de style colonial ; le port ; des monuments, des jardins, des parcs, etc.
— le fort Hamilton et le fort Sainte-Catherine
— les grottes de Crystal Cave
— à Saint George toute la vieille ville, de style colonial
— le phare de Bigg's Hill, pour le plus beau panorama de l'archipel

À FAIRE — des excursions autour de l'archipel, entre autres pour voir le plus petit pont-levis du monde, entre Somerset Island et Main Island ; pour le Jardin botanique de Paget ; pour plusieurs vieilles demeures coloniales ; pour des sanctuaires d'oiseaux ; pour apercevoir des clubs et marinas privés, et des villas vraiment superbes ; pour visiter enfin, soit une grotte ou bien une usine de parfums
— aller prendre un verre (sinon un bateau...) au célèbre Royal Bermuda Yacht Club, qui date de 1844, et qui est situé à Albray's Point

SE DIVERTIR : — cricket, football et rugby, discothèques et boîtes de nuit

À RAPPORTER : — lainages, porcelaines, parfums, bijoux, appareils-photo... bermudas

S'INFORMER : — *Service du Tourisme des Bermudes, 1075 Bay St., suite 510, Toronto, Ontario M5S 2B1*
— *Dept. of Tourism, 50 Front St., Hamilton, Bermuda*

CHAPITRE 2

Les îles de l'océan Atlantique

N.B. Les **Bahamas,** les îles **Turks et Caïcos** et les **Bermudes** font géographiquement partie de l'océan Atlantique, mais touristiquement parlant ces îles sont associées aux Caraïbes; ainsi nous avons préféré les laisser à la fin du premier chapitre compte tenu de l'intérêt touristique de ce guide.

De plus, certaines îles sont situées le long du littoral nord-américain de l'Atlantique tandis que d'autres sont nettement associées aux côtes européennes; nous avons donc fait la distinction entre ces deux sous-régions en divisant le chapitre en deux parties:
1re partie: les îles du littoral américain
2e partie: les îles reliées à l'Europe

Nantucket et Martha's Vineyard 36

Deux charmantes petites îles au large du Cape Cod, dans le Massachusetts. Des plages, des villas sur le bord de la mer, des petits ports de pêche et le souvenir des baleiniers du 19e siècle. Deux beaux coins de la pittoresque Nouvelle-Angleterre.

Nantucket

L'île de Nantucket est située à 50 km au sud du Cape Cod. On l'atteint par traversier à partir de Hyannis ou de Woods Hole (la traversée dure de 2 à 3 heures). Le nom indien signifie «l'île lointaine». L'île mesure environ 15 km du nord au sud et 10 km de l'est à l'ouest. Le relief est plat et le sol sablonneux.

La ville principale, Nantucket, fut le plus célèbre port baleinier du monde au 19e siècle. La ville de «Moby Dick». Ce fut ensuite l'oubli jusqu'à ce que le tourisme de villégiature et la mode de la plage redonnent une vie nouvelle à l'île. L'île est aujourd'hui un lieu de villégiature très célèbre, et très achalandé l'été. Il est recommandé de réserver à l'avance l'hébergement et le transport de sa voiture.

Martha's Vineyard

Découverte en 1602, le premier navigateur y trouva quelques raisins sauvages et baptisa l'île d'après le prénom de sa fille: «la Vigne de Marthe». Il n'y a plus de vignes aujourd'hui sur cette île de 32 km de long sur 16 de large, mais des forêts de pins, des falaises colorées, des plages de sable fin et des petites villes devenues des stations balnéaires très fréquentées durant tout l'été.

Tout le charme tranquille de la Nouvelle-Angleterre.

En voiture, le tour de l'île se fait en 2 heures. On atteint l'île à partir du Cape Cod, et on y va pour le calme, le repos, dans une atmosphère typique de la Nouvelle-Angleterre.

FICHE TECHNIQUE

Nom des l'îles: NANTUCKET et MARTHA'S VINEYARD
Superficie: 80 km² et 250 km²
Capitales: NANTUCKET et VINEYARD HAVEN
Population des capitales: 4000 habitants et 3000 habitants
Langue: anglais
Religions: protestante et catholique
Monnaie: dollar américain
Gouvernement: font partie du Massachusetts (États-Unis)
Température moyenne l'hiver: 5°C
Température moyenne l'été: 21°C
Meilleure saison pour y aller: nettement l'été
Économie de l'île en général: tourisme estival et pêcheries
Niveau de vie en général: très élevé
Liaisons par traversiers: à partir de Hyannis ou Wood Hole au Cape Cod
Liaisons aériennes: via Boston, on rejoint un petit aéroport sur chaque île
Formalités douanières: le passeport n'est pas obligatoire aux États-Unis pour les Canadiens
Infrastructure routière: simple, mais complète sur les 2 îles

Location d'auto: possibilités, mais vaut mieux louer une bicyclette

Hôtellerie: plusieurs possibilités, dont des «B and B» et des chalets

Restaurants: excellent choix dans les deux îles

Activités sportives: tous les sports nautiques, golf, tennis, pêche en haute mer

Les aspects touristiques

À VOIR — dans la ville de Nantucket: la pittoresque rue principale, de nombreuses maisons anciennes, des galeries d'art, des boutiques, des restaurants sympathiques, le quai, les marinas, un phare, le musée de la pêche en haute mer, etc.

— à Oak Bluffs, sur l'île de Martha's Vineyard: les célèbres «gingerbread cottages», ces petites maisons victoriennes de toutes les couleurs et décorées de balcons dentelés

À FAIRE — sur Nantucket: le tour de l'île à bicyclette; une balade en véhicule tout terrain; du surf et des baignades sur de très belles plages

— sur Martha's Vineyard: le tour de l'île à bicyclette; une excursion jusqu'aux falaises Gay Head; des baignades sur de très belles plages également

SE DIVERTIR: — à ce niveau, ce sont plutôt des îles très tranquilles

À RAPPORTER: — articles de plage, T-shirt

S'INFORMER: — *Office du Tourisme des États-Unis, 1405, rue Peel, suite 300, Montréal, Québec H3A 1S5*

— *Division of Tourism, 100 Cambridge Street, 13th floor, Government Center, Boston, Massachusetts 02202, U.S.A.*

L'île d'Anticosti 37

À mi-chemin entre la Côte-Nord et la Gaspésie, en plein milieu du golfe Saint-Laurent, l'île d'Anticosti est une immense réserve faunique qui appartient au gouvernement du Québec. C'est le paradis des chasseurs, des pêcheurs et des amateurs de grande nature.

Un peu d'histoire et de géographie

L'île tient son nom des Basques espagnols: *«anti-costa»* ou avant-côte. D'abord habitée par des peuplades amérindiennes, puis fréquentée par ces pêcheurs basques et espagnols, l'île fut redécouverte par Jacques Cartier en 1534 qui la nomma alors «Assomption».

L'île fut ensuite concédée à Louis Jolliet en 1680. Temporairement, et à deux reprises, l'île fut concédée à Terre-Neuve en 1763 et 1808. Au 19e siècle, elle passa entre plusieurs mains avant que Henri Menier, un riche fabricant de chocolat français, ne l'achète en 1895. Une compagnie de bois l'acquit en 1926, jusqu'à ce que le gouvernement du Québec l'achète en 1975 dans le but d'en faire une réserve naturelle.

Son littoral est rocheux et bordé de falaises. Quelques plages de gravier et de sable se trouvent au sud de l'île. La forêt de conifères domine pratiquement partout et le relief est assez marqué. Mais la grande valeur de l'île réside dans ses richesses giboyeuses. C'est le royaume du saumon de l'Atlantique (dans une centaine de rivières), du chevreuil, de l'orignal, du castor, du renard, du lièvre et de la perdrix.

Il faut un permis pour y circuler et il faut réserver d'avance son hébergement. Notons enfin que, touristiquement parlant, l'île d'Anticosti fait partie de l'Association régionale de Duplessis.

L'endroit le plus giboyeux du monde.

FICHE TECHNIQUE

Nom de l'île: ANTICOSTI
Superficie: 7 943 km^2 (222 km de long)
Population totale: 370 habitants
Capitale: PORT-MENIER
Population de la capitale: 370 habitants
Langues: anglais et français
Religion: catholique
Monnaie: dollar canadien
Gouvernement: possession du gouvernement du Québec
Température moyenne l'hiver: -10°C
Température moyenne l'été: 15°C
Meilleures saisons pour y aller: l'été et l'automne
Économie de l'île en général: la pêche et la chasse, location de chalet
Niveau de vie en général: très élevé
Liaisons aériennes: surtout par Québecair, via Sept-Îles
Aéroports: à Port-Menier (à 6 km du village)
Liaisons maritimes: accessible par bateau (via Sept-Îles et Rimouski)
Formalités douanières: aucune pour les Canadiens
Infrastructure routière: bonnes routes en gravier
Location d'auto: on peut louer un camion (le transport est d'habitude inclus dans les forfaits)
Hôtellerie: du camping, ou hébergement dans des chalets ou des pavillons

Restaurants: pas vraiment

Activités sportives: la chasse et la pêche uniquement

Divers: on surnomme quelquefois l'île «le cimetière du golfe» à cause des nombreux bateaux échoués le long des rives ou au large. N.B. les chiens ne sont pas admis sur l'île

Les aspects touristiques

À FAIRE — de la pêche au saumon surtout; les forfaits incluent le transport terrestre dans l'île, le logement, les repas, un canot et un guide, et le permis

— de la chasse au chevreuil et au petit gibier; les forfaits comprennent le transport par avion nolisé, les transports terrestres, le logement, les repas, le service d'un guide et le permis (N.B. le chevreuil c'est le «cerf de Virginie».) On peut chasser aussi l'orignal, ou pêcher la truite mais ailleurs que dans les rivières de saumon

— une centaine de rivières à voir en tout, les deux plus importantes étant la rivière aux Saumons et la rivière Jupiter

— une excursion pour voir la chute Vauréal (76 m) à l'entrée d'un canyon, mais aussi il y a la forêt de sapins, d'épinettes et de feuillus divers partout dans l'île, quelques plages en gravier, et 7 phares disséminés tout autour

— la grande richesse de l'île ce sont ses 70 000 cerfs de Virginie et ses saumons

À RAPPORTER: — quelques objets d'artisanat local (cuirs et fourrures)

S'INFORMER: — *L'Association Touristique Régionale de Duplessis, C.P. 156, Sept-Îles, Québec G4R 4K3*

— *Tourisme-Québec, C.P. 20 000, Québec G1K 7X2*

Il y a un coin au Québec qui est bien différent des autres. Un coin de pays qui rappelle à la fois les Antilles, la Gaspésie, la Bretagne ou l'Acadie. Un coin de pays où les valeurs traditionnelles sont demeurées intactes ; où les gens sont fiers, souriants, heureux malgré l'éloignement du continent. Un coin de pays où les vents chassent les nuages aussi vite qu'ils les ont amenés. Un coin de pays qui nous appartient et qui est le contraire d'Old Orchard. Un coin de pays où l'on peut passer ses vacances à la mer ; un coin de pays original, pittoresque, tranquille, peu atteint encore par les pollutions et par les touristes bruyants. Un coin de pays, une région, qui s'appelle les ÎLES DE LA MADELEINE.

Un peu de géographie

L'archipel des îles de la Madeleine est situé dans le golfe Saint-Laurent, à 288 km au large de la Gaspésie, à 112 km de l'Île-du-Prince-Édouard, et à 88 km de l'île du Cap-Breton en Nouvelle-Écosse. On y trouve en tout une douzaine d'îles ainsi que plusieurs îlots et récifs, mais seulement sept îles sont habitées ; les plus importantes sont HAVRE-AUBERT, CAP-AUX-MEULES, HAVRE-AUX-MAISONS, GRANDE-ENTRÉE, GROSSE-ÎLE et l'ÎLE-DE-L'EST, qui sont reliées entre elles par une route panoramique intéres-

Les « baraques » à foin typiques.

sante (la 199), jalonnée de ports, de digues et de dunes de sable.

Vu à vol d'oiseau, l'archipel ressemble à un croissant. De près, quand on le parcourt par la route d'un bout à l'autre, le littoral nous apparaît très découpé: il y a surtout de longues plages désertes, des dunes de sable à l'infini, mais aussi de nombreux rochers escarpés, des falaises de rochers rouges, des récifs où viennent se briser les vagues de l'Atlantique. Partout, où que l'on soit sur les îles, c'est la mer à perte de vue.

Les maisons sont dispersées au hasard dans les champs, toutes orientées pour avoir une vue sur la mer. C'est là un des premiers aspects qui frappent le visiteur, cette orientation des maisons, leurs couleurs vives la plupart du temps, l'absence de clôtures, de haies, de rues même. L'ordre est planifié par des écologistes plutôt que par des urbanistes.

Le climat est maritime bien sûr et d'une salubrité remarquable. Les températures y sont même moins élevées en été et moins basses en hiver que dans le reste du sud du Québec, à cause de la présence de la mer qui adoucit les extrêmes. Un courant chaud, le Gulf Stream, permet aux amateurs de se baigner tout l'été. Mais, plus que la température, c'est le vent qui impressionne. Le vent du large souffle inlassablement sur l'archipel; il atteint une vitesse moyenne de 31 km / h, soit deux fois la vitesse moyenne des vents au Québec.

La récolte quotidienne de homard, en saison.

Un fait intéressant aussi, c'est que l'archipel est situé sur les grandes lignes migratoires des oiseaux. En plus des nombreuses espèces terrestres, on y observe plus d'une cinquantaine d'espèces aquatiques (échassiers, canards, goélands, cormorans). C'est un sanctuaire d'oiseaux qui fait les délices des peintres, photographes et ornithologues.

Les Madelinots et leur histoire

La population des îles de la Madeleine (on dit là-bas « les îles ») n'est que de 14 000 habitants. La plupart des Madelinots sont d'origine acadienne. Ils ont gardé d'ailleurs l'accent savoureux de l'Acadie, avec des mots empruntés à la mer et à la navigation. Il faut quelques heures ou même quelques jours pour apprécier le vocabulaire imagé des Madelinots. On dit même que chacune des îles a ses accents et ses particularités linguistiques.

On raconte que Jacques Cartier fut le premier à atteindre l'archipel en 1534. Il passa plusieurs jours à l'explorer et en fit une description enthousiaste au roi de France. Les îles, que Champlain avait d'abord nommées « Îles Ramées » à cause de l'abondance des ramures, portent maintenant le nom de « Madeleine » en souvenir de Madeleine Fontaine, l'épouse de François Doublet, le premier seigneur de l'archipel.

Les Madelinots sont parmi les gens les plus accueillants du Québec. On sent tout de suite à leur contact la chaleur humaine, la simplicité, la franchise. Ils aiment parler aussi. À travers les conversations, à travers surtout les discussions, on sent aussi que l'éloignement leur procure autant de joies que de peines. Le coût de la vie y est élevé ; le courrier, les fruits et les légumes frais arrivent quelques fois en retard l'hiver, qui est très long, tout cela et bien d'autres choses font qu'ils ont besoin de se rattacher au reste du Québec, mais, en même temps, cet éloignement les protège aussi de la pollution, du bruit, des autoroutes.

Les aspects touristiques

Les Madelinots vivent essentiellement de la pêche : homard, hareng, morue, plie, crabe, flétan, maquereau, pétoncle. Il faut voir à tout prix l'arrivée des petits bateaux de pêche au port, le déchargement des quatre ou cinq caisses remplies de harengs ou de homards, l'étiquetage et la pesée. Le tout est transporté ensuite à la conserverie, au fumoir ou vendu sur place. Ça sent bon le mélange d'air marin et des «fruits de mer». C'est en fait le principal attrait touristique des îles.

L'agriculture est peu développée. On entrevoit seulement quelques petits troupeaux de vaches laitières, ici et là. L'originalité cette fois, qui plaît aux touristes photographes, consiste en ses abris originaux pour le foin ; ce sont des «baraques», une sorte de silos à toit coulissant sur poulies servant à protéger le foin des intempéries, et qui remplacent la grange traditionnelle que l'on connaît, parce que le bois de construction est très rare.

Une des choses à faire aux îles de la Madeleine est bien sûr de se reposer, de marcher sur les longues plages quasi désertes, de se balader le long des chemins qui mènent aux phares, aux rochers escarpés ou falaises abruptes. Mais pour joindre l'utile à l'agréable, il faut aussi pratiquer l'activité typiquement madelinaise qui consiste à pêcher, ou ramasser les coquillages : moules, palourdes, coques (clams) sur les dunes. Il suffit de bien s'informer des endroits où la cueillette est favorable, puis de s'équiper d'un seau et d'une pelle.

Par avion, on atteint les îles de la Madeleine surtout par Quebecair à partir de Montréal, via Québec et Mont-Joli, ou par C.P. Air maintenant, via Halifax et Charlottetown, le service est quotidien. Des forfaits populaires sont aussi offerts par les agents de voyages. On s'y rend également en auto en empruntant le traversier à Souris sur l'Île-du-Prince-Édouard (le service est quotidien et la traversée dure cinq heures ; le coût par contre est assez élevé : le *Lucy Maud Montgomery* transporte 90 voitures et des centaines de passagers. Il n'y a pas de réservation à Souris, mais on recommande de réserver le retour de Cap-aux-Meules durant l'été.)

En bref, on va aux îles de la Madeleine pour le dépaysement, pour l'ambiance, le rythme de vie des Madelinots, davantage que pour visiter une quantité d'attraits touristiques traditionnels. On y va presque comme pour un pèlerinage, un retour aux sources.

FICHE TECHNIQUE

Nom de l'archipel: les ÎLES DE LA MADELEINE
Superficie: 212 km^2
Population totale: 14 000 habitants (les Madelinots et Madeliniennes)
Capitale: CAP-AUX-MEULES
Population de la capitale: 1 500 habitants
Autres villes: HAVRE-AUBERT, FATIMA, ÉTANG-DU-NORD, HAVRE-AUX-MAISONS
Langues: français et anglais
Religion: catholique
Monnaie: dollar canadien
Gouvernement: une région du Québec
Température moyenne l'hiver: 0°C
Température moyenne l'été: 20°C
Meilleure saison pour y aller: l'été
Économie de l'archipel en général: pêcheries, tourisme, sel, agriculture
Niveau de vie en général: assez élevé
Liaisons aériennes: Quebecair (via Québec et Gaspé); C.P. Air (via Halifax ou Charlottetown)
Aéroport: à Havre-aux-Maisons
Liaisons maritimes: via Souris (Île-du-Prince-Édouard)
Infrastructure routière: une bonne route, la 199
Location d'auto: à l'aéroport et au débarcadère de Cap-aux-Meules
Hôtellerie: choix de motels, hôtels, auberges, gîtes du passant
Restaurants: assez nombreux; beaucoup de fruits de mer et cuisine nord-américaine
Activités sportives: pêche, golf, voile, bicyclette

Les aspects touristiques

À VOIR — le Musée de la Mer à Havre-Aubert: l'homme et la mer, histoire des pêches, transports et navigation; et le site historique de «la Grave»

— les falaises rouges, les caps, les plages, quelques rochers «percés»

— une usine de filetage de poisson

À FAIRE — photographier les phares, les maisons colorées, les baraques à foin, de nombreuses églises modernes, les «boucaneries»

— s'attarder le long des quais, surtout au moment de l'arrivée des pêcheurs

— observer les oiseaux à différents endroits de l'archipel

— cueillir des coquillages le long des grèves

SE DIVERTIR: — durant l'été: spectacles, musiciens et chansonniers, dans les bars et cafés; un ciné-parc

À RAPPORTER: — artisanat local varié, tissages, coquillages

S'INFORMER: — *Association touristique des îles-de-la-Madeleine, C.P. 1028, Cap-aux-Meules, Îles de la Madeleine, Québec G0B 1B0*

— *Tourisme-Québec, C.P. 20000, Québec G1K 7X2*

Saint-Pierre-et-Miquelon 39

Un archipel unique au monde, inusité même, grâce à sa situation géopolitique ; une destination touristique fort originale et très appréciée également.

Histoire et géographie

Situées dans l'océan Atlantique, à l'entrée du golfe Saint-Laurent, à seulement 25 km au sud-ouest de la presqu'île de Burin à Terre-Neuve, mais à 270 km au nord-est de Sydney en Nouvelle-Écosse, les îles de Saint-Pierre-et-Miquelon appartiennent à la France.

L'archipel comprend les îles de Saint-Pierre, Miquelon et Langlade, ces deux dernières étant reliées par un isthme de sable de 12 km de long appelé la Dune. L'archipel s'allonge sur 50 km et couvre environ 242 km^2.

Saint-Pierre (nommée ainsi en l'honneur du patron des pêcheurs) est petite (8 km du nord au sud), mais c'est aussi la plus peuplée, avec 5 900 habitants. Miquelon et Langlade sont plus grandes, mais quasi désertes. L'archipel comprend aussi les îlots AUX MARINS, GRAND-COLOMBIER, ÎLE AUX VAINQUEURS, et L'ÎLE AUX PIGEONS. Le climat est rude et humide, l'hiver long et enneigé.

Le port de Saint-Pierre.

Jacques Cartier prit possession des îles en 1536 au nom du roi de France. Servant de base aux flottes françaises des «Terre-Neuvas» venues pêcher la morue dans la région depuis plusieurs siècles, l'archipel devint en 1936 officiellement «Territoire des îles Saint-Pierre-et-Miquelon». Depuis juillet 1976, l'archipel est devenu département français outre-mer.

La population est d'origine basque, bretonne et normande, et ne s'élève qu'à 6000 habitants en tout. L'accueil y est d'autant plus chaleureux et sympathique.

FICHE TECHNIQUE

Nom de l'archipel: SAINT-PIERRE-ET-MIQUELON
Superficie: 242 km²
Population totale: 6000 habitants
Capitale: SAINT-PIERRE
Population de la capitale: 5900 habitants
Autres villes ou villages: MIQUELON, LANGLADE
Langue: français
Religion: catholique
Monnaies: franc français et dollar canadien
Gouvernement: département français outre-mer
Température moyenne l'hiver: 0°C
Température moyenne l'été: 17°C
Meilleure saison pour y aller: l'été
Économie de l'île en général: pêcheries, tourisme
Niveau de vie en général: élevé (coût élevé à cause de l'éloignement)
Liaisons aériennes: Air Saint-Pierre, via Halifax
Aéroport: à Saint-Pierre
Formalités douanières: passeport non obligatoire pour les Canadiens
Infrastructure routière: 35 km de routes sur St-Pierre seulement
Location d'auto: possibilités à St-Pierre
Hôtellerie: petits hôtels, pensions de familles et «chez l'habitant»
Restaurants: quelques-uns; cuisine française, beaucoup de fruits de mer

Activités sportives : pêche en mer, voile, tennis, pelote basque, football

Divers : l'hospitalité et la gentillesse légendaire des insulaires contribuent à ce que le séjour soit mémorable

Les aspects touristiques

À VOIR — la ville de Saint-Pierre : flânerie dans la ville ; le musée d'histoire, des techniques de pêche et des traditions populaires de l'archipel
— l'île de Miquelon avec des baignades et des pique-niques sur l'isthme sablonneux de Langlade

À FAIRE — le tour de l'île Saint-Pierre pour la nature sauvage, dans un climat marin
— un safari-photo vers les phoques du Grand-Barachois
— des excursions de pêche à la morue, en doris
— la mode est aussi aux promenades en véhicule tout terrain

SE DIVERTIR : — bistros, bars, cafés, restaurants et discothèques

À RAPPORTER : — lainages, cuirs, parfums, liqueurs

S'INFORMER : — *Services Officiels Français du Tourisme, 1981, av. McGill College, suite 490, Montréal, Québec H3A 2W9*
— *Office du Tourisme de Saint-Pierre et Miquelon, Quai de la République, 97500 Saint-Pierre, Saint-Pierre et Miquelon*

Le Groenland 40

La plus grande île du monde n'est ni américaine ni canadienne. Le Groenland appartient au Danemark, l'un des plus petits pays européens. Cette «Terre Verte» des premiers navigateurs scandinaves est devenue une terre de recherches scientifiques aujourd'hui. Une destination touristique inusitée aussi.

Histoire et géographie

Située au nord-est du Canada, en bordure de l'océan Arctique, l'île du Groenland mesure 2175600 km^2 mais ne renferme que 50000 habitants (les Groenlandais). On y parle le danois, mais la plupart des Inuits parlent les langues inuit et un peu d'anglais.

Cette plus grande île au monde est en fait une calotte glaciaire peu accidentée, mais qui couvre 84% du territoire. Cet «inlandsis» ne laisse place au peuplement que le long du littoral, surtout au sud-ouest. L'hiver dure jusqu'à neuf mois et le climat polaire ne permet que la pêche principalement, ainsi que l'élevage du renne. Quelques industries minières et des bases militaires américaines complètent le tableau économique. Le tourisme devrait s'y développer davantage dans les prochaines décennies, compte tenu qu'il y a là des réserves naturelles et sauvages aussi belles qu'immenses.

Découverte par le fameux chef Viking Erik le Rouge au 10e siècle, l'île fut colonisée par les Scandinaves. Plusieurs Danois s'y établirent à partir de 1721. L'ancienne colonie danoise obtint son statut d'autonomie interne le 1er mai 1979. C'est encore aujourd'hui une terre de découvertes et d'expériences scientifiques en milieu polaire.

FICHE TECHNIQUE

Nom de l'île: GROENLAND
Superficie: 2175600 km^2

L'accueil y est quand même chaleureux.

Population totale : 53 000 habitants
Capitale : GODTHAAB (ou NUUK en esquimau)
Population de la capitale : 10 500 habitants
Autres villages : EGEDMINDE, HOLSTEINBORG, JULIANEHAAB
Langues : danois et inuit
Religion : luthérienne
Monnaie : couronne danoise
Gouvernement : territoire du Danemark (avec une certaine autonomie)
Température moyenne l'hiver : -30° C
Température moyenne l'été : 0° C
Meilleure saison pour y aller : l'été
Économie de l'île en général : la pêche, la chasse, l'élevage, les mines
Niveau de vie en général : très élevé
Liaisons aériennes : par Gronlandfly et Bradley Air, via Frobisher Bay; ou via Copenhague avec SAS
Aéroports : chaque ville a son petit aéroport
Formalités douanières : passeport obligatoire
Infrastructure routière : aucune route, ni voie ferrée. On voyage par bateau ou par avion
Hôtellerie : quelques petits hôtels dans les principales villes

Restaurants: dans les bons hôtels; cuisines danoise et groenlandaise
Activités sportives: pêche et chasse essentiellement
Divers: on n'y couche pas «chez l'habitant» et il n'y a pas de camping organisé

Les aspects touristiques

À VOIR — les fjords qui relient «l'inlandsis» à la mer
— le soleil de minuit (fin juin, début juillet)
— les aurores boréales (automne et hiver surtout)
— les icebergs qui défilent vers le «sud»
— le musée national groenlandais et le vieux port colonial de Nuuk (ou Godthaab)

À FAIRE — des excursions en kayak ou en traîneau à chiens
— des excursions en hélicoptères
— de la pêche ou de la chasse
— de la recherche scientifique (géologie, botanique, ornithologie, archéologie) en milieu polaire

SE DIVERTIR: — très peu

À RAPPORTER: — sculptures sur os, cuirs, articles de chasse et de pêche

S'INFORMER: — *The Danish Tourist Board, P.O. Box 115, Station «N», Toronto, Ontario M8V 3S4*
— *Groenland Rejsebureau, 31 Skibshavnsvej, Postbox 330, NUUK, 3900 Danemark*

L'Islande 41

L'Islande, c'est le «pays de glace» faisant partie de la Scandinavie. Située juste sous le cercle arctique, l'île est quand même réchauffée par le Gulf Stream.

Histoire et géographie

L'Islande est une île de l'océan Atlantique située à peine à 200 km à l'est du Groenland. Elle est en fait plus proche de l'Amérique que de l'Europe. Elle est politiquement et culturellement européenne toutefois.

Une grande île de plus de 100 000 km² et peu peuplée, seulement 200 000 Islandais en tout. Une île montagneuse et couverte de glaciers (13 000 km² de glaces éternelles), de volcans encore en activité, renfermant aussi de nom-

Reykjavik, une capitale fort pittoresque.

breuses sources d'eau chaude, dont plusieurs geysers. La côte est jalonnée d'un grand nombre de fjords.

La pêche est la principale activité économique. Plusieurs petites industries et commerces reliés à la pêche complètent le tableau économique. L'agriculture est quasi inexistante.

Découverte au 8e siècle par des moines irlandais, l'Islande fut colonisée à partir de 865 par des pionniers norvégiens. Au 13e siècle, l'île se soumit au roi de Norvège, sous l'influence de l'Église, tout en gardant une certaine autonomie. En 1380, elle passa sous domination du Danemark.

L'autonomie lui fut acquise en 1904, en union toutefois avec le Danemark. Après plébiscite, l'Islande devint une république indépendante le 22 février 1944. Le pays fait partie de l'OTAN, mais tend vers la neutralité.

Un pays nordique et de grande nature, et l'accueil y est d'autant plus chaleureux.

FICHE TECHNIQUE

Nom de l'île: ISLANDE (en islandais: Island; en anglais: Iceland)
Superficie: 102 828 km²
Capitale: REYKJAVIK
Autres villes: AKUREYRI, KEFLAVIK, VESTMANNAEYJAI
Langue: islandais
Religion: luthérienne
Monnaie: couronne islandaise (kröne, divisée en 100 ores)
Gouvernement: république
Température moyenne l'hiver: 0°C
Température moyenne l'été: 10°C
Meilleure saison pour y aller: l'été
Économie de l'île en général: pêcheries, industries, commerce
Niveau de vie en général: très élevé
Liaisons aériennes: Icelandair (5 heures de New York)
Aéroport international*:* à Keflavik
Formalités douanières: passeport obligatoire
Infrastructure routière: très peu développée
Location d'auto: non recommandée, quoique possible

Hôtellerie: surtout située dans la capitale
Restaurants: quelques-uns, situés surtout dans les hôtels; cuisine européenne
Activités sportives: pêche au saumon et à la truite, golf

Les aspects touristiques

À VOIR — à Reykjavik: la vieille ville avec ses maisons très colorées, ses restaurants et boutiques sympathiques, son port achalandé, quelques piscines extérieures chauffées naturellement par des sources souterraines, le monument Ingolf Arnarson (le pionnier colonisateur), d'autres statues, des fontaines, des parcs et places publiques, le Parlement, des églises, des musées, etc.

À FAIRE — une excursion vers les champs de lave volcanique, vers les geysers, les cratères, les glaciers, des chutes, des fjords aussi
— une excursion vers les petits ports de pêche du sud du pays
— une excursion en «pony trekking»
— une excursion à Grimsey à la fin juin pour admirer le soleil de minuit

SE DIVERTIR: — boîtes de nuit et discothèques dans la capitale

À RAPPORTER: — os et bois sculptés, céramiques, bijoux, lainages

S'INFORMER: — *Iceland Tourist Board, 655 Third Avenue, New York, 10017 N.Y., U.S.A.*
— *Iceland Tourist Board, 3 Laugavegur, Reykjavik, Iceland*

Les îles Anglo-Normandes 42

Les îles Anglo-Normandes (ou «Channel Islands» pour les Britanniques) sont des destinations touristiques intéressantes et hors de l'ordinaire. Il s'agit essentiellement des îles de JERSEY et GUERNESEY, si chères à Victor Hugo.

Rappel historique et situation géographique

Les îles Anglo-Normandes appartiennent au Royaume-Uni, mais elles sont plus proches de la France que des îles Britanniques. Situé à peine à 15 km des côtes de Normandie (presqu'île du Cotentin), à l'entrée du golfe de Saint-Malo dans la Manche, et à 95 km des côtes anglaises, l'archipel est composé de quatre îles britanniques: JERSEY, GUERNESEY, AURIGNY (ALDERNEY) et SERCQ (SARK), et de plusieurs îlots et récifs inhabités, ainsi que des petites îles françaises de CHAUSEY.

L'ensemble ne couvre que 195 km² et renferme moins de 170 000 habitants. Une partie des habitants, d'origine normande, parle encore le patois des ancêtres. La langue officielle est maintenant l'anglais.

Gouvernées par des chefs bretons au début, puis soumises à la Normandie en 933 jusqu'à la conquête anglaise, les îles restèrent britanniques en 1204 au moment de la reconquête française de la Normandie. Un traité en 1360 confirma leur appartenance au roi d'Angleterre. Attaquées durant la guerre de Cent Ans et en 1781 par des Français, les îles demeurèrent toujours sous juridiction britannique. Victor Hugo s'y exila de 1851 à 1870. Les Allemands les occupèrent aussi de 1940 à 1945.

Aujourd'hui, ces îles paisibles sont devenues une destination touristique privilégiée qui attire autant de Français que de Britanniques. L'archipel, divisé en deux bailliages au point de vue administratif, jouit d'une certaine autonomie dans la gestion des affaires internes, y conservant entre autres des lois ancestrales et des jurisprudences propres.

Les gens y vivent d'agriculture (élevage laitier et fleurs), du commerce et du tourisme. On y va pour les paysages admirables et pour le climat doux durant toute l'année.

FICHE TECHNIQUE

Nom de l'archipel: les îles Anglo-Normandes (en anglais: Channel Islands)
Superficie totale: 195 km²
Population totale: 130 000 habitants
Capitale: SAINT-HÉLIER, sur l'île de Jersey
Population de la capitale: 30 000 habitants
Autres villes: ST-PETER PORT, sur l'île Guernesey
Langues: anglais et vieux patois normand
Religions: protestante et catholique
Monnaie: livre sterling
Gouvernement: deux «baillis» relevant de la Grande-Bretagne
Température moyenne l'hiver: 10°C
Température moyenne l'été: 21°C
Meilleure saison pour y aller: l'été
Économie de l'île en général: agriculture, commerce, tourisme
Niveau de vie en général: élevé
Liaisons aériennes: British Island Airways, Intra Airways, Aurigny Air Service
Aéroports: sur les trois principales îles

Une forteresse du 13e siècle, sur le mont Orgueil.

Liaisons maritimes: via Saint-Malo, en France, et via Weymouth ou Portsmouth, en Angleterre
Formalités douanières: passeport obligatoire
Infrastructure routière: bien développée
Location d'auto: possibilités, mais la conduite est à gauche
Hôtellerie: très grand choix, surtout à Saint-Hélier et sur Guernesey
Restaurants: en grand nombre; cuisines anglaise et européenne
Divers: les principales îles sont: JERSEY, 116 km², 73 000 habitants, cap.: St-Hélier; GUERNESEY, 65 km², 52 000 habitants, cap.: St-Peter Port; ALDERNEY, 8 km², 1 700 habitants, cap.: Ste-Anne; SARK (ou Sercq), 6 km², 500 habitants, cap.: La Maseline; il y a aussi HERM et JETHOU

Les aspects touristiques

À VOIR ET À FAIRE
— on va dans ces «jardins de la mer», comme les surnomma Victor Hugo, pour les campagnes paisibles et verdoyantes, pour les côtes rocheuses et escarpées, pour quelques belles plages, pour de jolis petits ports de plaisance, pour des phares, des menhirs aussi, pour y faire du shopping hors taxe également
— à Jersey, en plus, on verra le Parlement local (Royal Court), le fort Regent, le château Elizabeth, le château-forteresse Gorey (ou château Mont Orgueil)
— à Guernesey, en plus, on verra la maison d'exil de Victor Hugo (il y vécut de 1855 à 1870, et y écrivit entre autres *Les Misérables*), puis le château Cornet, le Parlement local (Royal Court), un hôpital militaire allemand souterrain, des musées, de jolies églises, etc.
— sur Alderney, on verra plusieurs marques des occupations successives: forts anglais et blockhaus nazis entre autres (l'île est surnommée «la Gibraltar de la Manche»)

À RAPPORTER: — lainages, porcelaines, bijoux, parfums, alcools

S'INFORMER: — *British Tourist Authority, 94 Cumberland Street, suite 600, Toronto, Ontario M5R 3N3*
— *Channel Islands Tourist Board, P.O. Box 23, St. Peter Port, Guernesey, United Kingdom*

À l'époque des grandes traversées de l'Atlantique en paquebot et des escales d'avion à mi-chemin entre l'Amérique et l'Europe, les Açores jouaient un rôle extrêmement important dû à leur situation géographique. Elles ont été délaissées depuis, mais ce sont toujours de véritables petits paradis qui méritent d'être redécouverts.

Un peu de géographie et d'histoire

Les Açores sont un archipel qui appartient au Portugal. Situé au milieu de l'Atlantique, à 1 500 km de Lisbonne, l'archipel comprend neuf îles: FLORES, SAO MIGUEL, TERCEIRA, SANTA MARIA, FAIAL, PICO, CORVO, SAO JORGE et GRACIOSA. Quels jolis noms!

Ce sont des îles volcaniques; le Pico domine l'archipel (à 2351 m), et il est situé sur l'île du même nom. Les gens vivent d'agriculture, de pêche, du tourisme et du commerce maritime.

Exploré au 14e siècle par des navigateurs italiens, l'archipel ne fut occupé qu'au 15e siècle par les Portugais qui lui donnèrent son nom (*«açor»* en portugais, veut dire «autour», un oiseau de proie). Sauf sous la domination espagnole de 1580 à 1640, l'archipel fut toujours une colonie

En plein milieu de l'Atlantique.

portugaise qui servit essentiellement de relais, d'escale, vers l'Amérique ou vers la route des Indes occidentales auparavant. L'archipel jouit d'une autonomie interne depuis 1980.

Le tourisme devrait s'y développer et s'accroître d'année en année d'ici quelques décennies. Sa situation géographique privilégiée et les besoins grandissants de vacances inusitées de la part des Nord-Américains et des Européens en font un lieu prédestiné à cet effet.

FICHE TECHNIQUE

Nom de l'archipel: les AÇORES
Superficie: 2314 km^2
Population totale: 295000 habitants
Capitale: PONTA DELGADA (sur l'île Sao Miguel)
Population de la capitale: 23000 habitants
Principales îles: SAO MIGUEL, FLORES, TERCEIRA, SANTA MARIA
Langue: portugais
Religion: catholique
Monnaie: escudo
Gouvernement: possession du Portugal, avec l'autonomie interne
Température moyenne l'hiver: 13°C
Température moyenne l'été: 21°C
Meilleure saison pour y aller: l'été
Économie de l'île en général: agrilculture, commerce, tourisme
Niveau de vie en général: moyen
Liaisons aériennes: Air Portugal et SATA, via Lisbonne
Aéroports: sur Sao Miguel surtout, un petit aéroport sur les autres
Formalités douanières: passeport obligatoire
Infrastructure routière: peu développée
Location d'auto: possibilités, mais vaut mieux louer des taxis
Hôtellerie: bon choix d'hôtels de toutes catégories
Restaurants: nombreux restaurants; spécialités: les poissons et fruits de mer
Activités sportives: tous les sports nautiques, golf et tennis

Les aspects touristiques

À VOIR — neuf îles ensoleillées au milieu de l'Atlantique, encore vierges, paisibles, et ayant gardé leurs traditions

— à Ponta Delgada: des monuments, de charmantes petites églises baroques, des couvents, des jardins botaniques, des fortifications et des musées

— l'île de Flores tout entière est un jardin botanique

FAIRE — des séjours de repos sur plusieurs plages sablonneuses et quasi désertes

— des excursions en montagne, à travers des forêts verdoyantes, pour voir aussi quelques cratères volcaniques, des geysers, des grottes, des sources d'eau sulfureuse, des chutes, etc.

— des excursions de pêche en haute mer

SE DIVERTIR: — des fêtes locales, des spectacles folkloriques, des musiques traditionnelles

À RAPPORTER: — dentelles, céramiques, tissages, vannerie, tapis

S'INFORMER: — *Office National du Tourisme du Portugal, 1801,av. McGill College, suite 1150, Montréal, Québec H3A 2N4*

— *Delegaçao de Turismo, Av. Infante D. Henrique, 95000, Ponta Delgada, Açores, Portugal*

L'île de Madère est surnommée «le Jardin flottant de l'Atlantique». Une île tranquille, paisible, reposante, où l'on va davantage pour le climat, la végétation exubérante et le repos, que pour se divertir dans des stations balnéaires traditionnelles trop animées et bruyantes.

Un peu de géographie et d'histoire

Madère est en fait un archipel, un groupe d'îles qui appartient au Portugal; il est situé dans l'Atlantique, à 980 km au sud-ouest de Lisbonne mais à seulement 500 km du Maroc et à 450 km des Canaries. L'archipel comprend les îles de MADÈRE et de PORTO SANTO et quelques îlots inhabités, dont DESERTA GRANDE, CHAO et BUGIO.

L'île de Madère est très montagneuse, de type volcanique. Le Pico Ruivo culmine à 1 860 m. Le littoral est très découpé, offrant souvent des falaises abruptes et rocheuses. Le climat est de type subtropical et les écarts de température entre l'hiver et l'été sont très faibles. Il fait beau et doux toute l'année.

Les gens vivent d'agriculture (vigne, canne à sucre, fruits et légumes), de tourisme, d'artisanat et de pêche. C'est en fait un endroit de villégiature parmi les plus beaux et les plus tranquilles d'Europe.

Le Portugal, mais à 500 km des côtes africaines.

L'île fut découverte par le Portugais Joâo Gonçalves Zarco en 1418. Il la nomma *Madeira* qui veut dire «boisé» en portugais. Sauf pour une brève période où elle fut occupée par les Anglais de 1807 à 1814, l'île fut toujours colonisée par le Portugal. Le vin et le sucre en firent d'abord sa renommée, jusqu'à ce que le tourisme moderne s'y développe, depuis la Deuxième Guerre mondiale surtout. Madère est toujours l'une des escales les plus appréciées également lors d'un tour du monde en paquebot. Faut dire que les insulaires y sont parmi les plus accueillants du monde.

FICHE TECHNIQUE

Nom de l'île: MADÈRE (en Portugais: Madeira) surnom: «la Perle de l'Atlantique»

Superficie de l'archipel: 795 km^2 (Madère elle-même: 740 km^2)

Population totale: 280 000 habitants

Capitale: FUNCHAL

Population de la capitale: 100 000 habitants

Autres villes: SANTANA, PONTA DELGADA, PORTO SANTO

Langue: portugais

Religion: catholique

Monnaie: escudo

Gouvernement: possession du Portugal, autonomie des affaires internes

Température moyenne l'hiver: 18°C

Température moyenne l'été: 21°C

Meilleure saison pour y aller: toute l'année

Économie de l'île en général: agriculture, pêcheries, tourisme

Niveau de vie en général: moyen

Liaisons aériennes: Air Portugal surtout, via Lisbonne

Aéroport international: à Machico (Funchal)

Liaisons maritimes: lignes régulières, via Lisbonne, Marseille ou Cannes

Formalités douanières: passeport obligatoire

Infrastructure routière: routes en bon état, mais sinueuses et escarpées

Location d'auto: possibilités, mais vaut mieux louer des taxis

Hôtellerie: excellent choix d'hôtels de toutes catégories, et des «pousadas»
Restaurants: en très grand nombre, en plus de ceux des hôtels
Activités sportives: tous les sports nautiques, golf et tennis, mais il n'y a pas de plage!

Les aspects touristiques

À VOIR — à Funchal: les chars tirés par des boeufs, plusieurs églises richement décorées, l'ancienne douane, le fort St-Laurent, plusieurs jardins, dont ceux du Casino, le marché, les rues commerçantes, le Musée d'art sacré
— les départs et arrivées des bateaux dans de nombreux petits ports
— les vignobles du célèbre vin de Madère

À FAIRE — la célèbre balade en toboggans d'osier qui descendent entre Monte et Terreiro Da Luca et Funchal (les anciens toboggans servaient originalement à descendre les produits agricoles de la montagne)
— une excursion à l'île de Porto Santo, où Colomb a déjà vécu et s'y est marié
— une excursion à travers l'île pour voir des panoramas grandioses, des falaises escarpées, des vignobles, des villages de pêcheurs (surtout celui de Santana), pour voir les gens à l'oeuvre, et des fleurs partout

SE DIVERTIR: — du folklore, des casinos, des discothèques, des boîtes de nuit

À RAPPORTER: — des bouteilles de vin, des dentelles, des coqs de terre cuite, de la vannerie

S'INFORMER: — *Office National du Tourisme du Portugal, 1801, av. McGill College, suite 1150, Montréal, Québec H3A 2N4*
— *Direcçâo Regional de Turismo, Avenida Arriaga 18, Funchal 9000, Madère, Portugal*

Quel nom magnifique qui fait rêver à des îles lointaines et invitantes ! Tout le monde parle des Canaries, mais peu de gens savent vraiment où elles sont situées, à qui elles appartiennent, ce qu'il y a à voir et à faire, quand et comment y aller.

Faut dire que les Canaries sont tellement accessibles auprès des Européens, que la clientèle nord-américaine a été un peu délaissée depuis quelques années. Comme ses hôtels et ses plages sont bondés, elles attirent peut-être moins de gens à la recherche de véritable exotisme et de tranquillité. Les Canaries, comme les Baléares également, sont devenues les « Antilles achalandées » des Européens. Il y a même un risque qu'elles perdent leur charme tellement les infrastructures touristiques transforment ses paysages et que ces nombreux et nouveaux emplois créés grâce à l'afflux touristique fassent oublier les traditions et l'âme du peuple canarien.

Un peu de géographie

Les Canaries sont un archipel qui appartient à l'Espagne. Elles sont situées dans l'Atlantique, à 115 km au large de l'Afrique du Nord, et à 1 150 km des côtes d'Espagne, un peu au nord du tropique du cancer.

L'archipel est composé de sept îles principales et de quelques îlots ; les principales îles sont : GRANDE CANARIE, TENERIFE, LANZAROTE, FUERTEVENTURA, HIERRO, GOMERA et PALMA.

Politiquement elles sont subdivisées en deux provinces espagnoles, dont Las Palmas et Santa Cruz sont les chefs-lieux (respectivement situées sur Grande Canarie et Tenerife).

Ce sont des îles volcaniques et montagneuses. Le volcan Teide domine avec ses 3718 m l'île de Tenerife, et tout l'archipel. Le relief est très morcelé et le littoral très découpé. Plusieurs plages sont constituées de sables volcaniques.

L'économie de l'archipel est basée principalement sur le

Sur l'île de la Grande Canarie.

tourisme (surtout sur Grande Canarie et Tenerife), et sur l'agriculture (bananes, agrumes, légumes, vigne); le sol volcanique y est très fertile et le système d'irrigation est bien ordonné.

L'essor touristique depuis les années 50 est essentiellement dû à la douceur du climat. Il n'y fait jamais en bas de 18°C et jamais plus de 30°C, à cause des vents doux du large. C'est aussi une région du monde où il ne pleut que très peu souvent. C'est le printemps perpétuel, et l'on s'y baigne dans la mer durant toute l'année. Les deux îles recommandées pour des séjours de repos au bord de la plage sont la Grande Canarie et Tenerife. Les autres îles procurent d'intéressantes visites, mais elles sont moins bien équipées pour le tourisme balnéaire.

Un peu d'histoire

Déjà durant l'Antiquité, l'on avait identifié ces îles de l'Atlantique: les Hespérides (les îles du «couchant»). Certains croient même que ce sont les restes de l'Atlantide. À cause de la douceur de leur climat, on les appela aussi «Îles fortunées» à l'époque de Plutarque et Pline.

Les Canaries ne furent toutefois redécouvertes et conquises qu'à partir de 1402 par le Normand Jean de Béthencourt. Avec la colonisation de l'île de Grande Canarie par les Espagnols, l'archipel passa aux mains de ces derniers en 1477. Ceux-ci exterminèrent complètement les autochtones Guanches, ces peuplades d'origine berbère qui y vivaient de façon très primitive depuis plusieurs siècles.

Ajoutons un mot maintenant sur l'origine du mot «Canaries». Quitte à décevoir certains, il n'y a aucun rapport avec le nom de l'archipel et le charmant petit oiseau. Les premiers navigateurs y découvrirent de nombreux chiens sauvages qui erraient sur les îles, et nommèrent l'archipel d'après le mot «chien» («canis» en latin). Ce qui fait qu'aujourd'hui plusieurs hôteliers ont fait venir d'Europe des petits canaris pour les mettre en cage et pour «souhaiter la bienvenue» aux nombreux touristes avides d'en voir et d'en photographier.

Les attraits touristiques

On va aux Canaries pour un séjour de vacances au bord de la mer, pour aussi «faire différent» peut-être d'un voyage aux Antilles ou en Floride. C'est que l'archipel canarien offre, en plus de ses possibilités touristiques balnéaires traditionnelles, toute la culture d'un peuple qui vit au rythme du 20e siècle, mais qui a gardé aussi des traditions et des coutumes locales, le tout jumelé à l'âme espagnole.

C'est donc une destination privilégiée, très accessible, originale et pittoresque, avec des infrastructures d'accueil et d'organisation touristique pouvant satisfaire toutes les clientèles. Du confort, de l'exotisme, et des prix abordables. Des vacances donc idéales pour plusieurs.

Résumons maintenant, île par île, ce qu'il y a d'important à visiter.

L'île de GRANDE CANARIE (1 532 km^{2}) est la principale porte d'entrée de l'archipel, puisque c'est là que se trouve le principal aéroport international, près de Las Palmas.

On visitera à Las Palmas («les Palmiers») d'abord la vieille ville nommée «Vegueta», avec une cathédrale, la maison de Christophe Colomb où il séjourna en 1502, plusieurs jolies places et quelques musées. On visitera ensuite l'agglomération de Puerto de la Luz où se concentrent l'animation touristique, ainsi que les installations portuaires, les plages, une forteresse et un musée.

On peut faire aussi une intéressante excursion jusqu'au sommet du Pozo de las Nieves, le point culminant à 1980 m, pour des panoramas grandioses sur l'ensemble de l'île. En chemin, on verra de jolies forêts de pins, quelques beaux villages, des jardins botaniques, des cultures en terrasses, et quelques sites très photogéniques dus au relief volcanique.

Le sud de l'île se développe beaucoup depuis quelques années, surtout à cause des aménagements récents de nombreux hôtels et équipements de loisirs, de sports et de commerces autour des plages de Maspalomas; s'y trouvent de nombreuses villas, une lagune, une palmeraie et un étrange petit désert de sable, avec même quelques chameaux pour des balades de touristes.

L'île de TENERIFE (2053 km²) est la deuxième plus visitée des îles Canaries. C'est la plus grande en superficie, la plus verdoyante aussi. Son nom lui vient du guanche et signifie «montagne enneigée». La grande attraction est justement le volcan Teide, le point culminant d'Espagne en fait, avec ses 3718 m d'altitude. Le volcan est entouré d'un immense cratère, «las Canâdas», et de bananeraies à perte de vue jusqu'à la mer; c'est l'un des plus beaux panoramas de tout l'archipel.

La principale ville, Santa Cruz, est un grand port d'escale et de commerce. Là se concentrent aussi tous les hôtels avec leurs nombreuses piscines (les plages de Tenerife sont moins belles que celles de Las Palmas). On y trouve de nombreux commerces, de même qu'à Puerto de la Cruz, une ville-champignon au pied du Teide grâce au tourisme moderne. Près de cette dernière ville se trouve le plus beau jardin botanique des Canaries: il est petit mais exceptionnellement riche en variétés diverses. Tout près aussi, lors d'une excursion, on verra la charmante petite ville de Orotava qui renferme de jolies maisons avec des balcons en bois sculpté, et on trouvera plus loin aussi un incroyable dragonnier, vieux de plusieurs millénaires, dans le petit village nommé Icod de los Vinos.

L'île de LANZAROTE (841 km²) mérite une excursion si l'on séjourne plus de deux semaines dans les Canaries. C'est la troisième île la plus visitée, surtout pour ses panoramas et curiosités volcaniques. En 1730, une éruption dura 6 ans et forma une immense «montagne de feu». Il y eut d'autres éruptions en 1824. Le paysage est encore lunaire aujourd'hui, à travers une centaine de cratères et de champs de lave. Près de quelques hôtels modernes, les touristes font des balades à dos de dromadaire. Il y a aussi quelques plages dans la région de Arrecife, la principale ville de l'île.

L'île de FUERTEVENTURA est quasi déserte même si elle est très grande. On y va surtout pour ses très belles plages de sable sur le versant est, face à l'Afrique, ainsi que pour la pêche et l'observation sous-marine.

On ira sur **l'île de GOMERA** pour suivre les traces de Christophe Colomb, qui y séjourna en 1492, et pour quelques beaux villages tranquilles au pied du massif volcanique d'où s'étalent de longues bananeraies. On ira sur **l'île de LA PALMA,** elle aussi pour son immense massif volcanique et ses quelques petits villages. Enfin, on pourra faire une excursion sur **l'île de HIERRO** (l'île de Fer), aussi volcanique que les précédentes.

Plusieurs vont aux Canaries également pour le shopping franc de douanes. On y trouve à bas prix des bijoux, parfums, appareils-photo, tabacs et alcools. Le folklore y tient toujours un rôle important, ce qui plaît énormément aux amateurs de couleur locale. Il en est de même pour l'artisanat.

Maspalomas, l'une des plus belles plages de l'archipel.

On se baigne durant toute l'année aux Canaries, la température de l'eau de mer variant entre 19°C l'hiver et 22°C l'été. Les grands hôtels ont aussi des piscines chauffées.

Voilà donc plusieurs raisons qui font des Canaries une destination de choix: des paysages exceptionnels, un climat chaud et doux toute l'année, une culture espagnole en milieu insulaire, le tout jumelé à une infrastructure d'accueil et d'organisation touristiques de première classe, et à des prix très compétitifs.

Des séjours-vacances inoubliables.

FICHE TECHNIQUE

Nom de l'archipel: les CANARIES (en espagnol: Canarias)
Superficie: 7 273 km^2
Population totale: 1 500 000 habitants (Canariens)
Capitale: LAS PALMAS, sur l'île Grande Canarie
Population de la capitale: 350 000 habitants
Autres villes: SANTA CRUZ, PUERTO DE LA CRUZ, MASPALOMAS
Langue: espagnol
Religion: catholique
Monnaie: pesetas
Gouvernement: l'archipel est divisé en deux provinces d'Espagne
Température moyenne l'hiver: 18°C
Température moyenne l'été: 24°C
Meilleure saison pour y aller: toute l'année
Économie de l'île en général: agriculture et tourisme
Niveau de vie en général: moyen
Liaisons aériennes: surtout Iberia, via Madrid
Aéroports: à Las Palmas et Santa Cruz surtout; toutes les îles ont un petit aéroport aussi
Formalités douanières: passeport obligatoire
Infrastructure routière: bonne, sur les principales îles
Location d'auto: possibilités, mais vaut peut-être mieux louer des taxis
Hôtellerie: excellent choix sur les plus importantes îles touristiques

Restaurants: très nombreux, en plus de ceux des hôtels; cuisines espagnole et européenne

Activités sportives: tous les sports nautiques, golf, tennis, équitation

Divers: il y a des liaisons maritimes, via Barcelone, Cadix, Séville, Bilbao, et jusqu'à Las Palmas et Santa Cruz

Les aspects touristiques

À VOIR ET À FAIRE:

— sur l'île GRANDE CANARIE: visite de Las Palmas (folklore, shopping, plages, vieille ville, musées, la maison de Christophe Colomb); une excursion à Maspalomas au sud où se trouve un petit désert de sable et de nombreux complexes hôteliers modernes; une excursion aussi au volcan Pozo de Las Nieves

— sur l'île de TENERIFE: visite de Puerto de la Cruz (le plus beau jardin botanique de tout l'archipel); une excursion surtout au fameux volcan Teide (3707 m), le plus haut sommet en fait d'Espagne, avec son immense cratère appelé Las Canâdas, avec aussi au pied de la montagne des bananeraies à perte de vue, ainsi que quelques très beaux villages

— sur l'île de LANZAROTE: une excursion à dos de dromadaire vers les cratères volcaniques, avec l'impression d'être sur la lune

— sur les îles de FUERTEVENTURA, LA PALMA, GOMERA et HIERRO: on ira voir d'autres volcans, des vallées verdoyantes, des bananeraies, et quelques plages

SE DIVERTIR: — spectacles de flamenco, corrida (sauf qu'il y a davantage d'Allemands que d'Espagnols dans les estrades), discothèques et boîtes de nuit en grand nombre

À RAPPORTER: — broderies, vannerie, poteries, sculptures sur bois, bijoux, parfums, etc.

S'INFORMER:

— *Office espagnol du Tourisme, 60 Bloor Street West, suite 201, Toronto, Ontario M4W 3B8*

— *Casa del Turismo, Parque Santa Catalalina, Las Palmas, Gran Canaria, Espagne*

CHAPITRE 3

Les îles de la Méditerranée

Les Baléares 46

Les Baléares sont une sorte de Floride pour les Européens. Situées au milieu de la Méditerranée, jouissant d'un climat exceptionnel et offrant la culture espagnole, elles sont le rendez-vous de milliers d'amateurs de plages, de soleil et de dépaysement en milieu insulaire, à proximité aussi.

Un peu de géographie

Les Baléares sont un archipel de la Méditerranée formant une province d'Espagne, au large de laquelle il est situé. L'île principale est MAJORQUE (ou la Grande Baléare) ; il y a aussi MINORQUE (ou la Petite Baléare), IBIZA, FORMENTERA et de nombreux îlots. L'ensemble de l'archipel couvre une superficie de 5 000 km^2 environ.

Ces îles sont moyennement montagneuses, le point culminant n'atteignant pas 1 500 m. La végétation est de type méditerranéen, avec entre autres des amandiers, figuiers, oliviers, genévriers, pins et chênes. La côte est très découpée, jalonnée de falaises, baies, criques et plages tranquilles, le tout arrosé par une mer exceptionnellement bleue et limpide.

Les gens vivent d'agriculture (céréales, olives, vignes, fruits et légumes), d'un peu de pêche, mais surtout du tourisme à cause de la douceur du climat et du développement de nombreuses stations balnéaires.

Un peu d'histoire

Peuplées dès la préhistoire, les Baléares subirent successivement les dominations des Phéniciens, des Carthaginois, des Romains, des Vandales, puis des Arabes (du 8e au 13e siècle).

Elles firent ensuite partie du royaume de Majorque, puis de celui d'Aragon, avant de devenir vraiment espagnoles au 16e siècle, au moment de l'unification du pays. Pendant que l'Espagne était occupée à conquérir et coloniser l'Amérique, les Baléares furent un peu abandonnées. Elles durent se fortifier pour lutter contre les pirates et les Turcs, jusqu'au 18e siècle.

Aujourd'hui, les îles sont envahies par de nouveaux conquérants: les touristes, avides de soleil, de plages et de repos au bord de la mer. Majorque attire des milliers de touristes chaque année à cause de ses paysages et de nombreux attraits dans sa capitale. Ibiza attire une certaine clientèle également, en particulier grâce au charme de ses maisons et de ses rues qui rappellent quelques îles grecques.

Les attraits touristiques

Voici brièvement ce qu'il y a d'intéressant à voir dans les Baléares, île par île.

L'île de MAJORQUE (ou Mallorca, en espagnol) est la plus grande, avec 3064 km², et la plus peuplée (400000 habitants) de l'archipel. Le point culminant, le Puig-Mayor, est à 1445 m d'altitude. Le littoral est très découpé et les falaises souvent abruptes. Les routes sont sinueuses et très belles. On y va pour la beauté de ses paysages, la douceur de son climat, et l'importance de ses ressources hôtelières le long des plus belles plages.

Palma possède une superbe cathédrale gothique, un château du 14e siècle, d'autres vieux édifices (bains arabes, hôtel de ville du 17e siècle, plusieurs maisons très chics du 16e et du 17e siècle), des rues étroites et très anciennes avec leurs nombreuses boutiques commerçantes, etc.

Des excursions en voiture autour de l'île permettent de voir des panoramas grandioses le long des routes en corniche, où les belvédères succèdent aux caps, où les plages voisinent des grottes et des calanques, et où l'on trouve encore quelques monastères isolés.

Une grotte mérite un détour, celle du Drach: on y organise des concerts tous les jours, en plus de la visite des grandes salles, des lacs et des voûtes où sont suspendues d'impressionnantes stalactites; une expérience unique au monde.

L'île de MINORQUE (ou Menorca, en espagnol) est la deuxième plus grande, et la plus à l'est de l'archipel. Elle mesure 668 km² de superficie et sa population s'élève à 50000 habitants environ. La principale ville s'appelle Mahon, où se trouvent quelques vestiges romains, une rade entourée de villas blanches accrochées aux collines, et un port de pêche avec ses guinguettes et ses maisons colorées. L'île est beaucoup moins visitée que la précédente.

L'île d'IBIZA, située la plus à l'ouest de l'archipel, la plus proche de l'Espagne. Elle mesure 572 km² de superficie et sa population s'élève à 40 000 personnes environ. La ville principale se nomme aussi Ibiza.

On l'a surnommée « l'île blanche » à cause de la chaux sur les murs des maisons, à cause aussi de ses toits en terrasse et de ses ruelles tortueuses qui rappellent les petites îles grecques (Mykonos surtout). La côte est sauvage et découpée, bordée par de hautes falaises ou de plages sablonneuses.

La ville d'Ibiza possède des murailles du 16e siècle, une cathédrale, un important Musée archéologique, une marina très animée, des rues commerçantes très colorées et des terrasses de cafés où se rencontrent des touristes du monde entier. Comme Mykonos dans les Cyclades grecques, Ibiza est depuis une vingtaine d'années le rendez-vous en particulier de milliers de jeunes voyageurs qui s'y attardent le temps de quelques semaines de repos, et qui donnent à la ville un air de fête, de jeunesse, de couleurs ; une espèce de « happening » de gens de toutes nationalités où les « hippies » de tous âges et de toutes conditions se mêlent à la foule des touristes ordinaires.

Ibiza, tout le typisme de l'Espagne méditerranéenne.

L'île de FORMENTERA est à la fois la plus petite et celle située le plus au sud des Baléares. Elle ne mesure que 115 km² et est peu peuplée (4 000 habitants). Ces gens sont agriculteurs ou pêcheurs. L'île est moins visitée par les touristes, car elle n'a pas encore toutes les infrastructures pour les accueillir en grand nombre.

Voilà donc plusieurs raisons pour choisir les Baléares lors d'un prochain séjour en Europe. Un petit détour, et c'est la découverte de petits paradis au coeur de la Méditerranée.

FICHE TECHNIQUE

Nom de l'archipel: les BALÉARES
Principales îles: MAJORQUE, MINORQUE, IBIZA, FORMENTERA
Superficie: 5 014 km²
Population totale: 570 000 habitants (Baléares)
Capitale: PALMA DE MAJORQUE
Population de la capitale: 250 000 habitants
Autres villes: IBIZA, FORMENTOR, MAHON, SOLLER, POLLENSA
Langues: espagnol et baléare (dérivé du catalan)
Religion: catholique
Monnaie: pesetas
Gouvernement: province d'Espagne
Température moyenne l'hiver: 10° C
Température moyenne l'été: 25° C
Meilleures saisons pour y aller: printemps, été, automne
Économie de l'archipel: agriculture et tourisme
Niveau de vie en général: moyen
Liaisons aériennes: Iberia surtout, via Madrid et Barcelone
Aéroports: à Palma de Majorque, à Ibiza, à Mahon sur Minorque
Liaisons maritimes: via Valence, Barcelone et Alicante
Formalités douanières: passeport obligatoire
Infrastructure routière: bon réseau, mais plusieurs routes sinueuses
Location d'auto: possibilités, mais vaut peut-être mieux prendre des taxis
Hôtellerie: excellent choix, sur Majorque et Ibiza surtout

Restaurants: nombreux, variés, animés ; cuisines espagnole et européenne
Activités sportives: tous les sports nautiques, golf, tennis, etc.

Les aspects touristiques

À VOIR ET À FAIRE:
— sur MAJORQUE : visite de Palma, la capitale (une cathédrale gothique, un château du 14e siècle, de vieux édifices dans le centre-ville, les rues commerçantes) ; des excursions en montagne et autour de l'île pour de nombreuses falaises, des caps, des belvédères, des plages, et surtout pour la très célèbre grotte de Drach à l'intérieur de laquelle on peut assister à des concerts.
— sur IBIZA : visite de la ville d'Ibiza avec ses rues et ruelles tortueuses, ses maisons blanches (comme dans les îles grecques), sa marina très animée, ses plages bondées l'été, la foule bigarrée de jeunes touristes de toutes nationalités ; autour de l'île, on verra les côtes sauvages, les falaises rocheuses, des plages tranquilles
— sur MINORQUE : visite de quelques vestiges romains, un joli petit port et quelques plages plus tranquilles qu'à Ibiza et Majorque

SE DIVERTIR: — spectacles folkloriques, discothèques, boîtes de nuit, bars, cafés, etc.

À RAPPORTER: — poteries et céramiques, vannerie, tissages, perles, bijoux divers

S'INFORMER: — *Office National Espagnol du Tourisme, 60 Bloor Street West, suite 201, Toronto, Ontario M4W 3B8*

La Corse 47

Une île française dans la Méditerranée. Voici trois bonnes raisons pour y aller: une île, la France et la Méditerranée. C'est la montagne, c'est la Provence, c'est un milieu naturel, des sites et des paysages parmi les plus beaux du monde. C'est aussi l'île où Napoléon est né.

Un peu de géographie

La Corse mesure 185 km de long sur 85 km maximum de large. C'est une «montagne dans la mer» située à 170 km de la Côte d'Azur, et à 83 km de la Riviera italienne. Le relief est très prononcé; le Monte Cinto culmine à 2 710 m (le sommet est souvent enneigé) et n'est situé qu'à 30 km de la mer.

Le climat est de type provençal, sec et lumineux, ni trop froid l'hiver ni trop chaud l'été du fait de la latitude et de l'ensoleillement.

Traditionnellement, c'est une terre d'élevage de moutons et de chèvres, d'agriculture aussi: amandes, châtaignes, fruits et légumes, vigne. Le développement touristique s'accompagne d'une modernisation et de la création d'une infrastructure adéquate.

La population s'élève à seulement 240 000 habitants. Faut dire que l'émigration vers le «continent» a toujours drainé une bonne partie de la population qui n'arrivait pas à trouver du travail. L'île est sous-peuplée. La division en deux pôles économiques, avec Ajaccio comme ville administrative et Bastia comme ville économique, a provoqué la division de l'île en deux départements en 1974.

L'île renaît économiquement aujourd'hui grâce surtout au renouveau touristique. L'essor est prometteur, s'il n'est pas trop freiné par des conflits socio-politiques.

Un peu d'histoire

On a trouvé en Corse des vestiges qui remontent au 6e millénaire avant J.-C. Des Phéniciens s'y établirent, puis des Carthaginois au 3e siècle avant J.-C. Rome s'empara de l'île et créa la province romaine de Sardaigne-Corse.

Ce fut ensuite, comme presque partout en Europe méditerranéenne, l'époque des invasions barbares et byzantines. Les Lombards occupèrent l'île en 725, puis la papauté la posséda jusqu'à sa concession à Pise en 1098. En 1284, les Génois s'en emparèrent et l'exploitèrent. Les Français l'occupèrent ensuite. Après quelques guerres et révoltes, la France acheta l'île aux Génois en 1768, un an avant la naissance de Napoléon Bonaparte (le 15 août 1769).

Depuis 1976, des mouvements de revendication entravent les relations entre l'île et le «continent». Certains affrontements sont même sanglants. En 1983, l'île fut dotée d'un statut particulier de «collectivité territoriale». Déjà, en 1974, l'île avait été divisée officiellement en deux départements: Haute-Corse et Corse-du-Sud.

Les attraits touristiques

La Corse c'est 1 000 km de côtes, des plages de sable magnifiques, des golfes et des falaises spectaculaires, des gorges arides et sauvages, des montagnes et des forêts protégées, mais aussi des villages paisibles perchés dans les montagnes verdoyantes, des villes aussi riches d'histoire que remplies de monuments et de jolies places publiques, le tout sous un ciel magnifiquement bleu. C'est «l'île d'Azur». Les Grecs l'avaient d'ailleurs appelée *«Kallisté»*, ce qui veut dire «la plus belle».

On y mange très bien, et l'on y boit beaucoup. C'est aussi un pays très riche en traditions, folklores, musiques, etc., de même qu'au point de vue archéologique.

Voici brièvement quelques attraits à ne pas manquer.

LE PARC NATUREL RÉGIONAL, créé en 1972, est une attraction majeure. Traversant toute l'île, de l'ouest jusqu'au sud-est, il s'étend sur 150 000 hectares, soit environ 20% de la superficie de l'île. Ce sont des paysages maritimes sur 75 km de long, mais surtout des paysages de montagnes et de forêts, entrecoupés de vallées, de cols et de grottes pittoresques. Le parc a pour objectifs la protection de la nature et des sites, la rénovation de l'économie rurale et l'amélioration des échanges entre la mer et la montagne. On y a aménagé entre autres des domaines skiables, des parcours d'escalade, des circuits équestres et un sentier de grande randonnée de 173 km de long.

Comme attraits naturels, il faut aussi voir le CAP CORSE (une route de corniche permet d'en faire le tour complet sur une centaine de kilomètres); il s'agit d'une presqu'île allongée, au nord de la Corse, avec des falaises, des villages pittoresques, des petits ports de pêche et des plages où la plongée sous-marine est à son meilleur à cause des eaux claires, chaudes et poissonneuses.

Il faut voir aussi la région des montagnes (les monts Cinto, Renoso, Incudine) et les forêts de Vizzavona et de Valdo-Niello, mais aussi des vallées, des gorges, des golfes (Golfe de Porto).

Les plus intéressantes villes sont Ajaccio, Bastia, Bonifacio, Calvi, Sartène et Corte.

À AJACCIO, on s'attardera autour des nombreux souvenirs reliés à Napoléon Bonaparte: sa maison natale et le musée napoléonien surtout, puis le musée Fesch et sa riche collection de peintures italiennes, puis des églises et de jolies petites places ombragées; au large, dans le golfe, les îles Sanguinaires.

À BASTIA, il faut visiter la vieille ville, son vieux port achalandé, sa citadelle et son important musée ethnographique.

À CORTE, l'ancienne capitale, on ira surtout pour son site exceptionnel en montagne et pour sa citadelle juchée sur un rocher dominant la vieille ville.

À SARTENE, la capitale du sud de l'île, «la plus corse des villes corses» à cause des traditions bien conservées, on marchera surtout dans les rues étroites du centre-ville médiéval.

À BONIFACIO, on visitera la célèbre forteresse maritime, la ville haute surplombant la mer, les vieilles rues du centre-ville entouré de remparts; et, dans les environs, le très beau phare de Pertusato d'où l'on a une vue panoramique exceptionnelle sur Bonifacio, les montagnes environnantes, les plages avoisinantes, les îles Cavallo et Lavezzi au large, et même la Sardaigne au loin.

Enfin, CALVI mérite une excursion surtout pour admirer son port et les fortifications de sa citadelle où sont imprégnés six siècles de présence et de domination de la ville de Gênes.

Mais la Corse, c'est davantage que des villes à visiter, des plages où séjourner et des excursions à faire en quelques jours. La Corse c'est un rythme de vie, c'est l'âme d'un peuple, c'est une histoire omniprésente. C'est donc surtout la découverte du Corse lui-même. Ajoutons enfin un mot sur celui-ci.

On dit qu'il a le sens de l'honneur: c'est le pays de la «vendetta», de la vengeance et de la «justice par soi-même». «Le» Corse, c'est aussi Napoléon, c'est un chanteur de charme, c'est un «bandit célèbre», c'est le sang latin, c'est la fierté et l'ambition, c'est la finesse d'esprit et l'individualisme, c'est l'attachement à la famille; c'est la méfiance mais aussi l'hostilité; c'est un fraudeur mais aussi un fidèle à l'amitié et à la parole donnée.

Un mot enfin sur le développement du tourisme en Corse depuis quelques années. Près d'un million de touristes envahissent l'île chaque année. Tout le littoral est mis en valeur par des aménagements modernes. Pendant très longtemps, le tourisme collectif (les clubs-vacances, les villages de vacances, etc.) dépassait en capacité d'hébergement l'hôtellerie traditionnelle. Aujourd'hui, de nombreux centres deviennent de véritables stations balnéaires complètes offrant à une clientèle de plus en plus nombreuse toutes les facilités reliées aux loisirs de plein air et au confort moderne.

Napoléon avait bien choisi...

FICHE TECHNIQUE

Nom de l'île: la CORSE
Superficie: 8700 km²
Population totale: 240000 habitants (Corses)
Capitale: AJACCIO
Population de la capitale: 43000 habitants (Ajacciens ou Ajacéens)
Autres villes: BASTIA, BONIFACIO, PORTO-VIECCHIO, CALVI
Langues: français et corse (langue orale seulement)
Religion: catholique
Monnaie: franc français
Gouvernement: l'île est divisée en 2 départements français
Température moyenne l'hiver: 10°C
Température moyenne l'été: 28°C
Meilleures saisons pour y aller: printemps, été, automne
Économie de l'île en général: élevage, agriculture, tourisme
Niveau de vie en général: moyen
Liaisons aériennes: Air France et Air Inter, via Paris, Nice, Marseille
Aéroports: Ajaccio, Bastia et Calvi
Liaisons maritimes: vers Bastia et Ajaccio, via Nice, Toulon, Marseille
Formalités douanières: passeport et visa obligatoires
Infrastructure routière: très bonne, mais plusieurs routes sinueuses
Location d'auto: dans les ports et aéroports
Hôtellerie: excellent réseau, complet, varié; plusieurs campings également
Restaurants: en très grand nombre; cuisines corse et européenne
Activités sportives: tous les sports nautiques, alpinisme, chasse, ski, tennis

Les aspects touristiques

À VOIR — à Ajaccio: la maison natale de Napoléon, son musée, le musée Fesch

— à Bonifacio: la ville-haute surplombant la mer, la forteresse, les remparts, le phare, le golfe et ses nombreuses petites îles

— à Calvi: le vieux port et la citadelle fortifiée

— à Bastia: le vieux port, le musée ethnographique, la citadelle

— à Sartène: les rues étroites du centre-ville médiéval

À FAIRE — une excursion dans le Parc naturel régional, avec une sélection de sentiers de randonnée qui s'échelonnent sur 173 km de long

— des excursions en mer à partir d'Ajaccio, Bastia, Calvi, Porto ou Bonifacio

— des excursions en canot-kayak, à cheval, à pied, ou en autocar... pour voir un peu partout des grottes, des gorges, des villages perchés en montagne, des champs de fleurs, des forêts, des plages, etc.

À RAPPORTER: — poteries, tissages, vannerie, bijoux, bois sculptés, poupées et santons

S'INFORMER: — *Services Officiels Français du Tourisme, 1981, av. McGill College, suite 490, Montréal, Québec H3A 2W9*

— *Comité Régional du Tourisme, 38 Cours Napoléon, B.P. 162, Ajaccio 20178, Corse, France*

La Sardaigne 48

La Sardaigne est une île italienne de la mer Tyrrhénienne, située au sud de la Corse, en Méditerranée. Moins fréquentée que la Sicile, elle est restée plus naturelle, énigmatique, vraie.

Géographie et histoire

C'est une grande île montagneuse et volcanique. Le mont Gennargentu culmine à 1 834 m d'altitude. Les côtes sont très découpées et bordées de nombreux îlots.

Les Sardes vivent essentiellement d'élevage (moutons surtout) et d'agriculture (céréales, olives, vigne et légumes). On y trouve peu d'industries. Le tourisme s'y développe depuis quelques années, surtout au nord-est le long de la Costa Smeralda.

Colonisée d'abord par les Crétois, Phéniciens, Romains, Pisans, puis devenue une possession de Gênes durant plusieurs siècles, elle fut prise par le Piémont en 1746, annexée par la France ensuite en 1805, avant de redevenir piémontaise en 1815, et italienne en 1870 au moment de l'unité du pays.

Les Sardes ont conservé au cours des siècles une longue tradition de l'honneur et de l'hospitalité. De tradition montagnarde et pastorale, ils revêtent souvent leurs costumes à l'occasion des fêtes et des manifestations religieuses ou folkloriques. On va en Sardaigne pour d'intéressantes découvertes archéologiques, mais surtout pour y voir vivre un peuple sympathique et très accueillant.

FICHE TECHNIQUE

Nom de l'île: la SARDAIGNE (en italien: Sardegna)
Superficie: 24 089 km²
Population totale: 1 600 000 habitants (les Sardes)
Capitale: CAGLIARI
Population de la capitale: 250 000 habitants
Autres villes: ALGHERO, NUORO, SASSARI, OLBIA
Langue: italien

Religion: catholique
Monnaie: lire italienne
Gouvernement: une région de l'Italie
Température moyenne l'hiver: 10°C
Température moyenne l'été: 25°C
Meilleure saison pour y aller: printemps, été, automne
Économie de l'île en général: agriculture, élevage, petites industries, tourisme
Niveau de vie en général: moyen
Liaisons aériennes: Alitalia, Alisarda et Itavia
Aéroports: à Cagliari, Alghero et Olbia
Liaisons maritimes: au départ de Gênes, Naples et Palerme
Formalités douanières: passeport obligatoire pour l'Italie
Infrastructure routière: très bon réseau, mais plusieurs routes sinueuses
Location d'auto: possibilités
Hôtellerie: bon choix, de plus en plus
Restaurants: nombreux maintenant, cuisine italienne

L'île s'ouvre de plus en plus au tourisme.

Les aspects touristiques

À VOIR — dans la capitale Cagliari: le Musée national d'archéologie, les vieilles fortifications du 13e et 14^{e}siècle, la vue panoramique sur le port très actif, la cathédrale

— la belle station balnéaire d'Alghero, avec son petit port rappelant l'Espagne et son vieux centre-ville fortifié

— le petit port pittoresque d'Arbatax, sur la côte est de l'île

— plusieurs vestiges archéologiques également (amphithéâtres, temples et thermes romains, abbayes du Moyen Âge, etc.

À FAIRE — des excursions le long du littoral, avec des routes en lacets, des falaises abruptes, des gorges, des grottes, etc.

— une excursion en montagne, surtout au printemps, pour les odeurs de maquis: eucalyptus, myrthes, cactus, figiers, néfliers, rosiers, etc.

À RAPPORTER: céramiques, tissus, broderies, tapis, lièges, vannerie

S'INFORMER: — *Office National italien de Tourisme, 3, Place Ville-Marie, suite 56, Montréal, Québec H3B 2E3*

— *Office du Tourisme, Viale Trento 69, Cagliari, Sardegna, Italie*

L'île tant chantée. L'île de rêve, située au large de Naples, en Méditerranée. Des paysages remarquables, une ambiance de fête et de vacances, des trésors archéologiques et un climat exceptionnel en ont fait un lieu privilégié du tourisme international.

Histoire et géographie

Située dans le prolongement de la péninsule de Sorrente, au sud du golfe de Naples en Italie, Capri est une petite île très montagneuse. Le mont Solaro culmine à 589 m d'altitude. Les côtes sont très découpées et renferment plusieurs baies, où se sont installés les ports et les plages de Marina Grande et Marina Piccola, ainsi que plusieurs grottes, dont la très célèbre grotte d'Azur.

L'île est longue de 6 km et sa largeur ne dépasse pas 3 km; elle n'est séparée du continent que de 5 km.

L'île était déjà renommée à l'époque romaine. L'empereur Tibère y séjourna de longues années et y mourut. L'île servait de lieu de villégiature (le mot «villa» veut dire «maison de repos au bord de la mer»), pour les riches Romains de l'époque. Et encore aujourd'hui, c'est un rendez-vous du «jet-set» italien et international. C'est à la fois mondain et visité maintenant par tout le monde.

On y va donc pour son incomparable beauté, pour son climat doux et ensoleillé, pour son infrastructure hôtelière de première classe et pour l'ambiance de vacances toute l'année. C'est aussi un véritable jardin botanique entrecoupé de belles villas surplombant les falaises et la mer. Il faut y passer au moins une journée dans sa vie. Comme disent les anglophones: «C'est un must.»

FICHE TECHNIQUE

Nom de l'île: CAPRI

Superficie: l'île mesure 6 km de long sur 3 km de large

Population totale: 13 000 habitants

Capitale: CAPRI

Population de la capitale : 6 000 habitants
Autres villes : ANACAPRI
Langue : italien
Religion : catholique
Monnaie : lire italienne
Gouvernement : possession italienne
Température moyenne l'hiver : 10°C
Température moyenne l'été : 25°C
Économie de l'île en général : tourisme et villégiature, vigne, commerce
Niveau de vie en général : très élevé
Liaisons maritimes : par bateau ou hydroglisseurs « aliscafi », via Naples et Sorrente
Formalités douanières : passeport obligatoire pour l'Italie
Infrastructure routière : excellente, mais toutes des routes en lacets
Location d'auto : possibilités, mais vaut mieux prendre des taxis
Hôtellerie : choix excellent, de toutes catégories
Restaurants : nombreux et variés : cuisine italienne et européenne
Activités sportives : tous les sports nautiques

Capri, un éternel recommencement...

Les aspects touristiques

À VOIR — la fameuse Grotte d'Azur (Grotte Bleue ou Grotta Azurra), l'une des plus visitées au monde : au départ de Marina Grande, des bateaux amènent les touristes qui pénètrent ensuite dans la grotte en barque ; la lumière n'entre pas directement mais par réfraction dans l'eau, ce qui teinte de bleu argenté toute la grotte (longue de 54 m, large de 15 m, et haute de 30 m)

— la Villa Jovis (ou villa de Jupiter) : l'ancien palais de l'empereur Tibère

— les panoramas grandioses, à chaque détour de la route sinueuse (réservée aux meilleurs chauffeurs du monde...)

À FAIRE — une excursion dans la ville de Capri pour voir ses « piazzas » ou petites places ensoleillées, ses ruelles entre les maisons blanches, ses nombreux petits restaurants sympathiques, ses terrasses animées, ses boutiques de luxe, et ses boutiques de souvenirs (c'est par contre un peu trop bondé l'été...)

— le tour de l'île en bateau, pour admirer les falaises, les villas perchées, les baies et les criques, les rochers et les grottes, quelques petites plages tranquilles

— une excursion aussi vers Marina Piccola pour sa plage, mais surtout ensuite vers Anacapri pour monter par télésiège jusqu'au sommet de monte Solaro : les panoramas y sont grandioses sur toute l'île et sur le golfe de Naples

À RAPPORTER : — bijoux, parfums, pacotilles, artisanat local varié

S'INFORMER : — *Office National italien de Tourisme, 3, Place Ville-Marie, suite 56, Montréal, Qc H3B 2E3*

La Sicile 50

La Sicile fait souvent parler d'elle. Pour ses aspects touristiques certes, mais aussi à cause de la mafia qui fait les manchettes. Cet aspect de la vie sicilienne ne devrait toutefois pas freiner les volontés de découvrir une île superbe, riche d'histoire et remplie d'attraits.

Un peu de géographie

La Sicile est la plus grande des îles italiennes de la Méditerranée. Elle est située au sud-ouest de la péninsule italienne (sur une carte, elle semble recevoir le coup de pied de la botte italienne...). Elle est bordée au nord par la mer Tyrrhénienne et à l'est par le petit détroit de Messine, qui la sépare de la Calabre italienne, et au sud-ouest par la Tunisie et l'Afrique loin au large.

L'île est très montagneuse et jalonnée de vallées et de collines également. À certains endroits, des volcans dominent des plaines marécageuses. Le célèbre volcan Etna domine à 3295 m. L'île est entourée de plusieurs îlots, dont certains sont très célèbres, tels Lipari, Stromboli, Vulcano. Ajoutons aussi que l'île a souvent souffert de tremblements de terre.

Le climat est magnifique, de type méditerranéen, à tendance subtropicale.

L'économie sicilienne est basée sur plusieurs produits. On y cultive des céréales, des amandes, de la vigne (on y produit entre autres les vins Marsala), des fruits (oranges, citrons, mandarines), des légumes, du coton, de même que la pêche y est encore très importante (poissons, éponges et crustacés). Mais on dit volontiers que la misère et le banditisme freinent le développement économique de l'île. Des industries chimiques, minières et pétrochimiques se développent, mais pas assez rapidement pour arrêter la forte émigration vers l'étranger.

Un peu d'histoire

Les premiers occupants de la Sicile furent des Sicules (d'origine asiatique) qui donnèrent leur nom à l'île. Ils furent rejoints par des peuples d'origine ibérique et d'autres d'origine troyenne. Des Phéniciens s'y installèrent également.

Mais l'histoire véritable commence avec la colonisation grecque en même temps que la colonisation de l'Italie du Sud. À partir du 8e siècle avant J.-C., Syracuse était une rivale d'Athènes. Plus tard, les Romains s'emparèrent de l'île et y exploitèrent ses ressources. Ce fut ensuite l'invasion par les Barbares, les Vandales, les Ostrogoths, puis les Sarrasins aux 9e et 10e siècles.

Ce fut ensuite le tour des Normands, puis des Allemands, des Français, des Espagnols, des Savoyards, des Autrichiens, des Espagnols à nouveau, à conquérir l'île, jusqu'à ce qu'elle soit rattachée à l'Italie à l'époque de Garibaldi en 1860.

Depuis 1948, l'île jouit d'une certaine autonomie (après qu'elle fut libérée en 1943 par les troupes anglo-américaines). Le Parlement de Palerme s'occupe des affaires internes.

Les attraits touristiques

On va en Sicile pour la découverte, l'évasion, plutôt que pour bronzer. Certaines stations sont très à la mode. Mais on y va pour l'Etna spectaculaire, pour ses paysages grandioses, pour la montagne, pour la mer, mais aussi pour ses nombreux trésors archéologiques impressionnants.

Les amateurs de sensations fortes monteront au sommet de l'Etna, le point culminant de l'île, longtemps enneigé, encore en activité; c'est à la fois le plus grand et l'un des plus fameux volcans d'Europe. Il fit éruption entre autres en 1329, 1381, 1669, 1910, 1917, 1923, 1928, 1954, 1964, 1971, et ainsi de suite (la dernière éruption remonte à mars 1981).

Les amateurs de vin iront à Marsala (*Marsah El Allah* ou «port de Dieu» en arabe). Ceux qui aimeraient voir une ville reconstruite en neuf, à partir de 1908, après qu'elle fut détruite à 90% par un tremblement de terre, iront à Messine.

Mais la grande richesse de l'île réside essentiellement dans ses trésors archéologiques. On les découvre surtout à SYRACUSE, l'ancienne cité grecque rivale d'Athènes.

C'est aussi la ville d'Archimède. On y trouve un théâtre grec du 5e siècle avant J.-C., des amphithéâtres, grottes, temples, catacombes, palais, etc.

À TAORMINE, on trouvera aussi un théâtre grec, des jardins publics, des monuments antiques variés, le tout dans un site magnifique avec vue sur la mer et sur l'Etna.

À MONTREALE, on trouvera les plus belles mosaïques du monde dans l'abbaye bénédictine du 12e siècle; le cloître et l'église adjacente sont en marbre polychrome.

À AGRIGENTE, on s'attardera surtout au Musée national d'archéologie et à la Vallée des temples (vestiges de plusieurs temples doriques dédiés à Junon, à la Concorde, à Hercule, à Jupiter, tous édifiés entre le 6e et le 5e siècle avant J.-C.).

Enfin à PALERME, la capitale, on visitera des vestiges de toutes les occupations de la ville par les peuples voisins: le baroque espagnol avec ses fontaines, statues et piazzas voisine avec le baroque normand et sicilien et ses palais, ses jardins, ses églises. Il y a aussi une attraction unique au monde: les catacombes des Capucins, où l'on trouve 8000 cadavres momifiés (en majorité des moines) alignés dans toutes les positions. La ville contient plusieurs autres attractions et c'est la ville la plus animée en soirée.

La Sicile, c'est donc une île à part. C'est un peu l'Italie, mais c'est surtout un genre de vie bien spécifique. Un pays en soi qui a son propre cheminement socio-politique. Une île qui mérite le voyage aussi pour la somme de ses trésors archéologiques inestimables. Une île qui n'a pas fini de faire parler d'elle non plus au niveau touristique puisque l'on y aménage d'autres stations balnéaires modernes. Toutes les possibilités y sont offertes.

FICHE TECHNIQUE

Nom de l'île: la SICILE (en italien: Sicilia)

Superficie: 25708 km^2

Population totale: 5 millions d'habitants (Siciliens)

Capitale: PALERME

Population de la capitale: 700000 habitants

Autres villes: AGRIGENTE MESSINE, SYRACUSE, MONTREALE, CATANE, TAORMINE
Langue: italien
Religion: catholique
Monnaie: lire italienne
Gouvernement: province italienne; autonomie pour les affaires internes
Température moyenne l'hiver: 10°C
Température moyenne l'été: 25°C
Meilleures saisons pour y aller: printemps et automne
Économie de l'île en général: agriculture, élevage, tourisme
Niveau de vie en général: moyen
Liaisons aériennes: Alitalia et Atavia
Aéroports: Palerme surtout, et Catane
Liaisons maritimes: par bateaux ou hydroglisseurs «aliscafi», via Reggio de Calabre ou Naples
Formalités douanières: passeport obligatoire en Italie
Infrastructure routière: très bonne
Location d'auto: possibilités
Hôtellerie: très bon choix d'hôtels

La capitale sicilienne.

Restaurants: nombreux et varié; cuisines italienne et européenne
Activités sportives: tous les sports nautiques, dans les stations balnéaires

Les aspects touristiques

À VOIR — à Palerme: le vieux centre-ville; des vestiges des occupations normandes, espagnoles et arabes; plusieurs jolies piazzas; de nombreux palais, des églises, des musées; les célèbres catacombes des Capucins aussi (8 000 momies)
— à Montreale: l'abbaye bénédictine, surtout renommée pour ses fresques et mosaïques du 12e siècle
— les sites archéologiques de Syracuse, Taormine, Agrigente, tous parmi les plus célèbres pour leurs vestiges de la civilisation grecque

À FAIRE — une excursion au volcan Etna, sinon vers les îles Éoliennes (ou Lipari), toutes volcaniques et impressionnantes: Lipari, Vulcano, Stromboli, Salina

À RAPPORTER: — terres cuites émaillées, tissus, tapis, artisanat local

S'INFORMER: — *Office National italien de Tourisme, 3, Place Ville-Marie, suite 56, Montréal, Québec H3B 2E3*
— *Office du Tourisme, via Notarbartolo II, Palerme, Sicilia, Italie*

Malte, l'énigmatique, est une île en plein milieu de la Méditerranée. C'est en fait un archipel composé essentiellement des îles de Malte, Gozo, Comino et quelques autres îlots. Ce petit pays a une longue histoire surtout à cause de sa position stratégique toujours convoitée.

Situation géographique

Malte est située dans la Méditerranée, entre la Sicile italienne et la Tunisie. En plus de l'île mère on y trouve les îles de Gozo (ou Ghawdex), 67 km^2, et Comino (ou Kemmura), 2,6 km^2. Malte elle-même a une superficie de 246 km^2. L'archipel est à 93 km de la Sicile.

L'île principale est formée de collines calcaires ne dépassant pas 240 m (le Nadur Tower est le point culminant). Les côtes sont découpées, rocheuses et élevées, ce qui permet une suite ininterrompue de panoramas sur des baies fort pittoresques. Le climat est typiquement méditerranéen, rafraîchi par les brises du large. L'été est très chaud et plutôt sec.

La vie économique des Maltais tourne essentiellement autour de l'agriculture, même si l'on doit importer plusieurs produits agricoles de l'étranger. On y pratique l'élevage ovin et les cultures de céréales, de fruits et de tabac. Les pêcheries n'offrent qu'un complément de ressources.

Toutefois, une bonne partie des revenus de l'État provient du commerce portuaire et des bases navales britanniques. À cause de sa position stratégique, Malte a toujours joué un rôle militaire important. Il faut noter enfin que le tourisme joue de plus en plus un rôle important dans l'économie maltaise, du fait que sa capitale, La Valette, est une escale très appréciée des nombreux touristes en croisière sur la Méditerranée.

La population s'élève à plus de 400 000 habitants pour l'ensemble de l'archipel. D'origine sémite et de race maltaise, les gens parlent l'anglais et le maltais, mêlés à un peu d'arabe.

Rappel historique

Malte était déjà peuplée 2500 ans avant J.-C. par des populations venues de Sicile. Les Phéniciens s'en emparèrent au 9e siècle avant J.-C. et s'en servirent comme base de commerce maritime. Ce furent ensuite les envahisseurs, Grecs, puis Carthaginois, puis Romains, comme partout ailleurs autour de la Méditerranée à cette époque.

Le christianisme s'y répandit après le naufrage de saint Paul en l'an 60 (il y vécut trois mois). L'archipel appartint ensuite aux Vandales, puis aux Ostrogoths, aux Byzantins, et aux Arabes au 9e siècle. Conquise en 1091 par une armée de Sicile, Malte fut rattachée à cette dernière jusqu'au 16e siècle.

En 1530, le roi Charles Quint offrit l'île aux Hospitaliers de Saint-Jean-de-Jérusalem, qui devinrent ainsi « Chevaliers de Malte ». Ceux-ci en firent une forteresse et le point de départ de la christianisation de la région. Les fortifications, érigées sous le grand maître Parisot de La Valette, permirent de résister aux attaques et au siège des Turcs en 1565.

Napoléon s'empara de l'archipel en 1798, puis le perdit aux mains des Anglais, deux ans plus tard. Ces derniers refusèrent de rendre l'île à l'ordre de Malte. Ainsi, à partir de 1800, Malte deviendra une colonie britannique et une importante base navale et commerciale sur la route des Indes.

En banlieue de La Valette.

Durant la Seconde Guerre mondiale, Malte a joué un rôle stratégique très important dans la Méditerranée, permettant aux forces alliées de couper les liaisons maritimes entre les armées italiennes et allemandes d'Afrique du Nord et de l'Europe. En 1943 en particulier, l'île a servi de base pour le débarquement allié en Sicile.

En 1947, le Royaume-Uni accorda une certaine autonomie à l'île, toujours sous tutelle britannique toutefois. Il fallut attendre en 1962 pour que le Parti nationaliste prenne le pouvoir et obtienne l'indépendance totale, signée le 31 mai 1964.

Un mot enfin sur l'ordre de Malte. Fondé en 1113 en Palestine pour soigner les pèlerins qui se rendaient en Terre Sainte, les Hospitaliers de Saint-Jean-de-Jérusalem devinrent un ordre militaire, sans toutefois perdre leur rôle hospitalier. Après la perte de la Palestine aux mains des Arabes, l'ordre s'établit à Chypre, puis conquit l'île de Rhodes (on les appelle aussi Chevaliers de Rhodes), avant de s'établir à Malte, qu'on leur céda en 1530. Après la prise de l'île par Napoléon, l'ordre perdit son pouvoir et ses rôles. Aujourd'hui siégeant à Rome, l'ordre est surtout honorifique, quoique certains de ses membres jouent encore un rôle hospitalier.

Les attraits touristiques

On peut facilement faire le tour de l'île de Malte, puisque celle-ci n'a que 27 km de long sur 14 de large. Par contre, les amateurs de paysages maritimes y trouvent 137 km de littoral découpé : des baies, criques, anses rocheuses, plages et petits ports. L'intérieur de l'île est surtout constitué de collines et de champs en terrasses.

L'été reste la meilleure saison pour s'y rendre, quoique l'hiver n'est jamais très froid. L'été, la température de la mer est à 22° C.

La compagnie aérienne nationale Air Malta relie La Valette avec la plupart des grandes villes d'Europe et d'Afrique du Nord, de même que plusieurs grandes compagnies aériennes d'Europe. Par bateau (car-ferry), on atteint La Valette à partir de Naples, Reggio, Syracuse et Catane, toutes des villes italiennes. Quant à l'île de Gozo, on la rejoint, également par traversier, à partir de Malte.

On visitera d'abord La Valette, la capitale : son port naturel et stratégique dans la Méditerranée; puis le Musée national d'archéologie et le Musée national des Beaux-Arts également, situé dans un palais du 18e siècle; la célèbre cathédrale Saint-Jean, avec son musée religieux; puis le Palais des Grands Maîtres (de l'ordre de Malte) pour ses collections de tapisseries anciennes, d'armes et d'armures; enfin La Valette possède plusieurs autres musées (folklorique, politique, militaire, etc.)

Les amateurs d'histoire ne manqueront certes pas de visiter l'ancien hôpital des Chevaliers de Malte, construit au 16e siècle, aujourd'hui restauré et transformé en Centre Méditerranéen de Conférences. On y présente un diaporama unique qui retrace plus de 5000 années d'histoire maltaise.

En dehors de la capitale, les circuits touristiques amènent des visiteurs vers des sites archéologiques, vers des grottes (dont la célèbre Grotte Bleue) ou vers de tranquilles petits ports de pêche. La ville la plus peuplée, la plus moderne aussi, s'appelle Sliema et c'est une banlieue de la capitale. Située sur le bord de mer, elle foisonne d'hôtels, restaurants, cafés-terrasses, boutiques, boîtes de nuit, et plages également. On y trouve aussi un port de plaisance très animé.

En plein milieu de l'île, se trouve l'ancienne capitale M'Dina, aujourd'hui Rabat, surnommée «la Cité du Silence». On y trouve un important musée d'antiquités romaines et le Palais du Gouverneur, entouré de très beaux jardins.

Tout autour de l'île, on découvre plusieurs stations balnéaires, avec hôtels, restaurants, plages, et location d'équipements de sports nautiques très variés. Un assez bon système de transport public relie la capitale, La Valette, à toutes les autres petites villes de l'île.

Les meilleurs endroits pour faire du shopping sont aux deux centres d'exposition de l'artisanat local, l'un à La Valette, l'autre à Rabat. Dans cette dernière ville, on trouve aussi le Musée d'antiquités romaines et une petite grotte célèbre, celle où aurait séjourné saint Paul durant trois mois, après son naufrage.

À noter que la ville de Victoria, sur l'île de Gozo, est située au milieu de l'île, à seulement 6 km du débarcadère qui reçoit les touristes venant de Malte par traversier. On y trouve de nombreuses ruines antiques et une très belle cathédrale.

Enfin, l'îlot de Comino n'a qu'un hôtel, et pas de voitures; c'est un lieu idéal pour une semaine de tranquillité au milieu de la Méditerranée. On n'atteint l'îlot que par bateau.

Malte, pour terminer, c'est aussi l'île des fêtes, carnavals et festivals. Le peuple maltais célèbre plusieurs événements historiques, mais aussi des événements religieux et sportifs. Défilés, costumes traditionnels, feux d'artifice et manifestations culturelles très diverses font partie de la vie des Maltais, eux qui sont fiers de leurs traditions et qui le démontrent entre autres par un accueil des plus chaleureux.

FICHE TECHNIQUE

Nom de l'île: MALTE (en anglais: MALTA)
Superficie: 316 km^2
(avec ses dépendances de Gozo et Comino)
Population totale: 400 000 habitants
Capitale: LA VALETTE (VALLETTA)
Population de la capitale: 18 000 habitants
Autres villes: SLIEMA, ST. JULIAN'S, FLORIANA, VICTORIA (sur Gozo)
Langues: maltais et anglais
Religion: catholique
Monnaie: la lire maltaise
Gouvernement: État indépendant depuis 1964 et république depuis 1974
Température moyenne l'hiver: 14°C
Température moyenne l'été: 23°C
Meilleure saison pour y aller: l'été
Économie de l'île en général: chantiers navals, industries textiles, tourisme, agriculture
Niveau de vie en général: élevé
Liaisons aériennes: Air Malta et plusieurs compagnies européennes
Aéroport: aéroport international de Luqa (à 6 km de La Valette)
Formalités douanières: le passeport est obligatoire

Infrastructure routière: de bonne à très bonne
Location d'auto: possibilités (mais on conduit à gauche)
Hôtellerie: hôtels, villas, pensions de famille, etc. (pas de camping)
Restaurants / cuisines: excellent choix, cuisine méditerranéenne
Activités sportives: tous les sports nautiques
Divers: les Maltais sont très hospitaliers, accueillants, courtois, jovials et fiers de leur histoire et de leur île

Les aspects touristiques

À VOIR — l'ancien hôpital des Chevaliers de Malte, du 16e siècle, restauré et transformé en Centre Méditerranéen de Conférences
— plusieurs musées (dont un d'archéologie, un des Beaux-Arts, un des Grands Maîtres de l'ordre de Malte, etc.)
— plusieurs églises, dont la cathédrale de La Valette
— deux centres d'exposition de l'artisanat local
— plusieurs manifestations populaires (fêtes, défilés, etc.)

À FAIRE — une excursion dans le port de La Valette, fortifié
— une excursion autour de l'île, idéale pour les photographes, pour admirer les baies, les plages, les petits ports de pêche très tranquilles et les falaises rocheuses
— une excursion pour admirer plusieurs sites archéologiques et des grottes naturelles (dont celle de saint Paul)

SE DIVERTIR: — un casino, des boîtes de nuit et discothèques, les cafés-terrasses

À RAPPORTER: — dentelles, tissages, poterie, bijoux et artisanat varié

S'INFORMER: — *Consulat général de Malte, 3323 Dundas Street West, Toronto, Ontario M6P 2A6*
— *National Tourist Organisation (Malta), Horper Lane, Floriana, Malta*

Djerba

Djerba est une charmante petite île de Tunisie, en Afrique du Nord. On y va pour son climat exceptionnel, ses plages magnifiques, ses palmiers, ses clubs de vacances où tout est compris, mais aussi pour le rythme de vie typiquement maghrébin. On est en vacances au soleil, mais on est au coeur de la civilisation arabe.

Rappel géographique et historique

L'île est plate et ne possède aucune source d'eau naturelle. Par contre le climat y est extrêmement doux et tempéré. On est en Méditerranée, sur les côtes tunisiennes, non loin de la Libye.

On y cultive dattes et olives, on y pêche toutes sortes de poissons et des éponges. Mais les gens vivent surtout du tourisme depuis que l'on y a aménagé plusieurs villages-vacances modernes: transport, entretien, restauration, commerces divers, artisanat.

L'histoire de Djerba ne se dissocie pas de celle de la Tunisie entière. En quelques mots: occupée par des Berbères déjà quelques millénaires avant J.-C., puis envahie par les Phéniciens et Carthaginois, puis par les Romains, les Vandales et les Byzantins, les Arabes au 7e siècle, puis les Espagnols et les Turcs; le Protectorat français dura de 1881 jusqu'à l'indépendance de 1956.

Djerba est le genre de destination où la meilleure façon de s'y rendre est d'acheter un forfait tout compris. En effet, pour le même prix environ que le trajet aérien, des voyagistes européens y organisent des vacances comprenant le transport aérien, les transferts à l'hôtel, l'hébergement et plusieurs repas durant une semaine. Le plus grand choix de ce type de forfait est offert à partir de Paris.

FICHE TECHNIQUE

Nom de l'île: DJERBA
Superficie: 640 km^2
Population totale: 63 000 habitants

Capitale: HOUMT SOUK
Population de la capitale: 8 000 habitants
Autres villes: ADJIM, EL KANTARA
Langues: arabe, français
Religion: musulmane
Monnaie: dinar
Gouvernement: l'île appartient à la Tunisie
Température moyenne l'hiver: 15°C
Température moyenne l'été: 26°C
Meilleure saison pour y aller: toute l'année
Économie de l'île en général: arbres fruitiers, palmiers, oliviers, pêche, tourisme
Niveau de vie en général: assez bas
Liaisons aériennes: Air France et Tunis-Air (via Tunis)
Aéroport: aéroport international de Djerba
Formalités douanières: passeport obligatoire
Infrastructure routière: assez bonne
Location d'auto: possibilités, mais vaut mieux utiliser les taxis
Hôtellerie: excellent (dont un Club Med)
Restaurants: nombreux; cuisine maghrébine
Activités sportives: tous les sports nautiques, tennis
Divers: liaison maritime: un petit bac à voiture (via Djorf) ou directement par la route (via Zarzis)

La Tunisie pastorale... et touristique.

Les aspects touristiques

À VOIR — Houmt Souk, la ville la plus importante, pour ses souks, la mosquée Djamaa Ghorba, des fortifications de l'époque turque

— Adjim: petit port de pêche avec marché aux éponges

— El-Kantara: sa digue de 7 km construite par les Romains

— des pêcheurs d'éponges qui se laissent tomber, alourdis par des pierres, à une profondeur de 20 m pour aller les cueillir

À FAIRE — des excursions à la plage de Sidi-Mahrez et au phare de Tourgueness

— excursions pour voir des villages de potiers, des synagogues (surtout celle de la Ghriba), et plusieurs mosquées, oasis, etc.

— une petite balade à dos de chameau

SE DIVERTIR: — dans les bons hôtels surtout

À RAPPORTER: — artisanat local varié, éponges, soies et lainages, tapis

S'INFORMER: — *Office national du tourisme de Tunisie, 18, Frontenac, Place Bonaventure, Montréal, Québec H5A 1G1*

— *Office national du tourisme de Tunisie, avenue Mohammed V, Tunis, Tunisie*

Corfou les îles Ioniennes 53

Les îles Ioniennes sont un chapelet d'îles dans la mer Ionienne, le long de la côte grecque, non loin de l'Albanie et de l'Italie. Plusieurs îlots, mais sept îles principales : CORFOU, PAXI, LEUCADE, CÉPHALONIE, ITHAQUE, ZANTE et CYTHÈRE.

Des îles qui n'ont pas toutes la renommée de certaines îles de la mer Égée, mais qui sont proches de l'Europe de l'Ouest, qui sont surtout bien équipées pour des séjours de vacances et qui attirent des milliers de touristes, Corfou surtout.

Par leurs paysages et leur ambiance, elles sont aussi italiennes que grecques. Elles furent d'ailleurs longtemps occupées par les Vénitiens qui y laissèrent leur empreinte du 15e au 18e siècle.

Terres d'histoires et de légendes, ces îles sont également très fertiles et jouissent d'un climat exceptionnel. On y trouve une forêt d'oliviers, des agrumes, des fleurs, de la vigne aussi. Corfou est à la fois la plus belle et la plus visitée des îles Ioniennes ; c'est aussi la plus septentrionale. Elle mesure 586 km² et compte plus de 130 000 habitants. Longue de 60 km seulement, le point culminant est à 906 m (le mont Pandokrator).

Corfou, une île de villégiature de rêve. Pour ses paysages, ses plages, son climat typiquement méditerranéen, ses musées, ses attraits historiques et le sens de l'hospitalité de ses habitants. C'est aussi le point de départ pour découvrir les autres îles Ioniennes.

FICHE TECHNIQUE

Nom de l'île : CORFOU (et les ÎLES IONIENNES)
Superficie : 586 km²
Population totale : 130 000 habitants (Corfiotes)
Capitale : CORFOU (KERKYRA en grec)
Population de la capitale : 30 000 habitants

Autres îles Ioniennes: PAXI, LEUCADE, CÉPHALONIE, ITHAQUE, ZANTE
Langue: grec (on comprend l'anglais et le français)
Religion: orthodoxe grecque
Monnaie: drachme (100 lepta)
Gouvernement: l'île appartient à la Grèce
Température moyenne l'hiver: 10°C (humide)
Température moyenne l'été: 26°C (sec)
Meilleures saisons pour y aller: été, printemps et automne
Économie de l'île en général: tourisme et agriculture
Niveau de vie en général: moyen
Liaisons aériennes: Olympic Airways
Liaisons maritimes: du Pirée surtout, et d'Italie (Brindisi et Ancôna)
Formalités douanières: passeport obligatoire
Infrastructure routière: très bonne
Location d'auto: facilités dans la capitale Corfou
Hôtellerie: excellent choix, dont un Club Med
Restaurants: restaurants nombreux (langoustes et poissons, boeuf et veau, miel)
Activités sportives: tous les sports nautiques, golf, tennis, etc.
Divers: plusieurs fêtes avec danses folkloriques.

Les aspects touristiques

À VOIR — dans la capitale Corfou: atmosphère gréco-vénitienne dans les vieux quartiers; atmosphère «britannique» de la Place d'Armes (appelée aussi Platia, Esplanada ou Spianada) remplie de monuments, statues et jardins, de restaurants et salons de thé; plusieurs palais, citadelles et fortifications; églises anciennes, rues étroites, placettes sympathiques, vieilles maisons; plusieurs musées aussi, dont un d'archéologie et un d'art oriental.

À FAIRE — séjour de villégiature sur l'une des nombreuses plages, dont celle de «Mon Repos»

— excursion vers plusieurs petites villes de l'île de Corfou: Paléokastritsa (station balnéaire célèbre), Sidari et sa côte découpée, Ipsos (station balnéaire), Kassiopi (station balnéaire, port de pêche, avec forteresse et belle église, face à l'Albanie)

— excursions dans les autres îles Ioniennes, surtout Ithaque, Zante et Céphalonie

SE DIVERTIR: — casino, discothèque, folklore, etc.

À RAPPORTER: — orfèvrerie, bijoux en argent, lainages, chapelet appelé «komboloi»

S'INFORMER: — *Office national du tourisme de Grèce, 1233, rue de la Montagne, suite 101, Montréal, Québec H3G 1Z2*
— *Office du Tourisme, Palais du gouverneur, Kerkira (Corfou), Grèce*

Un monastère, sur l'île de Corfou.

Les Cyclades 54

La mer Égée est jalonnée de 483 îles grecques, dont 211 font partie du groupe des Cyclades. Elles s'étendent entre le Péloponnèse et les îles Sporades du Sud, au large de la côte turque asiatique.

Les plus importantes sont Mykonos, Délos, Milo, Siros, Andros, Ios, Kéa, Naxos, Santorin, Tinos et Sifnos. En fait, il y en a 24 véritablement habitées, les autres étant quasi désertes.

L'ensemble des Cyclades couvre 2572 km² de terres émergées et dispersées, avec moins de 100000 habitants en tout. Les gens vivent de l'agriculture (vin, tabac, fruits, céréales et olives), de la pêche, du commerce et du tourisme. Seules les îles plus touristiques ont un niveau de vie moyennement élevé. La capitale est Hermoupolis, dans l'île de Siros. Partout dans l'archipel le relief est assez marqué, allant jusqu'à 1 000 m dans l'île de Naxos.

Surnommées durant l'Antiquité les «Perles de l'Hellade», elles sont appauvries aujourd'hui mais elles restent un lieu idéal pour des vacances tranquilles à cause de leur climat exceptionnel et du côté pittoresque de leurs villages.

Rappel historique

Elles ont été nommées ainsi par les Grecs parce qu'elles dessinaient une auréole (ou *Kyklos*) autour de l'île sacrée de Délos. L'archipel a toujours connu un trafic maritime intense, ce qui engendra une grande civilisation déjà autour de l'an 2000 avant J.-C. Des ruines sur l'île de Délos ont démontré également que l'archipel avait une relative prospérité, à la même époque, semblable à celle d'Athènes.

Au 13e siècle, les îles sont distribuées en fiefs à de grandes familles de Venise. Escales sur la route de Constantinople (aujourd'hui Istanbul), les îles connaissent alors une grande prospérité.

Au 16e siècle, l'empire turc s'empara petit à petit de chacune des îles, mais l'italien resta la langue officielle jusqu'en 1830.

Durant la guerre d'indépendance de la Grèce, de 1821 à 1830, les Cyclades eurent comme rôle essentiel d'accueillir les réfugiés.

Rappelons deux dates importantes enfin, mais pour toute la Grèce cette fois : en 1967 ce fut le coup d'État des Colonels qui prirent le pouvoir, et ce, jusqu'en 1974 ; en 1975, le peuple grec rejeta la monarchie et choisit un régime républicain démocratique par l'entrée en vigueur d'une nouvelle Constitution. La Grèce fait partie du Marché commun européen, depuis 1981.

Les attraits touristiques

Les Cyclades ont toujours attiré des visiteurs, depuis l'Antiquité jusqu'à aujourd'hui. Une mer transparente et bleue, un soleil généreux toute l'année, des plages tranquilles, une population accueillante et un rythme unique au monde. Une croisière de quelques jours dans les Cyclades correspond à un rêve, et de plus en plus à une réalité pour plusieurs voyageurs à la recherche de la beauté.

Résumons les attraits touristiques des îles les plus importantes.

MYKONOS : 90 km², 96 milles marins du Pirée, 5 000 habitants. Célèbre pour ses maisons blanches et ses nombreux moulins à vent, c'est l'île la plus charmante, la plus sympathique. C'est aussi l'île la plus visitée des Cyclades. Il n'y a pas de ruines antiques, mais on trouve de nombreux objets provenant des fouilles faites à Délos, sa voisine. L'île est petite, mais renferme quand même 300 églises. Elle est très réputée pour ses tissus et ses dentelles. C'est un rendez-vous d'intellectuels, d'artistes et de jeunes touristes-hippies venant du monde entier. Faut dire que les plages y sont superbes, et que les restaurants, cafés-terrasses et tavernes typiquement grecques y sont très nombreux ; sa renommée attire des gens de plus en plus chaque année.

DÉLOS : 4 km², à 5 milles marins seulement de Mykonos, très peu peuplée. Durant l'Antiquité, ce fut longtemps un sanctuaire national et le centre culturel de toute la mer Égée. Au 4e siècle avant J.-C., des fêtes et des jeux attiraient des gens de partout. Tout cela parce que cette île sacrée, selon la mythologie, aurait donné naissance à Apollon et Artémis. Encore aujourd'hui, les mythes et légendes semblent revivre parmi les débris de marbre des ruines incomparables, surtout de la Terrasse des Lions, mais aussi des vestiges de temples, des maisons avec mosaïques, un théâtre, les restes d'un gymnase et d'un stade antique, un musée archéologique, etc.

SANTORIN (ou THERA): 76 km², 12000 habitants et à 127 milles marins du Pirée. C'est une île volcanique, différente des autres. On y trouve de très belles plages, mais surtout des sites archéologiques incomparables (on l'appelle même «la Pompéi de la mer Egée»). On y trouve des temples, monuments funéraires, thermes, gymnases, trésors, fresques, etc.

NAXOS: 448 km², à 106 milles marins du Pirée. C'est la plus grande et la plus fertile des Cyclades. C'est là que, toujours selon la légende, Dionysos serait né de la cuisse de Zeus. On y trouve de belles plages, mais aussi des sites archéologiques exceptionnels, dont un temple dédié à Dionysos.

IOS: 105 km², 1270 habitants, à 114 milles marins du Pirée. Des plages, des pêcheurs, des petites églises, de la vigne, des moulins à vent et que des maisons blanches.

PAROS: 209 km², 10000 habitants, à 90 milles marins du Pirée. Célèbre pour son marbre blanc, un château, une église byzantine, un musée d'antiquités, et la mer.

SYROS: 81 km², 34000 habitants, à 80 milles marins du Pirée. La plus riche, la plus densément peuplée, la plus moderne, là aussi où se trouve la capitale des Cyclades: Hermoupolis.

MILO (ou Milos): 148 km², 10000 habitants, 82 milles marins du Pirée. C'est l'île où la fameuse statue fut trouvée, la «Vénus de Milo», au Louvre à Paris aujourd'hui. Une île volcanique, aux sources thermales, où se trouvent aussi plusieurs sites antiques.

TINOS: 204 km², 12000 habitants, à 86 milles marins du Pirée. Célèbre pour ses pèlerinages (15 août surtout) à l'icône miraculeuse de l'Annonciation de la Vierge, et pour ses centaines de pigeonniers; deux musées s'y trouvent également.

KEA (ou Kéos): 173 km², 7000 habitants, 42 milles marins du Pirée. La plus proche d'Athènes, en face du cap Sounion. De belles plages et des ruines antiques.

ANDROS : 373 km², 10500 habitants, à 85 milles marins du Pirée. Île montagneuse, fertile, boisée, c'est un lieu de séjour très fréquenté par les gens d'Athènes. On y trouve de très belles plages, des collines de vignes, d'oliviers, de figuiers et d'oranges. La ville d'Andros est typique des Cyclades avec ses maisons toutes blanches, son port animé et ses musées d'antiquité.

Et il restera à voir aussi AMORGOS, KYTHNOS, SERIFOS, KIMOLOS, ANDIPAROS, SIKINOS, ANAFI et quelques autres ; si vous avez six mois de vacances et un voilier.

Le centre-ville de Mykonos.

FICHE TECHNIQUE

Nom de l'archipel : LES CYCLADES

Superficie : 2572 km²

Population totale : 100000 habitants

Capitale : HERMOUPOLIS (sur l'île de Siros)

Population de la capitale : 15000 habitants

Principales îles : MYKONOS, DÉLOS, SANTORIN, ANDROS, IOS, TINOS, MILO, PAROS, NAXOS, SYROS, KEA, SIFNOS

Langue: grec
Religion: orthodoxe grecque
Monnaie: le drachme, divisé en 100 lepta
Gouvernement: archipel appartenant à la Grèce
Température moyenne l'hiver: 12°C (humide)
Température moyenne l'été: 27°C (sec)
Meilleure saison pour y aller: l'été, ou le printemps
Économie en général: pêcheries, agriculture, tourisme
Niveau de vie en général: moyen
Liaisons aériennes: d'Athènes à Mykonos, Milo et Santorin
Liaisons maritimes: les îles sont toutes accessibles à partir du Pirée
Formalités douanières: passeport obligatoire
Infrastructure routière: bonne, sur le plupart des îles
Location d'auto: possibilités, mais les taxis et autobus suffisent
Hôtellerie: de bonne à très bonne; chez l'habitant aussi
Restaurants: typiquement grecs (vins excellents et fruits de mer)
Divers: on s'adresse à la Police touristique pour l'hébergement chez l'habitant

Les aspects touristiques

À VOIR ET À FAIRE:

— dans toutes les Cyclades, on verra des maisons toutes blanches, des ruelles menant à de petites églises byzantines, des cafés-terrasses sur le bord des ports tous très animés; on visitera des musées d'antiquités aussi

— en plus, et en très bref, voici ce que les plus belles offrent:
MYKONOS: des moulins à vent, des plages, des boutiques d'artisanat local; c'est le rendez-vous d'une jeunesse intellectuelle, artistes et hippies du monde entier
NAXOS: un temple dédié à Dionysos
SANTORIN: surnommée «la Pompéi de la mer Égée»
DÉLOS: la plus riche en vestiges antiques, dont la terrasse des Lions
SYROS: la plus riche et moderne, la plus densément habitée
TINOS: célèbre pèlerinage à l'icône miraculeuse

ANDROS : la plus belle pour sa végétation, ses cultures et ses plages

SE DIVERTIR : — peu de divertissements en dehors de la musique dans les cafés et restaurants

À RAPPORTER : — dentelles, tissages, éponges, poteries, bijoux de qualité, et de pacotille...

S'INFORMER : — *Office du Tourisme de Grèce, 1233, rue de la Montagne, suite 101, Montréal, Québec H3G 1Z2*

— *Office du Tourisme (O.N.H.T.) 2, rue Amérikis, Athina, Grèce*

La Grèce insulaire typique.

La Crète c'est «l'île des Dieux» d'Homère; c'est le berceau de la civilisation minoenne d'il y a 4000 ans; c'est aussi une île touristique pour ses plages, ses paysages grandioses et ses traditions bien conservées.

La légende et l'histoire

Habitée déjà 3000 ans avant J.-C., la Crète atteint son apogée à l'époque du roi légendaire Minos, entre 2000 et 1400 ans avant J.-C. Des palais magnifiques y furent construits... et découverts qu'au 20e siècle par un archéologue britannique, Sir Arthur Evans. Dans la mythologie grecque, la Crète joua un rôle très important. Zeus y serait né. Son fils Minos sera le premier roi de l'île. Le Minotaure, monstre demi-homme et demi-taureau, y vivait dans un labyrinthe construit par Dédale; il fut tué par Thésée qui s'enfuit avec Ariane, la fille de Minos.

Conquise par Rome en 67 avant J.-C., puis par Byzance au 4e siècle, par les Sarrasins ensuite au 9e siècle, par les Vénitiens au 13e, par les Turcs en 1669, et jusqu'à ce qu'elle soit rattachée à la Grèce enfin en 1913. La Crète s'appelait Candie au Moyen Âge; elle se nomme maintenant Kriti en grec moderne.

Un peu de géographie

Île typiquement méditerranéenne, avec ses vignes et ses oliviers, avec ses élevages de chèvres et moutons. Elle est la plus grande de toutes, avec ses 8400 km². C'est aussi l'île la plus méridionale du pays.

De hautes montagnes alternent avec des gorges sauvages et des vallées verdoyantes, et plusieurs falaises côtoient des plages accueillantes et chaudes. L'île est remplie de grottes naturelles. Le mont Ida culmine à 2456 m d'altitude. Située à 300 km de l'Afrique du Nord, l'île est longue de 260 km et ses largeurs varient entre 12 et 50 km.

Enfin, on dit que les Crétois sont les gens les plus hospitaliers du monde.

FICHE TECHNIQUE

Nom de l'île: la CRÈTE
Superficie: 8 400 km²
Population totale: 500 000 habitants
Capitale: HÉRAKLION
Population de la capitale: 103 000 habitants
Autres villes: LA CANÉE
Langue: grec
Religion: orthodoxe grecque
Monnaie: drachme (100 lepta)
Gouvernement: l'île appartient à la Grèce
Température moyenne l'hiver: 12° C (humide)
Température moyenne l'été: 26° C (sec)
Meilleure saison pour y aller: l'été
Économie de l'île en général: agriculture (blé, riz, agrumes, vigne), tourisme
Niveau de vie en général: moyen
Liaisons aériennes: Olympic Airways; liaisons maritimes quotidiennes, du Pirée
Aéroport: Héraklion
Formalités douanières: passeport obligatoire
Infrastructure routière: bon réseau routier
Location d'auto: dans les principales villes
Hôtellerie: choix complet et varié
Restaurants: un grand nombre; cuisines grecque et européenne
Activités sportives: sports nautiques, pêche, tennis, alpinisme et même du ski
Divers: le pays des légendes, du folklore, «l'île des Dieux» d'Homère

Les aspects touristiques

À VOIR — Knossos: dédale de cours, de corridors, de chambres et d'étages du Palais du roi Minos (entouré d'une ville de 100 000 habitants de l'époque d'il y a 4 000 ans); fresques, sanctuaires, sculptures

— à Héraklion: remparts du Moyen Âge de 5 km de long, des maisons vénitiennes, le célèbre et important musée archéologique de toutes les fouilles de l'île. (La ville s'appelait Candie à l'époque vénitienne); à voir aussi: les cafés-terrasses de la place de la Liberté, les marchés, le port

À FAIRE — une excursion à La Canée, deuxième ville en importance de l'île: des murailles de l'époque vénitienne, un cimetière militaire britannique et un musée archéologique important

— une excursion à Gortyne, l'ancienne capitale à l'époque romaine: un temple d'Apollon, une basilique chrétienne et un Odéon de cette époque, le tout au pied du mont Ida (le point culminant de l'île)

SE DIVERTIR: — musiques et danses grecques et crétoises

À RAPPORTER: — tissus, broderies, bijoux, icônes, tapis

S'INFORMER: — *Office du Tourisme de Grèce, 1233, rue de la Montagne, suite 101, Montréal, Québec H3G 1Z2*

— *Office du Tourisme, 1, rue Xanthoudidou, Héraklion, Crète (Kriti), Grèce*

Parmi les ruines du palais du roi Minos.

Un morceau de terre jailli de la mer et donné en partage au dieu du soleil, qui lui donna le nom et les attraits de sa bien-aimée, Rhoda, la fille d'Aphrodite. Voilà la légende grecque, qui caractérise encore aujourd'hui cette île ensoleillée, remplie de vestiges antiques et de beautés naturelles également. À la fois la plus touristique et la plus intéressante de toutes les îles grecques.

Un peu d'histoire et de géographie

Ancien centre de commerce entre la Grèce, l'Égypte et l'Asie mineure dès le 3e millénaire avant Jésus-Christ, Rhodes devint aussi importante qu'Athènes à une époque.

Le symbole de cet État indépendant était le «Colosse de Rhodes», une des sept merveilles du monde antique, une statue de bronze de 32 m de haut, érigée en 285 avant J.-C. à l'entrée du port de la ville principale de l'île, et représentant le dieu du soleil Hélios (un tremblement de terre la détruisit en 224 avant J.-C.).

Rhodes fit partie ensuite de l'Empire romain, puis byzantin. En 1308, les Chevaliers de Saint-Jean-de-Jérusalem s'en emparent et y érigent de nombreuses fortifications. Conquise par les Turcs en 1522, puis par les Italiens en 1912, l'île fut rattachée à la Grèce en 1948 seulement.

Rhodes est la principale île de l'archipel du Dodécanèse qui comprend douze îles de la mer Égée ; on les appelle quelquefois aussi les «Sporades du Sud» ; elles sont montagneuses et très pittoresques. À part Rhodes, les principales sont les îles de KOS, PATMOS, LEROS et KALIMNOS (l'île des pêcheurs d'éponges).

Rhodes mesure 77 km de long sur 37 de large. Le point culminant est le mont Ataviros (1 215 m). Elle est très montagneuse. On y va pour les plages, mais surtout pour les visites de sites antiques et pour l'impressionnante ville de Rhodes, l'ancienne cité des Chevaliers de Saint-Jean-de-Jérusalem (qui deviendront «Chevaliers de Malte»), eux qui surent y créer une ville fortifiée au Moyen Âge et qui est encore bien conservée aujourd'hui.

Construit par les Chevaliers de Saint-Jean-de-Jérusalem.

FICHE TECHNIQUE

Nom de l'île: RHODES (en grec: RODOS), surnommée «l'île des roses»

Superficie: 1 404 km^2

Population totale: 70 000 habitants

Capitale: RHODES (Rhode-Ville)

Population de la capitale: 40 000 habitants

Autres villes: LINDOS, CAMIROS, KALITHEA

Langue: grec

Religion: orthodoxe grecque

Monnaie: drachme (100 lepta)

Gouvernement: l'île appartient à la Grèce

Température moyenne l'hiver: 11 °C (humide)

Température moyenne l'été: 27 °C (sec)

Meilleure saison pour y aller: l'été

Économie de l'île en général: tourisme et agriculture (vigne, agrumes)

Niveau de vie en général: moyen

Liaisons aériennes: Olympic Airways; liaisons maritimes quotidiennes, du Pirée

Aéroport: Rhodes Paradissi

Formalités douanières: passeport obligatoire

Infrastructure routière: très bonne

Location d'auto: possibilités, surtout dans la capitale

Hôtellerie: 130 hôtels; variété et qualité
Restaurants: très bon choix; cuisines grecque et européenne
Activités sportives: sports nautiques, golf, tennis
Divers: nombreuses manifestations folkloriques, danses, sons et lumières, etc.

Les aspects touristiques

À VOIR — Rhodes, la capitale située à l'extrémité nord-est de l'île: la vieille ville avec ses remparts de 4 km de long qui datent du Moyen Âge, construits par les Chevaliers de Saint-Jean-de-Jérusalem; l'hôpital des Chevaliers, le Palais des Grands Maîtres, la rue des Bazars, plusieurs mosquées, des églises byzantines, les ruines d'un temple d'Aphrodite, un musée archéologique, et surtout la Rue des Chevaliers, remplie d'auberges du 15e et 16e siècle

À FAIRE — une excursion vers les deux centres les plus importants de l'île de Rhodes durant l'Antiquité: Lindos et Camiros; Lindos, pour son Acropole, le temple d'Athéna, des églises byzantines et la citadelle des Chevaliers de St-Jean-de-Jérusalem; Camiros, pour son site et ses vestiges antiques importants
— une excursion vers Monolithos, pour son site et sa citadelle

SE DIVERTIR: — boîtes de nuit, discothèques, tavernes et cafés-terrasses, un casino

À RAPPORTER: — orfèvrerie, céramiques, éponges, lainages et chapelets (appelés «komboloi»)

S'INFORMER: — *Office du Tourisme de Grèce, 1233, rue de la Montagne, suite 101, Montréal, Québec H3G 1Z2*
— *Office du Tourisme, 5, rue Archiépiscopou Makariou, Rodos, Grèce*

Chypre, c'est une île et un pays. Connue depuis des siècles, située à l'extrémité orientale de la Méditerranée. Chypre est une île à la fois de culture, d'art et de tradition, mais aussi une île aux paysages exotiques, au climat sain et vivifiant, aux stations balnéaires toujours à la mode. 8000 ans d'histoire et maintenant une escale appréciée autour de la Méditerranée.

Rappel historique

La cohabitation gréco-turque n'y a pas toujours été pacifique. Les Chypriotes sont nettement divisés et c'est pourquoi l'ONU y maintient encore une force de paix, dont font partie plusieurs jeunes soldats canadiens. Mais l'histoire de Chypre est tellement ancienne que nous allons brièvement la résumer, afin de comprendre la situation politique actuelle.

Située à un carrefour stratégique entre l'Égypte, le Proche-Orient et l'Europe, en pleine Méditerranée, l'île a subi les influences de tous les peuples de la région. Habitée déjà à l'époque du néolithique, l'île commença à attirer les convoitises à cause de ses mines de cuivre. Les peuples de Syrie, d'Anatolie, de Crète et d'Égypte se la partagè-

Il y a aussi du tourisme balnéaire à Chypre.

rent, avant que ce dernier pays ne l'occupe officiellement. Ce furent ensuite les occupations de la Perse, puis de la Grèce, avant celle de Rome.

Comme partout ailleurs autour de la Méditerranée, ce fut le tour ensuite de l'occupation des empereurs de Byzance, entrecoupée par quelques invasions arabes. Les croisades du 12e siècle la ramènent à l'Occident: conquise par Richard Coeur de Lion, vendue ensuite aux Templiers, puis à Guy de Lusignan, l'île subira l'influence française.

Point d'appui militaire et comptoir commercial stratégique, l'île passera ensuite aux mains des Génois, puis des Vénitiens (de 1489 à 1570). Les Ottomans y établissent ensuite leur domination pendant trois siècles, jusqu'à ce qu'un traité anglo-turc accorde en 1878 à la Grande-Bretagne le droit de l'occuper et de l'administrer.

Les Britanniques l'annexèrent durant la Première Guerre mondiale, parce que la Turquie s'était rangée aux côtés de l'Allemagne, et elle devint officiellement une colonie du Royaume-Uni en 1925. Les problèmes recommencèrent quand, en 1931, les Chypriotes d'origine grecque demandaient leur rattachement à la Grèce.

Après la Deuxième Guerre mondiale, Mgr Makarios, archevêque de l'Église autocephale chypriote, prend la tête du mouvement, appuyé par des nationalistes grecs du continent. Les accords de paix furent signés à Londres et à Zurich en 1959, après plusieurs conflits armés entre les deux communautés. Un statut de cohabitation est établi et la république de Chypre, indépendante, est proclamée officiellement le 16 avril 1960.

Ajoutons que l'équilibre est toujours instable. Même avec un président grec et un vice-président turc, même avec la présence des «Casques bleus» de l'O.N.U., il y eut plusieurs affrontements militaires, surtout en 1963 et 1967. Un État autonome turc fut même proclamé dans le nord de l'île en 1975, ce qui fait que l'histoire de Chypre n'est pas encore terminée.

Situation géographique

Chypre est en superficie la troisième plus grande île de la Méditerranée, après la Sicile et la Sardaigne. Elle est située à l'extrémité est de cette mer, à peine à 65 km des côtes de la Turquie. Sa superficie est de 9251 km². L'île est très montagneuse, avec deux chaînes parallèles qui couvrent les trois quarts du pays, d'est en ouest. Le point culminant, le mont Troodos, est à 1 019 m d'altitude. Les côtes sont très découpées.

L'île jouit d'un climat idéal, méditerranéen et chaud. C'est un pays de traditions rurales et agricoles: céréales, vigne, oliviers, coton, agrumes. Le sous-sol est très riche en cuivre (le nom de l'île est d'ailleurs associé à ce métal), en chrome et amiante aussi.

Le tourisme s'y est développé de façon importante, et depuis plusieurs années. En plus de la grande hôtellerie dans les villes, on trouve de nombreux complexes de villégiature en montagne et des stations balnéaires tout autour de l'île.

Seule ville située en plein centre de l'île, Nicosie en est la capitale, avec 140 000 habitants environ. Le pays est peuplé de 480 000 Chypriotes grecs et d'environ 120 000 Chypriotes turcs.

Les attraits touristiques

Carrefour de l'Europe, de l'Asie et de l'Afrique, Chypre offre aux visiteurs plusieurs attraits intéressants. C'est l'île des légendes, l'île entre autres où est née Aphrodite, de l'écume de la mer. C'est une île au soleil méditerranéen aussi. Une île enfin où l'archéologie et l'histoire sont omniprésentes, et où l'on trouve aussi de nombreux monastères et des églises byzantines richement ornées d'icônes et de fresques magnifiques. En temps de paix, c'est une destination touristique incomparable.

À NICOSIE (en grec Leukôsia), on trouve des remparts vénitiens du 16e siècle, la cathédrale Sainte-Sophie qui date du 13e siècle et plusieurs autres monuments gothiques. Le quartier commerçant du centre-ville est intéressant pour ses nombreuses boutiques d'artisanat, d'orfèvrerie et de cuivre surtout, dans une ambiance orientale. La ville possède aussi plusieurs musées (Musée de Chypre, Musée d'Art populaire, collection d'icônes, etc.).

LIMASSOL, quant à elle, attire surtout les touristes qui font une croisière en Méditerranée. C'est le plus important port du pays et la deuxième ville en importance. C'est dans cette ville que Richard Coeur de Lion se maria avec Bérengère de Navarre, puis que les Templiers et les Chevaliers de Saint-Jean-de-Jérusalem (voir l'île de Malte) s'établirent pour combattre les Arabes installés en Terre sainte.

La ville de Limassol est entourée de très belles plages et est le point de départ d'excursions célèbres vers les lieux de villégiature en montagne, où l'air est tellement salubre et tonifiant qu'on y trouve plusieurs stations climatiques de vacances. Sur le mont Troodos, tout près, on fait même du ski, de janvier à mars.

Cette région montagneuse, autour de Limassol, est très visitée également pour ses nombreuses petites églises byzantines et ses très beaux monastères qui renferment presque tous des fresques magnifiques. On peut visiter aussi un théâtre grec antique et un temple romain, en plus du château des célèbres Chevaliers de Malte.

On peut visiter enfin à Limassol un musée, des usines vinicoles, un jardin botanique, un zoo, et des plantations d'agrumes.

Dans la région de LARNACA, d'où l'on arrive par avion sur l'île, les visiteurs ont plusieurs choix de visites: l'église Saint-Lazare (ce fut le premier évêque de Kition, l'ancienne ville grecque et romaine où est construite aujourd'hui la ville moderne de Larnaca), puis le front de mer bordé de palmiers, des plages pour la baignade ou la voile, des églises byzantines, des monastères encore, un temple musulman, des sites archéologiques, etc. C'est la région où l'on trouve aujourd'hui le plus de stations balnéaires récentes qui attirent des milliers de vacanciers à la recherche du soleil et de la mer, le tout joint à la découverte d'un peuple riche d'histoire et de civilisation.

Dans la région de PAPHOS enfin, on ira séjourner dans cette ancienne capitale de l'île, à l'époque romaine. Déjà Homère l'avait rendu célèbre en y situant la naissance d'Aphrodite, la déesse grecque de l'Amour et de la Beauté (elle serait, selon la légende, née de l'écume de la mer au large de la ville). La région offre plusieurs stations de villégiature avec des plages magnifiques, mais aussi des vestiges archéologiques des époques grecque, romaine et byzantine.

Voilà donc en bref pourquoi, à la suite d'Arthur Rimbaud et de tant d'autres, et ce, depuis des siècles, l'on séjourne à

Chypre. Une île ensoleillée en Méditerranée, mais surtout une île où l'histoire et les civilisations anciennes sont inscrites dans chaque pierre, et à chaque tournant de la route.

FICHE TECHNIQUE

Nom de l'île: CHYPRE (Kupros, en grec)
Superficie: 9251 km²
Population totale: 650 000 habitants (80% de Grecs et 20% de Turcs)
Capitale: NICOSIE
Population de la capitale: 140 000 habitants
Autres villes: LIMASSOL, LARNACA, PAPHOS, FAMAGOUSTE
Langues: grec et turc, et l'anglais comme langue seconde
Religions: grecque orthodoxe et musulmane
Monnaie: livre chypriote (subdivisée en 1 000 mils)
Gouvernement: République (depuis 1960)
Température moyenne l'hiver: 16°C
Température moyenne l'été: 33°C
Meilleures saisons pour y aller: printemps et automne
Économie de l'île en général: agriculture, mines, tourisme
Niveau de vie en général: moyen
Liaisons aériennes: Cyprus Airways et plusieurs compagnies européennes
Aéroport: aéroport international de Larnaca
Formalités douanières: le passeport est obligatoire
Infrastructure routière: de bonne à excellente
Location d'auto: toutes les possibilités (mais on roule à gauche)
Hôtellerie: de moyenne à excellente; surtout à Nicosie, Limassol et Larnaca
Restaurants: très grand choix; surtout avec des spécialités asiatiques
Activités sportives: tous les sports nautiques, équitation, golf et ski
Divers: en temps de paix, c'est l'une des îles les plus intéressantes pour un séjour de vacances

Les aspects touristiques

À VOIR — à Nicosie : des remparts du 16e siècle, la cathédrale byzantine Sainte-Sophie (13e siècle), des églises gothiques, un quartier commerçant, plusieurs musées, etc.

— à Limassol : le château des Chevaliers de Malte, un temple romain avec ses thermes, un théâtre grec antique, de vieilles églises byzantines, des monastères, etc.

— autour de Larnaca : des stations balnéaires, l'église Saint-Lazare, et des vestiges antiques

À FAIRE — une excursion dans les villages de montagne, avec plusieurs vieilles églises byzantines ornées de fresques, puis des monastères, et des plantations d'agrumes et des vignobles tout autour

— une excursion à Paphos, sur les traces d'Aphrodite, la déesse de l'Amour et de la Beauté depuis Homère

— du ski l'hiver sur le mont Troodos

SE DIVERTIR : — cinémas, théâtres, boîtes de nuit ; surtout à Nicosie et Limassol

À RAPPORTER : — broderies et tissages, cuivres, orfèvreries, poteries

S'INFORMER : — *Cyprus Tourism Organization, 13 East, 40th. Street, New York, N.Y. 10016, U.S.A.*

— *Bureau d'Informations Touristiques, 5, rue Princesse Zena de Tyras, Nicosie, Chypre*

CHAPITRE **4**

Les îles de l'océan Indien

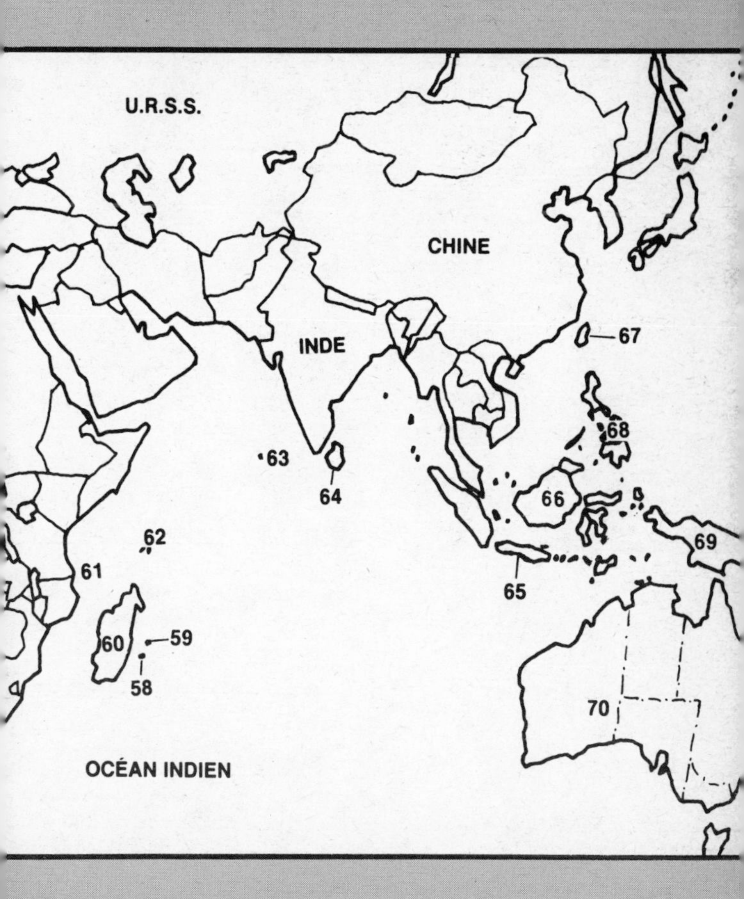

L'île Maurice 58

Carrefour des civilisations, des races et des religions, l'île Maurice est devenue un État indépendant en 1968. C'est un point perdu au large de l'Afrique, mais politiquement et touristiquement un point de rencontre entre l'Europe et l'Asie. On y parle français, le Code Napoléon est toujours en usage, mais on conduit à gauche comme en Angleterre et la monnaie est la roupie, comme en Inde.

Histoire et géographie

L'île Maurice est située dans l'océan Indien, à 900 km à l'est de Madagascar, et au nord-est de la Réunion, dans ce que l'on appelle l'archipel des Mascareignes, au large de l'Afrique. L'île volcanique jouit d'un climat tropical, tempéré par les vents de l'océan. Il y fait habituellement chaud et humide, surtout sur les hauteurs intérieures. L'île mesure 62 km de long sur une quarantaine de km de large.

C'est une véritable mosaïque de races, de langues et de religions. Le million de Mauritiens est composé d'Hindous, de Musulmans, de Chinois, de Créoles et d'Européens. Deux langues officielles dominent, l'anglais et le français, mais il y a aussi la langue créole qui est très répandue. Les gens vivent d'agriculture, essentiellement de la canne à sucre et du thé, d'un peu d'élevage, de pêche et de tourisme.

L'île fut découverte en 1513 par les Portugais (ils l'appelèrent «Cirné», l'île du Cygne); l'île fut ensuite occupée par les Hollandais de 1598 jusqu'en 1710, et ceux-ci la nommèrent Mauritius en l'honneur du prince des Pays-Bas: Maurice Van Nassau.

Les Français s'y établirent en 1715 et changèrent son nom pour «île de France». Les Anglais s'en emparèrent en 1810 et l'administrèrent avec les Seychelles comme une colonie britannique. Après que l'indépendance fut votée à 54% des voies en 1967, le pays la proclama le 28 mars 1968; l'île fait partie du Commonwealth.

Longtemps une escale sur la route des Indes, l'île Maurice est devenue aujourd'hui une escale de vacances pour les touristes, des Européens pour la plupart. C'est un pays d'une grande beauté, tant pour ses paysages intérieurs que pour ses attraits historiques et culturels, pour ses plages jalonnées de cocotiers ainsi que son lagon aux eaux d'un bleu limpide. C'est donc un autre paradis tropical pour son climat, ses contrastes, sa beauté, ses forêts, ses oiseaux, ses fleurs, son accueil.

FICHE TECHNIQUE

Nom de l'île: île MAURICE (le nom du pays en anglais: Mauritius)
Superficie: 1 865 km²
Population totale: 1 million d'habitants (Mauritiens)
Capitale: PORT-LOUIS
Population de la capitale: 200 000 habitants
Autres villes: CUREPIPE, MAHEBOURG, ROSE HILL, VACOA, PHOENIN
Langues: anglais, français, créole
Religions: hindoue, musulmane et catholique
Monnaie: roupie mauricienne
Gouvernement: État indépendant, depuis 1968
Température moyenne l'hiver: 23°C
Température moyenne l'été: 15°C
Meilleure saison pour y aller: d'avril à octobre (les saisons sont inversées)
Économie de l'île en général: canne à sucre, thé, tourisme
Niveau de vie en général: moyen
Liaisons aériennes: Air France, via Paris
Aéroport international: situé près de Mahébourg
Formalités douanières: passeport obligatoire
Infrastructure routière: très bonne
Location d'auto: possibilités
Hôtellerie: bon choix; plusieurs en construction
Restaurants: nombreux; cuisines indienne, malgache, créole et européenne
Activités sportives: tous les sports nautiques, tennis, équitation

Les aspects touristiques

À VOIR — à Port-Louis: le port très animé, la cathédrale Saint-Louis, des maisons de style colonial, le jardin botanique, une mosquée musulmane, des temples hindous, des pagodes chinoises, le marché des fruits et des plantes, le musée d'histoire naturelle (on y trouve entre autres quelques rares spécimens empaillés d'un oiseau qui n'a existé qu'à l'île Maurice et qui est disparu aujourd'hui, le Dodo, le symbole de l'île; il était incapable de voler et ressemblait à un dindon)

— plusieurs champs de canne à sucre

À FAIRE — des excursions de pêche et d'observation de coraux

— des excursions aux îles voisines: l'île d'AMBRE, l'île AUX CERFS, l'île AUX AIGRETTES, l'île FOURNEAU, l'île du MORNE

— une excursion peut-être à l'île RODRIGUEZ, une réserve naturelle d'oiseaux située à 600 km de l'île mère

À RAPPORTER: — coquillages, tissus, vannerie, objets chinois, sculptures sur bois

S'INFORMER: — *Haut-Commissariat de Mauritius, Van Ness Centre, suite 134, 4301 Connecticut Avenue, Washington D.C. 20008, U.S.A.*

La montagne des Trois Mamelles.

La Réunion 59

Située dans l'océan Indien, non loin des côtes de l'Afrique, l'île de la Réunion jouit d'un climat exceptionnel. Elle fait partie de la «France des Tropiques», tout comme la Martinique et la Guadeloupe, et possède le statut de département outre-mer.

C'est une destination touristique privilégiée pour plusieurs raisons: ses plages, sa végétation, son climat tropical, ses montagnes, sa population aussi. Autant que Tahiti, c'est la découverte de l'exotisme d'une «petite France» insulaire à l'autre bout du monde qui fait sa richesse.

Rappel historique

Entrevue en 1507 par un navigateur portugais, l'île de la Réunion s'appela d'abord «Mascareigne» en l'honneur d'un autre Portugais, Pedro de Mascarenhas, qui la découvrit vraiment le 9 février 1513. Ce fut ensuite des Français qui prirent possession de l'île en 1638, avec, à leur tête, Salomon Goubert. En 1649, on la rebaptisa «Isle Bourbon», mais on commença à la peupler seulement à partir de 1663. Jusqu'en 1761, c'était la Compagnie des Indes qui eut le monopole du commerce et de la navigation vers l'île, avec un gouverneur français pour l'administrer.

L'île Bourbon changea de nom en 1794 et devint l'île de la Réunion, ce qui correspondait mieux aux idées révolutionnaires de l'époque. 50 000 personnes l'habitaient alors, dont 80% étaient des esclaves travaillant aux cultures du tabac, du coton et des épices.

En 1805, la Réunion changea de nom à nouveau, pour celui d'île Bonaparte, jusqu'à ce que l'île devienne anglaise de 1810 à 1815. Française à nouveau en 1815, elle redevint à nouveau l'île Bourbon. En 1848, au moment de la libération de 60 000 esclaves, l'île reprit le nom de la Réunion, définitivement cette fois.

Ce fut ensuite l'époque d'une forte immigration: on venait pour travailler dans le café et les épices, de l'Inde et de Chine notamment. En 1946, la Réunion devint officiellement un département français outre-mer. Depuis 1960, l'île s'est modernisée, équipée en écoles, hôpitaux, centrales hydro-électriques, bonnes routes, hôtels, etc. Le tourisme de séjour y tient maintenant une place très importante au point de vue économique.

Situation géographique

L'île de la Réunion est située à 700 km à l'est de Madagascar, cette immense île au large de l'Afrique, dans l'océan Indien. C'est une île très montagneuse, volcanique en fait, dont le point culminant est à 3069 m (le massif du Piton des Neiges). On y trouve aussi le massif de la Fournaise, plusieurs hauts plateaux et quelques plaines le long des côtes.

Le climat tropical domine, quoique, à cause de l'altitude et de l'océan, on y décèle plusieurs microclimats. Près de la mer, les températures oscillent entre 18°C en moyenne l'hiver et 31°C en moyenne l'été. La meilleure saison pour y aller va de mai à novembre, car c'est la saison sèche. De janvier à mars, c'est la saison des pluies.

La population de l'île s'élève maintenant à plus d'un demi-million d'habitants, dont 60% ont moins de 20 ans. C'est une population multiraciale: des Blancs (les Français sont surnommés les «zoreils»), des Indiens, des Chinois, des Métis et des Noirs d'Afrique.

Les gens vivent d'agriculture (canne à sucre, tabac, vanille, fruits et légumes), mais aussi de la pêche, du commerce et du tourisme.

Les attraits touristiques

Une île de contrastes géographiques, raciaux, climatiques, culturels et humains ne peut qu'engendrer plusieurs attraits touristiques. Une île où les hommes et femmes de toutes races se trouvent rassemblés: Européens, Africains, Indiens, Chinois et Métis, provoquent inévitablement une vie intense, une fête culturelle continue. Les rythmes et les thèmes tournent autour de la vie quotidienne: le travail, le soleil et l'amour; c'est ainsi qu'est née la danse typique de l'île, la Séga.

Les plus belles plages sont situées à l'ouest de l'île, sur la côte Sous-le-Vent. La température de l'eau est en moyenne de 28°C de novembre à mai, et de 24°C de mai à octobre. Ainsi la baignade et tous les autres sports nautiques

Scène quotidienne.

sont à l'honneur. Tout autour de l'île existent des dizaines de petits ports où la navigation de plaisance est maîtresse.

L'intérieur de l'île est une véritable forêt luxuriante, un jardin botanique naturel et sauvage. On y trouve plus de 600 espèces d'arbres et de fleurs, de l'orchidée jusqu'à la fougère arborescente. Les amateurs de paysages fantastiques font des excursions vers le volcan en activité appelé «Piton de la Fournaise», mais aussi vers trois sites géologiques très pittoresques : les cirques de Cilaos, de Salazie et de Mafate.

Les nombreux restaurants et les hôtels de l'île offrent surtout la cuisine créole, elle-même étant un mélange des cuisines française, malgache, indienne et chinoise. Ainsi le riz est à l'honneur, avec poissons, viandes, épices, lentilles et pois variés.

Les fruits de l'île y sont parmi les meilleurs du monde : ananas, mangues, papayes, mambolos, bananes, bilimbis, caramboles, litchis, goyaves, etc., mais ne volent en rien la vedette aux fleurs ou aux oiseaux tropicaux.

Au niveau de l'hébergement, l'île s'équipe de plus en plus. À côté de quelques établissements, de luxe et de grand confort, on trouve une quinzaine d'hôtels de type familial, en plus d'un Village-Vacances-Familles et d'un Club Méditerranée. Il y a aussi au moins quatre terrains de camping, des gîtes de montagne et des gîtes ruraux.

Mais la grande richesse de l'île, c'est sa population. Imaginez : sur une plage au soleil, entourées de palmiers, des odeurs de vanille et de la brise du large, cinq jeunes femmes, chacune une orchidée dans les cheveux, chacune enroulée dans un paréo de soie multicolore, et les plus beaux sourires du monde : l'une étant Indienne tamoul, l'autre Indienne musulmane, l'autre Chinoise, l'autre Française et la dernière Créole. Un paradis sur terre disions-nous !

FICHE TECHNIQUE

Nom de l'île : LA RÉUNION
Superficie : 2512 km²
Population totale : 550000 habitants (Réunionnais)
Capitale : SAINT-DENIS
Population de la capitale : 110000 habitants
Autres villes : ST-PIERRE, ST-ANDRÉ, ST-JOSEPH, ST-BENOÎT, ST-PAUL
Langues : français et créole
Religions : catholique, et plusieurs autres cultes
Monnaie : le franc français
Gouvernement : département français outre-mer, depuis 1946
Température moyenne l'hiver : 18°C (de mai à novembre)
Température moyenne l'été : 31°C (de décembre à avril)
Meilleure saison pour y aller : l'été
Économie de l'île en général : agriculture (canne à sucre, tabac, thé), tourisme
Niveau de vie en général : élevé
Liaisons aériennes : Air France (12 heures de vol à partir de Paris)
Aéroport : Aéroport international de Saint-Denis / Gillot
Formalités douanières : passeport obligatoire
Infrastructure routière : de bonne à excellente
Location d'auto : toutes les possibilités
Hôtellerie : de bons et d'excellents hôtels
Cuisines : africaine, européenne, asiatique et créole
Activités sportives : tous les sports nautiques, golf, tennis, équitation, etc.
Divers : un peu de France et beaucoup d'exotisme dans l'océan Indien.

Les aspects touristiques

À VOIR — la côte ouest de l'île, bordée de nombreuses stations balnéaires
— le volcan Piton de la Fournaise
— plusieurs sites géologiques, dont les trois cirques
— les forêts tropicales luxuriantes (flore exceptionnelle)
— la capitale Saint-Denis : sa cathédrale, ses musées
— un temple Tamoul (avec diverses divinités sur les fresques)
— le couvent de Cilaos où les jeunes filles apprennent la broderie d'art
— un combat de coqs

À FAIRE — assister à une fête créole typique (on danse la « Séga »)
— un circuit à pied dans Saint-Denis (maisons créoles, jardin botanique, édifices gouvernementaux, nombreux monuments, fontaines, marchés publics, parcs, etc.)
— visite d'usines (8 usines sucrières et une à vanille)

SE DIVERTIR : — deux casinos, de nombreuses discothèques et des bals créoles

À RAPPORTER : — vannerie, tissages, broderies, coquillages, sculpture sur bois, etc.

S'INFORMER : — *Services Officiels Français du Tourisme, suite 490, 1981, av. McGill College, Montréal, Québec H3A 2W9*
— *Syndicat d'Initiative de la Réunion, rue Rontaunay, 97400 Saint-Denis, la Réunion*

L'île est plus grande que la France. Située au large de l'Afrique, Madagascar offre des paysages grandioses et variés à l'intérieur, des plages superbes tout le long du littoral, et un peuple accueillant et chaleureux. Une destination touristique nouvelle et vraiment spéciale.

Histoire et géographie

L'île de Madagascar est située dans l'océan Indien, à 390 km au sud-est de l'Afrique dont elle est séparée par le canal de Mozambique. Elle est traversée par le tropique du capricorne. L'île est très montagneuse, composée de massifs volcaniques et de quelques plateaux granitiques; le littoral est plat mais très découpé. Le climat est de type tropical, très humide en montagne, très sec dans les plaines du sud-ouest.

Les gens vivent d'agriculture (riz, manioc, tabac, canne à sucre, épices, café) et d'élevage de bovins; le tourisme commence à s'y développer.

Peuplée d'abord par des Indonésiens et des Africains, puis par les Arabes, l'île fut européanisée ensuite par les Portugais à partir de 1500, puis par les Français à partir de 1643. Longtemps sous protectorat français, Madagascar était gouvernée par différents rois qui dirigeaient les peuples Mérinas et Sakolaves. Devenue colonie française en 1896, l'île fut «pacifiée» et unifiée jusqu'à ce qu'elle devienne une république autonome en 1958, et complètement souveraine en 1960. Avec quelques nationalisations, on proclama la «République démocratique» en 1975. Le pays est divisé en six provinces.

FICHE TECHNIQUE

Nom de l'île: MADAGASCAR

Superficie: 587 041 km^2

Population totale: 10 millions d'habitants (Malgaches)

Capitale: ANTANANARIVO (ex-Tananarive)

Population de la capitale: 500 000 habitants

Autres villes: MAJUNGA, TAMATAVE, TULEAR, DIEGO-SUAREZ

Langues : malgache et français
Religions : musulmane surtout, et catholique
Monnaie : franc malgache
Gouvernement : république
Température moyenne l'hiver : 23°C (saisons inversées)
Température moyenne l'été : 15°C
Meilleure saison pour y aller : avril à octobre (saison sèche)
Économie de l'île en général : agriculture, un peu de pêche, et le tourisme
Niveau de vie en général : assez bas
Liaisons aériennes : Air France et Air Madagascar
Aéroport international : à Antananarivo
Formalités douanières : passeport obligatoire
Infrastructure routière : développée, mais les routes pas toujours asphaltées
Location d'auto : possibilités, mais vaut mieux prendre des taxis
Hôtellerie : plusieurs hôtels modestes ; la grande hôtellerie commence à se développer
Restaurants : cuisines indienne, africaine et européenne
Activités sportives : pas très développées ; on y va davantage pour la découverte...

Les aspects touristiques

À VOIR — dans la capitale Antananarivo ; le palais des anciens rois Mérinas ; plusieurs temples hindous, d'autres catholiques, et des mosquées musulmanes ; des musées ; la vie quotidienne où se mêlent les Indiens, les Africains, les Français, les Comoriens, et les Chinois.

— certaines cérémonies religieuses très spectaculaires chez tous les Malgaches, quelle que soit leur religion, en particulier à propos du culte des ancêtres ; l'une entre autres, le changement de linceul qui s'appelle « famadihana », est très prisée des visiteurs

À FAIRE — une excursion aux récifs de corail en face de la ville de Tuléar

— une excursion à l'île de NOSY-BÉ, une dépendance de Madagascar, pour ses plages

— une excursion aussi à l'archipel des MITSO, une autre dépendance malgache, mais cette fois pour la plongée sous-marine sur les hauts-fonds de coraux

La pêche artisanale des Malgaches.

À RAPPORTER : — des minéraux, des sculptures sur bois, des nappes brodées, différents objets de vannerie, des épices également

S'INFORMER : — *Consulat de la République Démocratique de Madagascar, 451, rue Saint-Sulpice, Montréal, Québec H2Y 2V8*

— *Madagascar Airtour, Hôtel Hilton, Antananarivo, Madagascar*

Mayotte est une île qui s'est séparée des Comores quand celles-ci ont acquis leur indépendance en 1974. Mayotte est restée une colonie française, tandis que les Comores sont devenues une république fédérale et islamique. Géographiquement réunies, elles forment l'archipel des Comores.

Un peu de géographie

L'archipel des Comores est situé dans l'océan Indien, à 300 km au nord-ouest de Madagascar, à l'entrée du canal de Mozambique. L'archipel comprend quatre îles volcaniques: la GRANDE COMORE, MOHELI, ANJOUAN et MAYOTTE, qui sont entourées d'îlots et de récifs coralliens. En tout: 2300 km^2.

Les îles sont formées de plateaux montagneux et de volcans, le mont Karthale y culminant à 2400 m dans l'île

Parmi les plus belles îles de l'océan Indien.

de Grande Comore. Le climat tropical y est soumis au régime des alizés et de la mousson.

Les Comoriens sont au nombre de 400 000 et la capitale est Moroni. Les gens vivent de l'agriculture (vanille, café, cacao, maïs, agrumes, etc.). La langue officielle est le français, mais l'arabe et le bantou sont très répandus. Les races sont très mêlées: Noirs, Malais, Persans, Arabes, Malgaches, Européens. La majorité est de religion musulmane.

Un peu d'histoire

Les Comores étaient sous l'autorité de sultans arabes depuis le 11e siècle quand elles furent envahies par les Portugais au 16e siècle. Les Français s'installèrent à Mayotte en 1841, et dans les autres îles à partir de 1886 seulement. Elles furent rattachées à l'île de Madagascar jusqu'en 1947. Territoire français outre-mer à partir de 1958, elles obtinrent une grande autonomie dès 1961, et leur indépendance totale en décembre 1974.

Sauf qu'en février 1976 Mayotte se prononça par référendum majoritaire pour son maintien comme colonie française. Mayotte est officiellement aujourd'hui une « Collectivité territoriale de la République française ».

Mayotte

C'est une île de 376 km^2, au relief peu élevé mais très accidenté. Ses côtes sont très découpées et entourées de nombreux îlots. Ce qui la distingue, c'est qu'une barrière corallienne la protège et forme un immense lagon abrité.

Le climat est de type tropical, avec une saison sèche et tempérée durant l'été, et une saison chaude et humide durant l'hiver. La moyenne de la température annuelle est de 26° C.

La population s'élève à 53 000 habitants environ, divisée en quatre groupes ethniques: les Arabes, les Antalotes (métis), les Bantous d'Afrique et les Malgaches (les plus nombreux). La capitale se nomme Mamoutzu et groupe 8 000 habitants. On y trouve aussi de gros villages tout autour de l'île, le long des côtes.

Mayotte est entourée de quelques îlots et de plusieurs atolls *. Ces principaux îlots sont: ANDREMA, BLANCHE, PAMANZI, AJANGOUA, BANDELI, BAMBO, M'BOUINI,

CARONI, CHOIZIL et M'ZAMBORO. Les atolls n'ont pas de noms... mais ils forment une barrière de corail à des distances variant entre 2 et 10 km du rivage. Ces barrières coralliennes ceinturent l'un des plus grands lagons du monde.

---

* Un ATOLL (le mot vient des îles Maldives), c'est une île annulaire que l'on retrouve dans les mers tropicales et qui est constituée par des récifs coralliens entourant une lagune centrale appelée un lagon.

FICHE TECHNIQUE

Nom de l'archipel: les COMORES (MAYOTTE en fait partie géographiquement, mais pas politiquement)
Superficie: 2300 km²; Mayotte: 376 km²
Population totale: 400000 habitants (Comoriens); Mayotte: 53000 habitants
Capitale: MORONI; Mayotte: MAMOUTZU
Population de la capitale: 12000 habitants; Mayotte: 8000 habitants
Langues: comorien, français, bantou, arabe
Religions: musulmane et catholique
Monnaie: franc français
Gouvernement: République des Comores; l'île de Mayotte est restée colonie française
Température moyenne l'hiver: 30°C (saisons inversées)
Température moyenne l'été: 24°C
Meilleure saison pour y aller: l'été (c'est plus sec)
Économie de l'île en général: agriculture, pêcheries, tourisme
Niveau de vie en général: moyen
Liaisons aériennes: Air France (via Paris et la Réunion), Air Comores (via Madagascar)
Aéroports: à Moroni sur Comores; à Pamandzi sur Mayotte
Formalités douanières: le passeport obligatoire
Infrastructure routière: peu développée
Location d'auto: possibilités, mais vaut nettement mieux prendre des taxis
Hôtellerie: un choix limité
Restaurants: cuisines indienne et européenne
Activités sportives: tous les sports nautiques

Les aspects touristiques

À VOIR
ET
À FAIRE : — à l'île GRANDE COMORE : la capitale Moroni, le volcan Karthale, les spectacles de danses berbères, accompagnées de tambours et flûtes
— sur l'île MOHELI : la vie traditionnelle des gens
— sur l'île ANJOUAN : plusieurs volcans
— sur MAYOTTE : l'escalade du volcan de Petite-Terre ; excursions dans les forêts tropicales de Grande-Terre ; les chutes de Soulou ; des croisières sur le lagon pour l'observation de coraux et de poissons tropicaux ; le musée d'histoire naturelle ; plusieurs belles plages aussi.

À RAPPORTER : — bijoux en argent, coquillages, objets de vannerie, sculptures sur bois

S'INFORMER : — *Services Officiels Français du Tourisme, 1981, av. McGill College, suite 490, Montréal, Québec H3A 2W9*
— *Office Mahorais du Tourisme, B.P. 42, Dzaoudzi, 97160 Mayotte, France*

Les Seychelles 62

Les Seychelles, ce sont 92 îles situées dans l'océan Indien, au nord-est de l'immense île de Madagascar. Des «îles aux trésors» encore peu exploitées touristiquement. De véritables petits paradis.

Histoire et géographie

L'ancienne colonie britannique des îles Seychelles forme aujourd'hui un État indépendant depuis juin 1976. Découvertes par les Portugais en 1505, elles furent occupées par les Français en 1742, puis les Anglais en 1794. Le pays est aujourd'hui membre du Commonwealth.

Les 100000 habitants sont en majorité des Créoles français provenant de l'île Maurice. Ils vivent de l'agriculture (canne à sucre, coprah, vanille, cannelle), de la pêche et du tourisme. Le climat tropical et des plages magnifiques attirent de plus en plus de touristes, des Européens essentiellement. Ce sont des îles d'avenir au point de vue touristique, car elles offrent le dépaysement total, au carrefour de l'Europe, de l'Asie et de l'Afrique. Plusieurs cultures s'y côtoient, mais jamais loin des plages.

À noter, qu'administrativement parlant, les Seychelles s'occupent aussi d'anciennes petites îles britanniques dans l'océan Indien: ALDABRA (le plus grand atoll au monde), AMIRANTES, CHAGOS, et quelques autres.

FICHE TECHNIQUE

Nom de l'île: les SEYCHELLES

Superficie: 404 km^2

Population totale: 100000 habitants (Seychellois)

Capitale: PORT VICTORIA

Population de la capitale: 15000 habitants

Langues: anglais, français, créole

Religions: catholique, musulmane, hindoue

Monnaie: roupie seychelloise

Gouvernement: république (depuis 1976)

Température moyenne l'hiver: 23°C (saisons inversées)

Sur l'île de Mahé.

Température moyenne l'été: 15°C
Meilleure saison pour y aller: d'avril à octobre
Économie de l'archipel en général: tourisme, agriculture, pêcheries
Niveau de vie en général: assez élevé
Liaisons aériennes: Air France et Air Seychelles (via Paris)
Aéroport: Aéroport international de Mahé (Victoria)
Infrastructure routière: peu développée, et la conduite est à gauche
Location d'auto: possibilités, mais vaut mieux prendre des taxis
Hôtellerie: des dizaines d'hôtels, surtout sur les îles Mahé et Praslin
Restaurants: cuisines indienne et européenne
Activités sportives: tous les sports nautiques, tennis, golf, équitation

Les aspects touristiques

À VOIR
ET
À FAIRE — sur l'île MAHÉ: 90% des Seychellois y vivent; la capitale s'y trouve; on séjourne sur les plus belles plages de Intendance Bay: Eau-Claire, Sans-Souci, Crève-Coeur

— sur l'île PRASLIN : la forêt de palmiers géants, dans la Vallée de Mai

— sur l'île DENIS : pêche en haute mer aux tortues géantes

— sur l'île SILHOUETTE : escalade du mont Plaisir

— sur l'île ALDABRA : le plus grand lagon du monde

— on trouve aussi plusieurs plages superbes et tranquilles sur d'autres îles de l'archipel : les îles LA DIGUE, ANONYME, ARIDE, COUSINE, COUSIN, BIRD, CHAUVE-SOURIS

À RAPPORTER : — coquillages, tissus, objets de vannerie, sculptures sur bois

S'INFORMER : — *Office du Tourisme des Seychelles, P.O. Box 33018, St. Petersbourg, Floride 33733, U.S.A.*
— *Office du Tourisme, Independance House, P.O. Box 92, Victoria, Mahé, Seychelles*

Les Maldives sont un archipel composé de 2 000 îles d'origine corallienne, dont 200 environ sont habitées. Ce sont des îles isolées, peu connues; des paradis lointains encore très peu fréquentés par les touristes.

Histoire et géographie

Les îles Maldives constituent un État indépendant depuis 1965. L'archipel est situé dans l'océan Indien, à 450 km environ au sud-ouest de l'Inde. Ce sont des îles coralliennes et plates, entourées la plupart par des lagons, si recherchés par les plongeurs sous-marins.

La population est d'origine cinghalaise (Ceylan) mais très mixée avec les populations arabes et indiennes. Les gens parlent un dialecte cinghalais et l'arabe. La pêche est à la base de l'économie de l'archipel, suivie par l'agriculture. Le tourisme est en voie de développement.

Découvertes en 1834, les îles Maldives se constituèrent en sultanat musulman sous protectorat britannique, après avoir longtemps résisté aux tentatives de conquête portugaise ou de celles des pirates de la côte de Malabar. Indépendantes depuis 1965, elles sont devenues une république à la suite d'un référendum en 1968. Les influences britanniques n'y sont plus très visibles, même après 78 ans de protectorat anglais.

On y va pour l'exotisme: ce ne sont que des atolls couverts de cocotiers et jalonnés de plages de sable blanc, avec une mer chaude aux eaux transparentes.

FICHE TECHNIQUE

Nom de l'île: les MALDIVES (nom du pays: république des Maldives)
Superficie: 298 km²
Population totale: 200 000 habitants
L'île capitale: MALÉ
Population de la capitale: 20 000 habitants

Le séchage du linge aux Maldives.

Autres îles: BANDOS, BAROS, VILLINGILI, KURUMBA, FURANNA FUSHI, VE LISSARU

Langues: divehi, arabe, anglais

Religions: musulmane et hindoue

Monnaie: roupie des Maldives (on accepte les roupies indienne et cinghalaise)

Gouvernement: pays indépendant depuis 1965

Température moyenne l'hiver: 26°C

Température moyenne l'été: 28°C

Meilleure saison pour y aller: hiver (l'été est trop humide)

Économie de l'île en général: pêcheries, coprah, arbres à pain, fruits, tourisme

Niveau de vie en général: moyen

Liaisons aériennes: Air Lanka (via Colombo) et U.T.A. (via Paris)

Aéroport international: à Malé / Hulule

Liaisons maritimes: via Colombo au Sri Lanka

Infrastructure routière: très peu développée

Location d'auto: vaut mieux louer des taxis

Hôtellerie: peu développée encore, sur quelques îles seulement
Cuisines: indienne et arabe
Activités sportives: tous les sports nautiques, pêche en haut mer, bicyclette
Divers: les bases militaires britanniques et américaines contribuent de façon importante à l'économie de l'archipel

Les aspects touristiques

À VOIR ET À FAIRE — l'ancienne résidence des sultans à Malé ainsi que la Grande Mosquée
— des excursions en voilier vers les autres îles et îlots échelonnés sur une distance de 870 km de long et seulement 80 km de large (des arrêts surtout aux atolls suivants: ADOU MATTÉ, SURADIVA, ADDU, FUA MULAKU, TILADUMMATI, HADDUMMATI, MALOSMADULU, ARI, SUVADIVA)
— à faire en bref: du repos, de la plongée sous-marine, de la baignade dans les eaux tièdes d'une mer transparente sous un climat équatorial

SE DIVERTIR: — on n'y va pas pour cela du tout car il n'y a pratiquement rien à ce propos

À RAPPORTER: — dentelles, batiks, bijoux de coquillages, écailles de tortue

S'INFORMER: — *Maldivian Government Trade Center, 59 Chatham Street, Colombo 1, Sri Lanka*

L'île de Ceylan porte depuis 1972 le nom de SRI LANKA. C'est une destination touristique de première importance en Asie, en particulier pour le marché européen. Malheureusement, certains problèmes socio-politiques ralentissent, depuis quelque temps, le développement de forfaits de vacances dans ce pays.

Situation géographique et historique

L'île de Ceylan est située au sud-est de l'Inde. C'est un État indépendant (la République démocratique et socialiste de Sri Lanka), membre du Commonwealth britannique. La capitale est Colombo.

C'est un pays très peuplé (surtout par les Cinghalais d'origine indo-européenne), et divisé en neuf provinces. Les gens vivent de la culture du thé, du latex, de l'huile de coprah, du riz, des pêcheries, ainsi que du tourisme.

L'île est très montagneuse; le point culminant, le mont Pidurutalagala, est à 2524 m d'altitude. Le littoral est bordé de plaines et de plusieurs très belles plages. Le climat chaud et humide procure une végétation exubérante.

Colonisée d'abord par des tribus indo-européennes, l'île subit l'influence du bouddhisme par la suite. L'âge d'or de l'île, unifiée, remonte au 12e siècle. Les Portugais, puis les Hollandais, entreprirent de coloniser l'île à partir du 16e siècle, jusqu'à ce qu'elle devienne britannique en 1802. L'indépendance ne remonte qu'à 1948 (4 février). Mais depuis 1972, le Sri Lanka tente de régler ses conflits ethniques, linguistiques, religieux et politiques.

On y va aujourd'hui pour le dépaysement, pour ses plages et pour ses nombreux monuments anciens. Il y a le Ceylan archéologique et le Ceylan balnéaire comme formules à jumeler pour des vacances et des découvertes complètes.

FICHE TECHNIQUE

Nom de l'île: CEYLAN, nom du pays depuis 1972: le SRI LANKA

Superficie: 65610 km^2

Population totale: 15 millions d'habitants (Cinghalais)

Capitale: COLOMBO
Population de la capitale: 700 000 habitants
Autres villes: KANDY, JAFFNA, GALLE
Langues: cinghalais, anglais, tamoul
Religions: bouddhiste, protestante, musulmane
Monnaie: roupie cinghalaise
Gouvernement: république
Température moyenne l'hiver: 26°C
Température moyenne l'été: 28°C
Meilleure saison pour y aller: l'hiver (l'été est trop humide)
Économie en général: thé, riz, hévéa, coprah, cacao, pêche, tourisme
Niveau de vie en général: moyen
Liaisons aériennes: via Londres ou Paris: U.T.A. British Airways et Air Lanka
Aéroports: à Colombo et Jaffna
Formalités douanières: passeport obligatoire
Infrastructure routière: excellente
Location d'auto: possibilités, mais on recommande taxis et autocars
Hôtellerie: plusieurs hôtels traditionnels, d'autres modernes
Cuisines: indienne et internationale
Activités sportives: tous les sports nautiques, golf, tennis, cricket

Architecture bouddhiste à Siginya.

Les aspects touristiques

À VOIR — à Colombo : le marché (Pettah), un fort, des temples bouddhistes et des mosquées, des parcs, un zoo, des galeries d'art, le musée national

— à Kandy : ses nombreux temples roses (dont le très célèbre Temple de la Dent)

— à Jaffna : des temples hindous et des fortifications de l'époque coloniale hollandaise

— ailleurs dans le pays : des parcs et réserves, des jardins botaniques, des villages de pêcheurs, diverses autres fortifications (à Gallé par exemple)

À FAIRE — une excursion extraordinaire aux murailles de Sigiriya, l'ancienne forteresse avec sa fameuse fresque des Demoiselles (il faut voir le Ceylan archéologique : des cités remplies de temples richement décorés et datant de plusieurs siècles)

— une excursion sur la « route du thé », jusqu'à Nuwara Ellya et ses paysages « à l'anglaise »

— un séjour enfin sur l'une des nombreuses plages de la région de Colombo (on recommande l'hiver la côte sud-ouest et l'été la côte sud-est)

À RAPPORTER : — du thé bien sûr, des céramiques, des batiks, des pierres précieuses, de l'ivoire et de la laque, des écailles de tortue

S'INFORMER : — *Ceylon (Sri Lanka) Tourist Board, suite 208, 609 Fifth Avenue, New York, N.Y. 10017*

— *Ceylon Tourist Board, 228 Havelock Road, Colombo 5, Sri Lanka*

Java

Le nom même de Java exprime l'exotisme lointain. L'énigme aussi. Java c'est la principale île d'Indonésie; c'est là d'ailleurs que se trouve Djakarta, la capitale du pays.

Un peu de géographie et d'histoire

Située dans le sud-est de l'Asie, au coeur de l'Indonésie, Java est une île volcanique longue de 1 000 km mais large de moins de 200 km. Elle fait partie des îles de la Sonde et elle est située entre les îles de Sumatra et Bali. Plusieurs volcans sur l'île ont plus de 3 000 m d'altitude (le Slamet culmine à 3 430 m) et plusieurs d'entre eux sont encore actifs. On rappelle souvent entre autres l'éruption du fameux Krakatau en 1883, l'une des plus gigantesques au monde. Le seul avantage de ces volcans c'est que leurs pentes sont extrêmement fertiles et qu'elles ont transformé l'île en un véritable jardin.

On y cultive du riz, des légumes, du café, du thé, des épices et l'hévéa. L'île est extrêmement humide, les pluies tropicales y tombant durant toute l'année. Le climat est de type équatorial, avec l'influence des moussons.

Peuplée d'Asiatiques depuis très longtemps, l'île fut découverte et colonisée d'abord par les Hollandais en 1619, occupée de 1811 à 1814 par les Anglais, puis par les Japonais de 1942 à 1945; l'île devint officiellement indonésienne le 17 août 1945, après une longue lutte d'indépendance contre les Pays-Bas.

On y va aujourd'hui davantage pour la découverte d'un pays et d'un peuple que pour s'y reposer. C'est souvent une escale lors d'un tour du monde plutôt que la destination unique d'un voyage.

FICHE TECHNIQUE

Nom de l'île: JAVA

Superficie: 132 000 km^2

Population totale: 85 millions d'habitants (Javanais) l'une des plus fortes densités au monde

Capitale: DJAKARTA (la capitale en fait de toute l'Indonésie)

Population de la capitale: 6 millions d'habitants

Autres villes: BANDUNG, SURABAYA, BOGOR, DJOGAKARTA, MALANG, SEMARANG

Langues: indonésien, malais, javanais, néerlandais

Religions: musulmane et plusieurs cultes chrétiens

Monnaie: roupie indonésienne

Gouvernement: fait partie de la république d'Indonésie

Température moyenne l'hiver: 24°C

Température moyenne l'été: 26°C

Meilleure saison pour y aller: l'été (l'hiver est très humide)

Économie de l'île: agriculture (canne à sucre, café, thé, hévéa) et pêcheries

Niveau de vie en général: moyen

Liaisons aériennes: Thaï Int. Airways, U.T.A., Garuda Indonesian Airways

Aéroports: près de Djakarta

Formalités douanières: passeport obligatoire

Infrastructure routière: de passable à bonne

Location d'auto: pas vraiment recommandée

Hôtellerie: à Djakarta surtout: de très bons hôtels

Cuisines: indonésienne, indienne et chinoise

Les aspects touristiques

À VOIR — à Djakarta: la ville s'appelait avant Batavia: elle est très cosmopolite, commerciale

— à Bandung: ses vestiges coloniaux hollandais et son université

— à Djogakarta: les temples de Borobudur (l'un des plus importants centres de l'art bouddhique au monde) et les temples de Prambonan; la ville est aussi renommée pour ses ateliers de batik

— à Banten: plusieurs mosquées, c'est un lieu de pèlerinage islamique important

À FAIRE — plusieurs excursions à travers l'île pour voir des volcans, des forêts équatoriales, des sanctuaires bouddhiques, des palais hindous, des gens occupés à leurs travaux, des marchés, des plantations de thé, des jardins botaniques, des musées, etc.

Javanaises sur le pas de leur porte.

— N.B.: les routes sont par contre très achalandées, bondées de charrettes, de camions, de vélos, de cyclo-pousses, de motos, et de piétons

— une excursion à l'île de Bali: ses plages, ses gens accueillants, des spectacles folkloriques avec chants et danses très renommés à travers le monde, et du théâtre religieux traditionnel (l'infrastructure touristique y est excellente)

À RAPPORTER: — batiks, broderies, bois sculptés, masques, objets en vannerie

S'INFORMER: — *Ambassade d'Indonésie, 287, rue MacLaren, Ottawa, Ontario K2P OL9*

Un nom doux et exotique qui exprime des images lointaines. Une île immense de l'Asie du Sud-Est. Une île pas encore tout explorée, ni exploitée par les nations colonisatrices, et qui mérite une escale lors d'un tour du monde.

Un peu d'histoire et de géographie

Bornéo est une île située dans le sud-est de l'Asie, région qu'on appelle quelquefois l'Insulinde. L'île est immense (736 000 km²) et elle est traversée par l'équateur. Elle est séparée des Philippines, de la Malaisie et du Vietnam par la mer de Chine. Elle est située au nord de l'île de Java et à l'est de l'île de Sumatra, deux îles auxquelles la majeure partie de son territoire est rattachée politiquement. En effet, les trois quarts de l'île appartiennent à l'Indonésie, le quart environ à la Malaisie, et une petite partie forme le Brunéi indépendant.

L'île de Bornéo est très montagneuse, plusieurs sommets y dépassant 4 000 m. Elle est très humide et couverte de forêts équatoriales denses où vivent encore des populations primitives. L'ensemble de l'île est très peu peuplé, compte tenu de l'immensité du territoire.

Habitée depuis des millénaires par des peuplades asiatiques, l'île fut l'enjeu des luttes entre les Hollandais, les Anglais et les Espagnols à partir du 16e siècle. L'ancien Bornéo hollandais fait partie depuis 1945 de l'Indonésie; le Bornéo anglais, subdivisé en deux régions (Sabah et Sarawak), fait partie depuis 1963 de la Malaisie, et l'ancien sultanat de Brunéi, longtemps sous protectorat britannique, est devenu indépendant en 1971.

FICHE TECHNIQUE

Nom de l'île: BORNÉO

Superficie: 736 000 km²

Population totale: 5 millions d'habitants

Principale ville: BANJARMASIN située dans la partie indonésienne

Autres villes: BRUNÉI, PONTIANAK, BALIKPAPAN, JESSELTON
Langues: indonésien, malais, chinois, anglais
Religions: musulmane et hindoue
Monnaies: roupie indonésienne et ringitt malaisienne
Gouvernement: la région appelée KALIMANTAN appartient à l'Indonésie, la région appelée SARAWAK fait partie de la Malaisie, et BRUNÉI est maintenant un pays
Température moyenne l'hiver: 24°C
Température moyenne l'été: 26°C
Meilleure saison pour y aller: l'été (l'hiver est trop humide)
Économie de l'île en général: riz, tabac, café, poivre, hévéa, pétrole
Niveau de vie en général: assez bas
Liaisons aériennes: Garuda Indonesian Airlines et M.A.S. (Malaysian Airlines)
Aéroports: le plus important est à Banjarmasin
Formalités douanières: passeport obligatoire
Infrastructure routière: pas très développée
Location d'auto: possibilités, mais pas très recommandée aux touristes moyens
Hôtellerie: pas très développée non plus
Activités sportives: on n'y va pas pour du sport, mais plutôt pour la découverte et l'aventure; on y fait du trekking plutôt que du golf, du tennis ou de la voile

Au coeur de l'immense île de Bornéo.

Les aspects touristiques

À VOIR
ET
À FAIRE — on va à la rencontre des peuples primitifs (les Dayaks par exemple) qui vivent de façon semi-nomade et qui pratiquent encore les cultures sur brûli ; ajoutons toutefois que ces tribus d'indigènes à l'état « sauvage », ces anciens coupeurs de tête même, s'occidentalisent rapidement depuis quelques années

— on fait des excursions également pour admirer la faune et la flore qui y sont vraiment exceptionnelles : on trouve entre autres des oiseaux rares, des reptiles planant d'un arbre à l'autre, des orangs-outans, des poissons amphibies, etc. ; aussi des plantes carnivores, des papillons rares, des insectes de toutes sortes, etc.

— en bref, on y va pour l'aventure et la grande découverte comme à l'époque des pionniers (en dehors de l'Antarctique, c'est l'une des dernières terres « vierges » sur notre planète)

S'INFORMER : — *Ambassade de l'Indonésie, 287, rue MacLaren, Ottawa, Ontario K2P 0L9*
— *Ambassade de la Malaisie, 60, rue Boteler, Ottawa, Ontario K1N 8Y7*

CHAPITRE **5**

Les îles de l'océan Pacifique

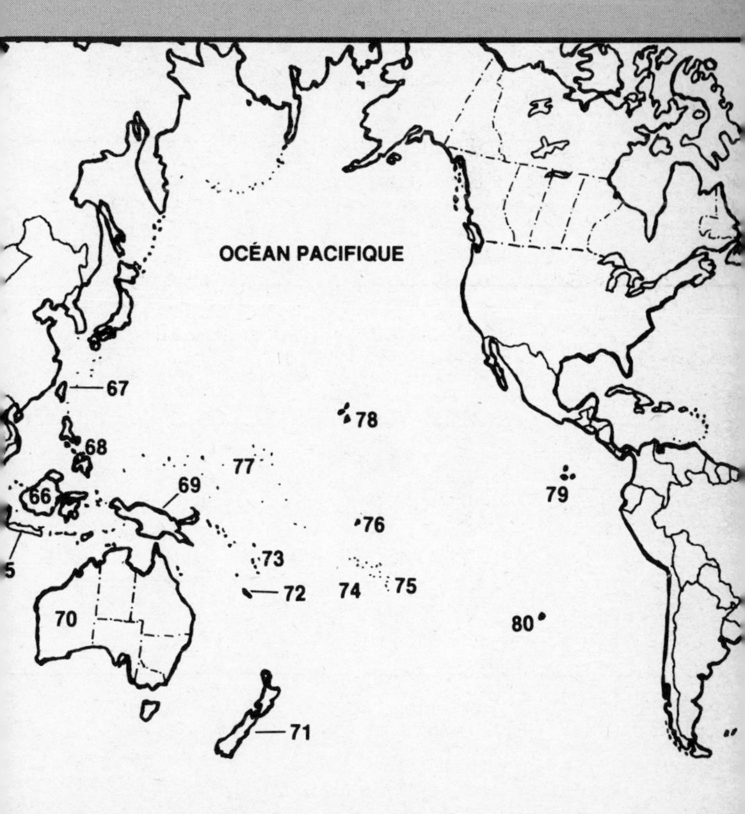

Formose (Taiwan) 67

Formose, c'est le nom de l'île de Taiwan. C'est la Chine nationaliste, une espèce de Hong-Kong insulaire mais à 650 km plus au sud; une espèce de Japon également au point de vue croissance économique. Une île très densément peuplée, extrêmement belle aussi. Toute la Chine en miniature, mais une Chine capitaliste.

Un peu de géographie et d'histoire

Le nom de Formose fut donné à l'île de Taiwan par les Portugais du 16e siècle: «*Formosa*» veut dire «la belle». L'île est située à 150 km au sud-est de la Chine continentale, et couvre 36000 km². Elle est très montagneuse, son point culminant (le mont Dong Shan, ou mont Morrisson) atteignant 3997 m. Le climat est de type tropical humide, subissant les moussons, et quelquefois des typhons en juillet. Le courant tiède Kouro-Shivo adoucit les températures.

La population est concentrée sur la côte ouest de l'île. Vingt millions de Chinois qui vivent d'agriculture: riz, canne à sucre, patate douce, thé, fruits, ainsi que de l'élevage porcin et bovin, de même que de la pêche. Les échanges se font essentiellement avec les États-Unis et le Japon, et le tourisme s'y développe d'année en année, quoique moins rapidement que les industries.

Le peuplement chinois a débuté quand les Portugais puis les Hollandais l'occupèrent. En 1683, l'île fut intégrée à l'Empire de Chine. Après la victoire communiste de Mao en Chine continentale en 1949, Formose servit de refuge aux nationalistes de Chang Kai-Shek, aidé par les Américains. Depuis 1955, avec les îles QUEMOY, MATSU et PESCADORES, elle est toujours sous protection américaine. Taiwan a quitté l'ONU en octobre 1970 quand la République populaire chinoise y entra. Mais les deux Chines se rapprochent de plus en plus depuis quelques années, économiquement et politiquement.

FICHE TECHNIQUE

Nom de l'île: FORMOSE
Nom du pays: Taiwan
Superficie: 35 966 km²
Population totale: 20 millions d'habitants (Taiwanais)
Capitale: TAIPEI (on écrit aussi Taïbei ou Taïpeh)
Population de la capitale: 2 millions d'habitants
Autres villes: KAOSIUNG (ou GAOXIONG), TAINAN, TAICHUNG, KILOUNG
Langue: chinois
Religions: confucianisme, taoïsme, bouddhisme
Monnaie: dollar de Taiwan
Gouvernement: république
Température moyenne l'hiver: 24°C
Température moyenne l'été: 28°C
Meilleure saison pour y aller: toute l'année
Économie de l'île en général: industries, agriculture, pêche
Liaisons aériennes: surtout Northwest Orient (via Los Angeles)
Aéroport international: à Taipei
Formalités douanières: passeport obligatoire
Infrastructure routière: bien développée
Hôtellerie: bon choix d'hôtels dans les principales villes
Divers: Taiwan comprend aussi les îles QUEMOY, MATSU (ou Mazu), LANYU, et PESCADORES

Les aspects touristiques

À VOIR ET À FAIRE

— «Formosa» veut dire «belle île» en portugais, et «Taiwan» veut dire en chinois «l'île aux terrasses»; on y va entre autres raisons pour les paysages magnifiques un peu partout à travers le pays

— à Taipei on prendra les «pédicabs» ou vélotaxis, on ira aux temples taoïstes de Pao An, au temple de Confucius, au sanctuaire bouddhiste de Lungshan; on s'attardera dans les marchés, dont un marché aux serpents, dans les quartiers populaires très animés; dans le quartier Tien Mou aussi où sont les boîtes de nuit, on visitera également le plus grand trésor artistique chinois du monde dans le célèbre musée national; on verra aussi le palais du Président ainsi qu'une partie des anciens remparts de la ville; il y a également plusieurs manifestations religieuses

— à Changhua: le bouddha géant

— à Taïnan: des fortifications de l'époque coloniale, des temples, des marchés, etc.

— on ira visiter le lac du Soleil et de la Lune considéré comme le plus beau site de l'île

— à Gaoxiong: de magnifiques pagodes blanches et rouges

— une excursion à travers l'île permet de voir aussi des villages où vivent des populations primitives, des petites villes portuaires aux nombreuses jonques qui vont et viennent, des pagodes disséminées un peu partout, des lacs, des rivières, des montagnes et des vallées, des gorges, des forêts, des jardins botaniques naturels avec des camphriers et des orchidées en grand nombre, etc.

SE DIVERTIR: — des spectacles de théâtre, opéras, danses, mimes, acrobaties; des boîtes de nuit

À RAPPORTER: — jades, calligraphies chinoises, laques gravés, tissages, artisanat divers

S'INFORMER: — *Ambassade de Taiwan (République de Chine), 515, rue St-Patrick, Ottawa, Ontario K1N 5H3*

Une main-d'oeuvre nombreuse.

Les Philippines, c'est plus de 7000 îles. Un archipel très peuplé, un pays aussi qui a fait les manchettes politiques depuis quelques années.

Un peu de géographie

Situées à l'ouest du Pacifique, entre l'Indochine, la Chine et l'Indonésie, les îles Philippines sont disséminées sur une superficie de 300000 km^2 de terres émergées, avec une population de 55 millions d'habitants.

Les principales îles sont MINDANAO, LUZON, SAMAR, NEGROS, PALAWAN, PANAY, MINDORO, LEYTE, CÉBU et MASBATE; la plupart sont de type volcanique et elles sont fréquemment secouées par des séismes. Le mont Apo culmine dans l'archipel à une altitude de 2953 m. Les côtes sont souvent bordées de récifs de corail. À l'est de l'archipel se trouve l'une des plus profondes fosses sous-marines du monde, celle des Philippines, à plus de 10600 m de profondeur.

Le climat est de type tropical, avec des chaleurs constantes toute l'année et des pluies abondantes. La végétation est exubérante et la forêt couvre 60% du territoire.

La population est très hétérogène; s'y côtoient plusieurs races: Malais, Indonésiens, Indochinois, Chinois, Arabes, Japonais, Espagnols et Indigènes philippins.

L'agriculture est à la base de l'économie (riz, maïs, manioc, patate douce, canne à sucre, coprah, chanvre, tabac), de même que les pêcheries; les ressources minières et énergétiques sont bien industrialisées. Le commerce s'effectue surtout avec les États-Unis, et le tourisme est en plein essor.

Un peu d'histoire

Découvertes par Magellan en 1521, puis colonisées par les Espagnols, les Philippines doivent leur nom au roi Philippe II. La christianisation des indigènes allait au même rythme que la colonisation des terres.

Les Espagnols organisèrent le commerce entre la Chine et le Mexique, et les Philippines étaient pour eux un comptoir d'échanges. Après plusieurs révoltes et troubles raciaux et religieux durant trois siècles, les nationalistes philippins tentèrent de conquérir leur indépendance. Ce fut sous l'administration américaine que les Philippines accédèrent enfin à leur autonomie, en 1902, puis à leur totale indépendance le 4 juillet 1946.

Il y a encore beaucoup d'intérêts américains dans l'archipel. Le Président Marcos vient d'être remplacé par Corazon Aquino, mais le climat politique et le climat économique ne sont pas tout à fait stabilisés. Ce sont des îles dont on n'a pas encore fini d'entendre parler.

FICHE TECHNIQUE

Nom de l'archipel: les PHILIPPINES (nom du pays: République des Philippines)

Superficie: 299 765 km²

Population totale: 55 millions d'habitants (Philippins)

Capitale: MANILLE (avant 1976 c'était plutôt la ville de Queson City)

Population de la capitale: 1,5 million d'habitants

Autres villes: QUESON CITY, CÉBU, DAVAO, DIPOLOG

Langues: filipino, tapalog, anglais, espagnol, et 80 dialectes

Religions: catholique, protestante, musulmane

Monnaie: peso philippin

Gouvernement: république présidentielle

Température moyenne l'hiver: 20°C

Température moyenne l'été: 25°C

Meilleure saison pour y aller: de novembre à avril (c'est plus sec)

Économie de l'île en général: pêcheries, agriculture, industries

Liaisons aériennes: Philippine Airlines, Northwest Orient (via Los Angeles surtout)

Aéroport international: Manille

Formalités douanières: passeport obligatoire

Infrastructure routière: bien développée; mais routes encombrées

Location d'auto: possibilités

Hôtellerie: hôtels de toutes catégories à Manille; c'est plus limité ailleurs

Restaurants: en grand nombre; cuisines asiatique, chinoise, américaine, européenne

Les aspects touristiques

À VOIR — à Manille: l'un des plus grands ports du monde, les vieux quartiers espagnols (églises, édifices publics et remparts de l'époque coloniale), les «barrios» ruraux qui sont des bidonvilles constitués de maisons de bambou, les quartiers des affaires américanisés et modernes, le quartier des millionnaires, le quartier chinois, des plages également

— un spectacle de danses de «singkil» qui sont influencées par les danses espagnoles

— à Cébu: des plages et de la plongée sous-marine, là même où mourut Magellan lors du premier tour du monde en 1521

— de nombreuses manifestations religieuses

À FAIRE — des balades en «Jeepneys»: ces véhicules typiques qui sont des minibus peints et décorés de façon populaire et baroque

— une excursion en pirogue à partir de Manille et jusqu'aux chutes de Pagsanjan

— une excursion dans l'île de Mandanao pour voir le mont Apo, le point culminant de l'archipel, pour voir aussi des rizières en terrasses de montagne

SE DIVERTIR: — des spectacles folkloriques, des boîtes de nuit nombreuses à Manille

À RAPPORTER: — cuivres travaillés, vanneries, nacres, coquillages

S'INFORMER: — *Philippine consulate general, Tourism, 111 Avenue Road, Toronto, Ontario M5R 3J4*

— *Centre d'informations touristiques, Apo View Hôtel, Davoa, Mindanao, Philippines*

Terre lointaine et encore énigmatique, la Nouvelle-Guinée est l'une des plus grandes îles au monde après l'Australie et le Groenland. C'est l'île aussi de la Papouasie.

Un peu de géographie

La Nouvelle-Guinée fait partie de la Mélanésie, dans le sud-ouest du Pacifique, non loin de l'Australie. Elle est immense et somme toute très peu peuplée (seulement 4 habitants au km^2).

Politiquement, l'île est divisée en deux parties : L'IRIAN BARAT à l'ouest, qui appartient à l'Indonésie, et la PAPUA NEW GUINEA à l'est (connue aussi sous le nom de Papouasie), qui est un pays indépendant depuis seulement 1975.

L'île est très montagneuse, volcanique même, et sujette à de nombreux tremblements de terre. Le pic Sukarno culmine à 5 040 m, et une grande barrière de corail prolonge l'île à l'est. Le climat est de type équatorial avec des pluies fréquentes et très fortes. La végétation est exubérante pratiquement partout.

Au point de vue économique, il n'y a qu'une agriculture de subsistance (patates douces, ignames, bananes) et un peu de coprah, de café, de cacao, du caoutchouc et du bois pour l'exportation.

Un peu d'histoire

Découverte par des Portugais et des Espagnols, l'île fut exploitée uniquement à partir de la fin du 19e siècle par les Hollandais à l'ouest et par les Anglo-Australiens à l'est. L'ancien territoire hollandais, l'Irian Barat, devint partie de l'Indonésie en 1945, et la Papouasie, longtemps sous protectorat de l'Australie, est indépendante depuis seulement septembre 1975, et membre du Commonwealth britannique. Le nom officiel du pays est Papouasie Nouvelle-Guinée.

Au point de vue touristique, on y va bien davantage pour la découverte et l'aventure plutôt que pour ses attraits balnéaires ou même culturels. C'est une île encore remplie de mystères, de régions sauvages, de forêts équatoriales inexplorées où vivent des peuples primitifs. C'est le genre de destination qui n'est pas recommandée à tous les touristes. Il n'y a pas encore de forfaits tout compris, bien reposant et bien sécurisant. On y fait du trekking plutôt que du shopping et du «bronzing» habituel.

Heureusement qu'il reste encore sur notre planète une île semblable, une terre si peu exploitée par les hommes; cela permet au moins à certains aventuriers de continuer à rêver.

FICHE TECHNIQUE

Nom de l'île: La NOUVELLE-GUINÉE

Superficie: 775 210 km²

Population totale: 3,1 millions d'habitants

Capitales: PORT MORESBY (partie Papouasie) et DJADJAPURA (partie indonésienne appelée Irian Barat ou Iran Joya)

Autres villes: MANOKWARI, SORONG

Langues: mélanésien, papous, indonésien, anglais

Religions: musulmane, hindoue, animiste

Monnaie: roupie

Gouvernements: l'Irian Barat, à l'ouest de l'île, appartient à l'Indonésie; la Papouasie, située à l'est, est un pays indépendant depuis 1975 sous le nom de Papouasie Nouvelle-Guinée

Température moyenne l'hiver: 24°C

Température moyenne l'été: 26°C

Meilleure saison pour y aller: l'hiver (l'été est trop humide)

Économie de l'île en général: pétrole, agriculture

Niveau de vie en général: plutôt bas

Liaisons aériennes: Air Niugini (Papouasie Nouvelle-Guinée)

Aéroport international: à Port Moresby

Formalités douanières: passeport obligatoire

Infrastructure routière: peu développée

Location d'auto: possibilités, mais vaut mieux prendre des taxis

Hôtellerie: dans les principales villes uniquement

Cuisines: indonésienne et internationale, dans les bons hôtels surtout

Activités sportives: du trekking plutôt que des sports habituels

Divers: depuis 1975, la Papouasie Nouvelle-Guinée possède également des îles qui étaient anciennement sous protectorat néo-zélandais: les îles BISMARK, l'île de l'AMIRAUTÉ et l'île BOUGUINVILLE

Les aspects touristiques

À VOIR ET À FAIRE

— la seule agglomération importante: Port Moresby

— des excursions diverses pour touristes-anthropologues: chez les Papous «coupeurs de tête», avec des danses rituelles guerrières, des maquillages, pour voir leurs maisons ou huttes aux façades sculptées

— des excursions pour touristes-aventuriers: dans la jungle équatoriale, en pirogue, où l'on trouve d'énormes papillons, des arbres rares et une flore exceptionnelle, etc.

À RAPPORTER: — des sculptures en bois ou en écorce d'arbre, des masques, des objets de vannerie, des papillons rares, quelques tissages

S'INFORMER: — *Ambassade d'Indonésie, 287, rue MacLaren, Ottawa, Ontario K2P 0L9*

— *Haut-Commissariat, Papua New Guinea, 1140, 9th Street, N. W., 5th floor, suite 503, Washington D.C., U.S.A.*

L'Avenir de la Papouasie.

L'Australie 70

L'Australie est à la fois une île, un continent et un pays. C'est en fait la plus grande île du globe, couvrant une superficie presque aussi grande que celle des États-Unis. Le pays possède des paysages vraiment exceptionnels et une faune unique au monde (on songe tout de suite aux kangourous et aux koalas).

L'Australie, c'est à la fois une île lointaine aussi énigmatique qu'exotique, et un pays développé à la fois neuf et prometteur d'avenir.

Un peu de géographie

Avec ses 4 000 km d'est en ouest, et ses 3 200 km du nord au sud, l'Australie est la plus grande île de l'Océanie. Elle couvre 7 631 668 km^2. Le pays comprend aussi l'île de Tasmanie (66 332 km^2) et quelques îles plus éloignées.

L'île principale est traversée par le tropique du Capricorne. Elle est entourée de l'océan Indien, à l'ouest, de l'Indonésie et de la Nouvelle-Guinée au nord, des îles de la Polynésie à l'est, et de la Nouvelle-Zélande au sud-est.

Le pays est une fédération formée de six États autonomes; VICTORIA, QUEENSLAND, TASMANIE, NOUVELLE-GALLES DU SUD, AUSTRALIE-MÉRIDIONALE et AUSTRALIE-OCCIDENTALE, auxquels s'ajoute le Territoire de la capitale fédérale CANBERRA et LE TERRITOIRE DU NORD qui comprend aussi l'île de Melville.

Seize millions d'habitants en tout, dont 40 000 aborigènes. La moitié des Australiens vivent dans la partie sud-est de l'île, où se concentre la vie politique, économique et sociale du pays, autour de Sydney, Canberra et Melbourne. La population est urbaine à 85%.

Au point de vue physique, l'Australie est constituée d'un massif peu élevé (en moyenne: 210 m seulement). Les plus hauts sommets sont dans sa chaîne à l'est, la Cordillère australienne. Le plus haut sommet du pays, le mont Kosciusko, culmine à 2 230 m. Le reste de l'île est constitué essentiellement de plaines au centre et d'un immense plateau désertique à l'ouest.

Le climat est chaud dans l'ensemble mais avec quelques contrastes violents. C'est un continent assez aride, avec toutefois quelques pluies tropicales d'été dans le nord et des pluies d'hiver dans le sud.

L'élevage du mouton est toujours à la base de l'économie australienne (le plus grand troupeau de moutons du monde procure le quart de la laine mondiale). L'élevage bovin est aussi très répandu, de même qu'on cultive le blé sur une grande échelle, d'autres céréales aussi, du riz, de la canne à sucre, de la vigne, des fruits et des légumes. Les richesses minières sont considérables et très variées. Les industries, le commerce et les transports jouent un rôle de premier plan au point de vue économique également. C'est un pays riche et en continuel développement.

Un peu d'histoire

Peuplée depuis des millénaires par des tribus aborigènes, l'île australienne fut abordée par les Hollandais Willem Janszoon en 1605 et Abel Janssen Tasman en 1642. La colonisation ne commença qu'en 1770 avec James Cook. Jusqu'en 1840, pendant l'exploration de l'île dans toutes les directions, l'Australie servit surtout de pénitencier pour l'Angleterre.

À partir de 1850, la population australienne augmenta d'un million tous les dix ans, grâce surtout à une forte immigration (venant de Grande-Bretagne surtout, mais aussi d'Italie, d'Allemagne, des Pays-Bas, de Grèce, de Pologne, etc.). Le Commonwealth d'Australie fut officiellement créé le 1er janvier 1901, et il assurait aux divers États plus d'autonomie qu'une simple fédération. Canberra devint la capitale fédérale en 1927.

Encore aujourd'hui l'immigration est très élevée. Le pays est en pleine évolution.

Les attraits touristiques

On va en Australie pour sa flore et sa faune exceptionnelles, pour ses déserts rouges, ses formations géologiques impressionnantes, ses plages, ses villes dynamiques et modernes.

On peut faire du ski en Australie, on y ramasse le raisin à l'époque des vendanges, on y séjourne sur une ferme

Le fameux Opéra de Sydney.

d'élevage de moutons, on s'y amuse durant plusieurs festivals.

On ira visiter Sydney d'abord, la plus importante ville du pays et de toute l'Océanie, très riche en attraits culturels, une ville commerciale, un grand carrefour mondial; puis Melbourne la ville financière; Canberra enfin, la capitale moderne qui n'est pas sans rappeler Washington D.C. dans son urbanisme de grandeur.

L'intérieur du pays mérite quant à lui plusieurs excursions fort intéressantes, tant du point de vue géologique que faunique. On y trouve entre autres de nombreux parcs nationaux et l'une des grandes merveilles naturelles du monde: la fameuse Grande Barrière de la mer de Corail, la plus importante du globe.

Un voyage en Australie c'est donc à la fois la découverte, l'aventure, le dépaysement dans un continent en pleine évolution. La grande nature qui côtoie le modernisme avec une infrastructure touristique complète.

FICHE TECHNIQUE

Nom de l'île: AUSTRALIE (en anglais : AUSTRALIA)

Superficie: 7 631 680 km² (avec la Tasmanie)

Superficie du pays: 7 700 000 km²

Population totale: 16 millions d'habitants (Australiens)

Capitale: CANBERRA

Population de la capitale: 200 000 habitants

Autres villes: SYDNEY, MELBOURNE, BRISBANE, DARWIN, ALICE SPRINGS, NEWCASTLE, PERTH, ADELAIDE, HOBART

Langue: anglais

Religions: anglicane, presbytérienne, méthodiste, catholique, animiste

Monnaie: dollar australien

Gouvernement: une fédération d'États

Température moyenne l'hiver: 25°C

Température moyenne l'été: 15°C

Meilleure saison pour y aller: l'hiver

Économie de l'île en général: élevage, agriculture, industries diverses, mines, tourisme

Niveau de vie en général: très élevé

Liaisons aériennes: Qantas et 20 autres compagnies internationales

Aéroports: Sydney et Melbourne surtout; toutes les villes importantes ont un aéroport

Formalités douanières: passeport obligatoire

Infrastructure routière: excellente, malgré l'étendue du territoire

Location d'auto: toutes les possibilités, mais on roule à gauche comme en Grande-Bretagne

Hôtellerie: grand choix d'hôtels de toutes catégories dans les principales villes

Restaurants: très nombreux et variés; cuisines australienne et européenne

Activités sportives: tous les sports nautiques, tennis, golf, cricket, chasse, équitation, ski

Divers: Ansett Airlines et T A A relient toutes les villes à l'intérieur du pays, de même que l'on trouve un bon système de transport par train et par autobus

Les aspects touristiques

À VOIR

— à Sydney: le port, des plages sur 70 km de long, l'Opéra à l'architecture futuriste, les vieux quartiers avec leurs maisons victoriennes, plusieurs musées

— à Melbourne: des parcs et jardins, des galeries d'art, des musées, des théâtres, des rues commerçantes, le jardin botanique, le Village des Pionniers

— à Canberra : le Parlement, le monument australien de la Guerre
— des kangourous, une cinquantaine d'espèces en tout, ainsi que des koalas (ces jolis petits oursons qui se nourrissent uniquement de feuilles d'eucalyptus)

À FAIRE — des excursions dans de nombreux parcs nationaux à travers le pays
— une excursion à la plus célèbre barrière de récifs de corail au monde : la Grande Barrière, située tout le long au nord-est de l'île (plongée ou observation de coraux grâce à des bateaux à fond de verre)
— une excursion dans le désert à l'ouest de l'île, avec ses étranges formations géologiques, dont « le plus gros caillou au monde » : le colossal monolithe d'Ayers Rock
— d'autres excursions, soit dans les montagnes, soit vers les forêts d'eucalyptus, soit vers les cavernes au nord-ouest de l'île (la région où sont concentrés les aborigènes également), soit à l'une des plages du sud-est renommées pour le surf et la voile

SE DIVERTIR : — football, courses de chevaux, théâtres, cinémas, boîtes de nuit, etc.

À RAPPORTER : — opales et autres pierres précieuses, lainages, artisanat aborigène, poteries

S'INFORMER : — *Tourist Commission, suite 2900, 1270, Ave. of the Americas, New York, U.S.A.*
— *Tourist Commission, 414 St. Kilda Road, Melbourne, Victoria 3004, Australie*

Une plage dans le Queensland australien.

La Nouvelle-Zélande 71

La Nouvelle-Zélande est en fait deux grandes îles formant un seul pays. C'est une destination touristique éloignée, mais vraiment exceptionnelle. On y trouve les plus beaux paysages du monde : des fjords, des montagnes, des volcans, des geysers, des forêts, des plages superbes, et des villes aussi en pleine évolution.

Un peu de géographie

La Nouvelle-Zélande est située en Océanie, dans le Pacifique, à l'est de l'Australie. Le pays comprend surtout deux îles : l'ÎLE DU NORD, ou « île Fumante », et l'ÎLE DU SUD, ou « île de Jade », qui sont séparées par le détroit de Cook. L'archipel comprend aussi les îles CHATHAM, l'île STEWARD et plusieurs îlots. En tout : 268 675 km², pour une population d'à peine 3,5 millions d'habitants.

Le pays est immense, allongé du nord au sud sur une distance de 1 500 km et avec 200 km de largeur. Les côtes sont très découpées et l'ensemble de l'archipel est très montagneux. On trouve de nombreux volcans faisant partie de la fameuse « ceinture de feu » du Pacifique, et les séismes y sont assez fréquents. On trouve des geysers et des sources thermales en grand nombre. Le mont Cook culmine sur l'île du Sud à 3764 m d'altitude, offrant un panorama grandiose avec ses neiges éternelles dans les « Alpes néo-zélandaises », les Maoris l'avaient surnommé « le Perceur de Nuages ».

Le climat est tempéré et océanique, avec des vents violents et des pluies abondantes ; il est influencé par la latitude et l'altitude.

L'économie repose essentiellement sur l'élevage du mouton et celui des bovins (le pays possède pas moins de 60 millions de moutons). Le pays s'industrialise de plus en plus, en particulier grâce à ses nombreuses ressources hydro-électriques.

La population compte encore 250 000 Maoris parmi les 3,5 millions d'habitants. La majorité des Néo-Zélandais sont des descendants de colons anglais, et l'immigration est toujours très importante.

Le port de Wellington.

Un peu d'histoire

Peuplée d'abord par les Maoris, la Nouvelle-Zélande fut découverte par Abel Tasman en 1642. James Cook l'explora ensuite en 1769. Les premiers colons européens (missionnaires, pêcheurs et commerçants) ne s'y établirent vraiment qu'à partir du début du 19e siècle. L'archipel devint officiellement une colonie britannique en 1851. Après plusieurs révoltes des Maoris, la découverte d'un peu d'or, la venue d'émigrants en grand nombre, la Nouvelle-Zélande devint un dominion britannique en 1907, et un État totalement indépendant à l'intérieur du Commonwealth en 1931.

Il faut noter que le pays a été le premier au monde à accorder le droit de vote aux femmes : c'était en 1893.

Les attraits touristiques

L'emblème de la Nouvelle-Zélande est le kiwi, cet oiseau brun sans ailes qui vit la nuit et qui cherche sa nourriture à l'aide de son très long bec. Mais il y a beaucoup d'autres choses à voir dans ce pays très éloigné, mais combien différent de tout ce qu'on puisse imaginer.

C'est un pays de fjords, de glaciers, de volcans, de geysers, de plages superbes aussi. On peut séjourner dans une ferme d'élevage de mouton ou dans un hôtel traditionnel de l'une des grandes villes, ou dans l'une des nombreuses stations touristiques.

Les villes sont très belles et très modernes. Wellington mérite le voyage pour son site panoramique vraiment exceptionnel, au fond d'une grande baie. Auckland est la plus peuplée, la plus cosmopolite et la plus commerciale ; elle est entourée de plages. Chrischurch est restée la plus britannique. Queenstown vaut le détour parce qu'elle est située au pied des Alpes néo-zélandaises.

Les Maoris sont d'habiles artisans ; leurs tissages et leurs sculptures sur bois sont très appréciés. Il en est de même pour leurs musiques et leurs danses. Ainsi ils sont le principal attrait touristique des visiteurs venus d'Europe ou d'Amérique car ils représentent le différent, l'ailleurs et l'exotisme dans un pays qui vit somme toute à l'anglaise et de façon moderne, mais aux antipodes de la mère-patrie.

FICHE TECHNIQUE

Nom de l'île: la NOUVELLE-ZÉLANDE (en anglais: NEW ZEALAND)
Superficie: 268 675 km^2
Population totale: 3,5 millions d'habitants (les Néo-Zélandais)
Capitale: WELLINGTON
Population de la capitale: 400 000 habitants
Autres villes: AUCKLAND, CHRISTCHURCH, HAMILTON, QUEENSTOWN
Langues: anglais et dialecte maori
Religions: anglicane, presbytérienne, catholique, animiste
Monnaie: dollar néo-zélandais
Gouvernement: État fédéral
Température moyenne l'hiver: 25°C
Température moyenne l'été: 15°C
Meilleure saison pour y aller: l'hiver
Économie de l'île en général: élevage de mouton, agriculture, industries, tourisme
Niveau de vie en général: très élevé
Liaisons aériennes: Air New Zealand et plusieurs autres compagnies aériennes
Aéroports: Auckland surtout, Wellington et Christchurch
Formalités douanières: passeport obligatoire
Infrastructure routière: très développée

Location d'auto: toutes les possibilités
Hôtellerie: excellent choix dans les grandes villes
Restaurants: nombreux; cuisines néo-zélandaise et européenne
Activités sportives: tous les sports nautiques, alpinisme, ski, chasse et pêche, golf, cricket
Divers: le premier homme à vaincre l'Everest était néo-zélandais: Sir Edmund Hillary.

Les aspects touristiques

À VOIR — l'emblème national: le kiwi, cet oiseau au long bec et sans ailes
— à Auckland: quelques très belles plages autour de cette ville, la plus peuplée, la plus cosmopolite, la plus industrielle et la plus commerciale du pays
— à Wellington: le site exceptionnel de sa baie, son port, son monument aux morts
— à Christchurch, la plus «britannique»: une basilique anglicane, des jardins
— à Queenstown: son site panoramique entre le lac et les montagnes alpestres

À FAIRE — des excursions vers les glaciers, les fjords, les volcans (les plus beaux sont les monts Cook et Egmont sur l'Île du Sud)
— une excursion à tout prix: dans la région de Rotorura on trouve les villages maoris avec leur artisanat typique, leurs musiques, leurs danses, leurs cérémonies religieuses particulières; dans la même région on peut observer dans le parc thermal des geysers, des vapeurs sulfureuses, des boues en ébullition, des fumerolles, etc.
— il y a aussi des visites organisées pour assister à la tonte des moutons

SE DIVERTIR: — rugby, cricket, courses de chevaux, divertissements en soirée dans les hôtels

À RAPPORTER: — surtout de l'artisanat maori (sculptures sur bois), des lainages, etc.

S'INFORMER: — *Office du Tourisme de la Nouvelle-Zélande, 701 West, Georgia Street, suite 1120, Vancouver, Colombie-Britannique V7Y 1B6*

La Nouvelle-Calédonie 72

Une île française sous les Tropiques, énigmatique et lointaine, qui fait les manchettes politiques depuis quelque temps.

Un peu d'histoire et de géographie

La Nouvelle-Calédonie est une île, mais aussi un archipel situé en Océanie, dans le Pacifique Sud, juste au nord du tropique du Capricorne. L'île principale s'étire sur 400 km de long sur uniquement de 40 à 50 km de large. Avec ses dépendances des îles LOYAUTÉ, de l'île DES PINS, de plusieurs îlots et récifs, la Nouvelle-Calédonie couvre plus de 19 000 km^2.

La moitié de la population est composée de Mélanésiens, appelés Canaques, l'autre moitié étant formée essentiellement d'Européens, avec quelques Indonésiens, Polynésiens et Asiatiques. La capitale est Nouméa.

L'île est très montagneuse et entourée par de nombreux récifs coralliens. Le point culminant, le mont Panié, est à 1 650 m d'altitude. Le climat est de type subtropical, avec une végétation exubérante du côté oriental et une végétation plus sèche du côté du versant ouest.

Les gens vivent d'une agriculture de subsistance; on exporte du café et du coprah, mais l'île est surtout l'un des plus grands producteurs et exportateurs de nickel au monde. Le tourisme s'y développe de plus en plus également depuis quelques années.

D'abord peuplée par des Mélanésiens, l'île fut découverte par le navigateur anglais James Cook qui la nomma ainsi en 1774. Ce fut ensuite une mission catholique française qui s'y établit en 1843. L'archipel servit longtemps de pénitencier. La colonie fut enfin érigée en territoire français outre-mer en 1946. Une grande partie de la population aspire depuis quelque temps à davantage d'autonomie. Un nouvel État naîtra probablement bientôt.

FICHE TECHNIQUE

Nom de l'archipel: la NOUVELLE-CALÉDONIE
Superficie: 19 200 km² pour l'ensemble de l'archipel
Population totale: 145 000 habitants (Néo-Calédoniens)
Capitale: NOUMÉA
Population de la capitale: 56 000 habitants
Les îles: ÎLES LOYAUTÉ (OUVEA, LIFOU, MARE), DES PINS, OUEN et CHESTERFIELD
Langues: français et mélanésien
Religions: catholique et autres cultes
Monnaie: le franc Pacifique (CFP)
Gouvernement: possession de la France (territoire outre-mer)
Température moyenne l'hiver: 24° C
Température moyenne l'été: 22° C
Meilleure saison pour y aller: d'avril à décembre
Économie de l'île en général: agriculture, nickel et tourisme
Niveau de vie en général: très élevé
Liaisons aériennes: U.T.A. via Papeete (Tahiti); et dans l'archipel: Air Calédonie
Aéroport: aéroport de la Tontouta (50 km de Nouméa)
Formalités douanières: passeport obligatoire
Infrastructure routière: de bonne à excellente
Location d'auto: toutes les possibilités
Hôtellerie: très grand choix, de moyen à luxueux; à Nouméa et partout ailleurs
Restaurants: très nombreux; cuisines européenne et polynésienne
Activités sportives: tous les sports nautiques, tennis, golf, équitation
Divers: on la surnomme «l'île de l'Éternel printemps»

Les aspects touristiques

À VOIR — un spectacle folklorique typiquement néo-calédonien: la danse guerrière «pilou-pilou» précède le «bougna» qui est le festin mélanésien dont les mets sont cuits en terre sur des pierres chaudes
— le musée néo-calédonien de Nouméa (civilisation mélanésienne)

— l'aquarium de Nouméa, ainsi que le marché, les vieilles prisons, une cathédrale, de vieilles églises

À FAIRE — une excursion en forêt tropicale pour admirer une flore et une faune vraiment exceptionnelles

— une excursion dans les plantations de café, avec pique-nique au retour sur les plus belles plages de l'île

— une excursion au phare Amédée, avec observation de coraux et poissons tropicaux multicolores

— excursion en véhicules tout terrain dans la montagne

SE DIVERTIR: — boîtes de nuit, discothèques, «tamouré» (la danse tahitienne), un casino

À RAPPORTER: — coquillages, sculptures sur bois, paréos, écorces peints à la main

S'INFORMER: — *Services Officiels Français du Tourisme, 1981, av. McGill College, suite 490, Montréal, Québec H3A 2W9*

— *Office du Tourisme, 25, av. du Maréchal-Foch, B.P. 688, Nouméa, Nouvelle-Calédonie*

Un peu de Côte d'Azur... sous les tropiques.

Les îles Fidji sont un archipel du Pacifique, et maintenant un pays indépendant. On y va pour l'exotisme, le soleil, des plages et des paysages vraiment exceptionnels, mais c'est aux antipodes de l'Amérique.

Histoire et géographie

Les îles Fidji (on écrit quelquefois FIJI également) sont situées en Mélanésie, dans le sud-ouest du Pacifique, en plein sur le méridien 180°. Il s'agit d'un archipel composé de quelque 850 îles, îlots et atolls. Les deux îles principales sont VITI LEVU et VANUA LEVU. Leur superficie totale est de 118 272 km², pour une population d'environ 700 000 habitants seulement. Les Fidjiens sont d'origine variée: Mélanésiens, Indiens, Métis et Européens. Les plus grandes îles sont d'origine volcanique, très montagneuses et accidentées, et plusieurs sont entourées de récifs coralliens. Le climat est de type tropical humide, ce qui donne plusieurs forêts denses et très vertes.

L'économie est basée sur une agriculture de subsistance (riz, taro, manioc, igname) et sur la canne à sucre, les cocotiers, le cacao, les bananes. Quelques petites industries complètent le tableau, ainsi que le tourisme qui s'y développe d'année en année.

Explorées en partie par Tasman en 1643, puis par James Cook en 1774, enfin par W. Bligh en 1789, les îles Fidji furent colonisées à partir de 1835 et annexées à la Couronne britannique en 1874. Après avoir vécu avec une certaine autonomie durant plusieurs décennies, l'archipel a acquis son indépendance totale en octobre 1970. D'ici l'an 2000, les charters bondés de touristes à la recherche du soleil et du dépaysement devraient marquer la nouvelle évolution du pays.

Un guide.

FICHE TECHNIQUE

Nom de l'archipel: FIDJI
Superficie: 118 272 km²
Population totale: 700 000 habitants (Fidjiens)
Capitale: SUVA (sur l'île Viti Levu)
Population de la capitale: 64 000 habitants
Principales îles: surtout VITI LEVU et VANUA LEVU; puis TAVEUNILAU, KANDAVU, KORO
Langues: fidjien, anglais
Religions: protestante, méthodiste, animiste
Monnaie: dollar fidjien
Gouvernement: république depuis 1970
Température moyenne l'hiver: 22°C
Température moyenne l'été: 28°C
Meilleure saison pour y aller: c'est plus sec de mai à novembre
Économie de l'archipel: agriculture et tourisme
Niveau de vie en général: moyen
Liaisons aériennes: CP Air, Qantas et Air New Zealand
Aéroport: aéroport international de Nandi, sur Viti Levu

Formalités douanières: passeport obligatoire
Infrastructure routière: très peu développée
Location d'auto: possibilités mais vaut mieux louer des taxis
Hôtellerie: se développe de plus en plus
Cuisines: polynésienne, et internationale dans les bons hôtels
Activités sportives: tous les sports nautiques, tennis

Les aspects touristiques

À VOIR ET À FAIRE
- sur Viti Levu (10386 km²): Suva la capitale et son centre culturel polynésien; une excursion à son point culminant le mont Victoria; la recherche d'orchidées; la visite d'une usine de coprah; la mine d'or de Vatu-Koula; les différentes manifestations culturelles de l'île aussi
- sur Vanua Levu (5535 km²): des excursions pour voir des plantations de canne à sucre, des cascades et des rivières dans le cadre de forêts tropicales
- sur plusieurs autres îles (l'ensemble de l'archipel est échelonné sur une superficie totale de 200000 km² dans le Pacifique), on visitera des bananeraies, des sources thermales, des jungles tropicales avec tous les parfums de fleurs imaginables; et on s'attardera sûrement surtout sur quelques-unes des dizaines de plages magnifiques; on magasinera aussi dans l'un des nombreux marchés très colorés et animés, etc.

SE DIVERTIR: — plusieurs manifestations religieuses spectaculaires, des danses folkloriques

À RAPPORTER: — des tapas (tissus faits d'écorces d'arbres et décorés de motifs géométriques), des céramiques et poteries, des objets de vannerie, des sculptures sur bois

S'INFORMER:
- *Fidji Mission to the U.N., 1 United Nations Plaza, New York, N.Y. 10017, U.S.A.*
- *Fidji Visitors Bureau, P.O. Box 92, Suva, Fidji*

Tonga 74

Les îles Tonga sont un royaume constitué par un archipel de la Polynésie. On les connaît aussi sous le nom de «Friendly Island».

Rappel historique et situation géographique

Situées à 500 km à l'est des îles Fidji et au sud des îles Samoa, en plein milieu de l'Océanie, plus précisément dans le Pacifique Sud, ces îles polynésiennes couvrent une superficie totale de 675 km². Il s'agit d'un archipel composé d'environ 150 îles, îlots ou atolls qui s'allongent du nord au sud en deux chaînes parallèles, l'une étant volcanique, l'autre étant de formation calcaire et corallienne. On y trouve un peu moins de 100 000 habitants, les Tongans, qui vivent essentiellement d'agriculture (coprah et bananes). Le climat est typiquement tropical (tropique du Capricorne), mais plutôt humide.

Les îles furent explorées par des Hollandais: Schouten en 1616 et Tasman en 1643. Il fallut toutefois attendre les visites de James Cook, en 1773 et 1777, pour parler d'un début de colonisation européenne. L'archipel était bien sûr déjà peuplé par les Polynésiens. Durant le règne du roi polynésien George Tupou 1er, durant la deuxième moitié du 19e siècle, les îles Tonga s'unirent et formèrent une nation avec une certaine indépendance, sous protectorat britannique. L'archipel est devenu un royaume totalement indépendant en 1970, mais il est membre du Commonwealth.

Le tourisme y est encore à l'état embryonnaire.

FICHE TECHNIQUE

Nom de l'archipel: TONGA (composé de 150 îles)

Superficie: 675 km²

Population totale: 100 000 habitants (Tongans)

Capitale: NUKUALOFA

Population de la capitale: 50 000 habitants

Principales îles: TONGATAPU, KAO, VAVAU
Langues: tongan et anglais
Religion: méthodiste
Monnaie: Pa'anga (divisé en 100 senitis)
Gouvernement: royaume indépendant (depuis 1967: le roi Taufaahau)
Température moyenne l'hiver: 30°C
Température moyenne l'été: 24°C
Meilleure saison pour y aller: l'été est plus sec
Économie de l'archipel: agriculture, tourisme
Niveau de vie en général: moyen
Liaisons aériennes: surtout Hawaian Airlines, via Los Angeles et Honolulu
Aéroport international: à 25 km de Nukualofa, sur l'île Tongatapu
Formalités douanières: passeport obligatoire
Infrastructure routière: peu développée
Location d'auto: possibilités, mais vaut mieux louer des taxis

Un magasin dans la capitale du Tonga.

Hôtellerie: commence à se développer maintenant
Restaurants: dans les hôtels surtout; cuisines polynésienne et internationale
Activités sportives: tous les sports nautiques surtout
Divers: le mot Tonga veut dire «Sud» en dialecte polynésien, mais aussi «Jardin»; l'archipel est surnommé également «l'île des Amis»

Les aspects touristiques

À VOIR
ET
À FAIRE — à Nukualofa; le palais royal, de jolies maisons en bois peintes, des forêts de pins, des récifs de corail, le lagon, des plantations de mûriers

— l'archipel Vavau et toutes ses îles entourées de corail et de lagons

— l'île de Kao et sa montagne de 1 127 m d'altitude

— partout dans l'archipel on peut assister à des festins où l'on fait cuire un porc entier sur la braise, le tout accompagné de chants, de danses et de costumes typiques

— N.B.: la société tongaise est organisée sur un mode féodal, avec des classes sociales rigides et bien différenciées

SE DIVERTIR: — plutôt des spectacles folkloriques que d'autres choses

À RAPPORTER: — coquillages et objets de vannerie, des tapas (tissus d'écorces de mûrier que l'on dessine et imprime), colliers de fleurs (frangipaniers et gardénias), sculptures sur bois, petits instruments de musique, etc.

S'INFORMER: — *Tourist Council of Polynesia, 2 Carlton Street, Toronto, Ontario M5B 1K2*

Tahiti

Tahiti est synonyme d'exotisme, d'île au soleil en plein milieu du Pacifique, de paysages idylliques sur fond de scène volcanique, de vahinés en paréo dansant avec une orchidée dans les cheveux, d'hôtels luxueux et d'autres n'offrant que des huttes comme logement.

Pavillon sur pilotis, à Bora Bora.

Situation géographique

Tahiti est l'île la plus grande de l'archipel des îles de la Société, en Polynésie française. Elle est située dans le Pacifique Sud, à mi-chemin entre l'Australie et la Californie. Sa superficie est de 1 005 km² et sa population n'excède pas 100 000 habitants (les Tahitiens). Papeete en est la capitale de l'île et de l'archipel, mais aussi de toute la Polynésie française.

L'île principale est formée de deux parties, Tahiti Nui, la plus importante, et Tahiti Iti au sud-est ; elles sont reliées par l'isthme de Taravao. C'est une île volcanique, avec plusieurs pics aux pentes raides, traversée par de nombreuses vallées. Le point culminant, le cône de Tahiti Nui, est à 2 322 m d'altitude. L'île est entourée d'un récif de corail, ce qui fait la joie des amateurs de plongée sous-marine.

Tahiti, en fait, c'est plus qu'une île. C'est 130 îles subdivisées en cinq archipels : les îles de la Société, les îles Marquises, les îles Australes, les îles Tuamotu et les îles Gambier. La plupart de ces îles sont d'origine volcanique et sont entourées de barrières de récifs coralliens qui bordent de magnifiques lagons bleu turquoise.

Les Polynésiens de race Maori représentent 75% de la population, les Européens 15% et les Asiatiques 10%. Les Tahitiens et Tahitiennes sont réputés pour leur beauté, leur gentillesse et leur sens de l'hospitalité.

Le tourisme joue un rôle économique de première importance. Les autres ressources sont l'agriculture (coprah et huile de coco, la vanille, le café), ainsi que les pêcheries et la culture des perles. Le commerce emploie un grand nombre de Tahitiens, surtout à Papeete en tant que capitale politique et tournante de l'archipel ; c'est une ville portuaire et une importante escale trans-Pacitique autant pour les bateaux que pour les avions.

En plus de Tahiti elle-même, l'archipel comprend plusieurs autres îles, dont les plus importantes sont : MOOREA, BORA BORA, RAIATEA, HUAHINE, MAUPITI, RANGIROA, MANIHI, TAKAPOTO, TETIAROA, TUBUAI, RURUTU, HIVA OA, NUKU HIVA, UA POU, UA HUKA, MANGAREVA. Quel programme ! Quel bel itinéraire ! Avec un voilier, un peu d'argent et... beaucoup de temps.

Une excursion entre Papeete et Moorea.

Rappel historique

Depuis longtemps habitée par des peuplades polynésiennes, Tahiti fut découverte par Samuel Wallis en 1767. L'île fut par la suite visitée par plusieurs navigateurs, dont James Cook, W. Bligh et Bougainville.

Les premiers résidents européens furent des membres de la Société missionnaire de Londres en 1797 ; ils s'allièrent au roi Pomari 1er, puis à ses successeurs. En 1836, les missionnaires français récemment installés dans l'île furent eux aussi expulsés. L'intervention militaire française obligea le royaume à accepter le protectorat de la France à partir de septembre 1842. Tahiti et ses dépendances devinrent officiellement une colonie française en 1880.

En 1946, dans le cadre de l'Union française, l'archipel reçut le statut de Territoire français outre-mer (T.O.M.) qu'elle conserve encore aujourd'hui. La Polynésie française est représentée à Paris par deux députés, un sénateur et un conseiller économique et social.

Les attraits touristiques

On va à Tahiti pour y séjourner deux ou trois semaines habituellement. C'est loin, mais c'est le dépaysement total assuré. Entre deux journées de repos au soleil dans un des nombreux hôtels de l'île, les touristes peuvent choisir plusieurs excursions qui répondent à tous les goûts.

Il serait de mise de visiter d'abord la capitale Papeete. On y trouve un intéressant marché, un port très achalandé, des boutiques et plusieurs établissements pour des divertissements en soirée. On assistera, à Papeete ou ailleurs dans l'archipel, à un «Tamaaraa», ce repas typiquement tahitien accompagné de danses.

En faisant un tour de l'île ensuite, on pourra voir de très beaux lagons, le musée Gauguin, un jardin botanique, des chutes d'eau dans un décor forestier très exotique, des grottes, des plages, etc.

Les manifestations culturelles et les fêtes populaires sont très nombreuses. On fête le Nouvel An chinois, on fête la Nuit de la Femme et de la Fleur, on fête la Toussaint en illuminant les cimetières, on fête surtout le 14 juillet par plusieurs jours de danses, des courses de pirogues et toutes sortes de manifestations plus colorées les unes que les autres.

L'artisanat est très florissant: les fameux bois gravés appelés «tikis», les perles, les nacres, les bijoux variés, les chapeaux et paniers en osier, des paréos, des chemises, robes et bikinis taillés dans des tissus légers et imprimés à la main, différents parfums également.

Plusieurs des îles voisines de Tahiti méritent un séjour, ou au moins une excursion.

Moorea est à la fois la plus proche de l'île mère et aussi la plus spectaculaire, la plus riche en beautés naturelles, avec ses pics en dents de scie, ses vallées profondes, ses baies aux plages superbes et ses lagons bleu turquoise. Un paradis terrestre.

Bora Bora est aussi renommée pour ses paysages incomparables, ses plages, les sports nautiques qu'on y organise et les excursions en bateau à fond de verre.

Après Tahiti, c'est l'île de ***Raiatea*** qui est la plus peuplée. On y trouve entre autres un centre de la civilisation polynésienne et des sites archéologiques intéressants. Sur ***Rangiroa***, on trouvera un atoll avec un immense lagon. Sur ***Manihi*** on découvrira une station de culture de perles noires.

Sur ***Hiva Oa***, dans les îles Marquises, plusieurs iront dans le cimetière d'Atuana pour méditer près des tombes de Paul Gauguin et de Jacques Brel. Dans plusieurs de ces îles, on notera qu'il n'y a que peu d'hôtels, quelquefois même pas du tout; on couchera alors «chez l'habitant», ce qui fait partie de l'accueil chaleureux, légendaire et coutumier des Tahitiens.

FICHE TECHNIQUE

Nom de l'île: TAHITI

Superficie: 1 000 km² environ

Population totale: 140 000 habitants (dont 75 000 à Tahiti même)

Capitale: PAPEETE

Population de la capitale: 30 000 habitants

Autres îles: MOOREA, BORA BORA, RAIATEA, HUAHINE, MAUPITI, RANGIROA, UA POU, HIYA OA

Langues: français, tahitien, anglais

Religions: catholique, protestante et autres

Monnaie: le franc Pacifique (CFP)

Gouvernement: territoire français outre-mer (T.O.M.)

Température moyenne l'hiver: 30° C (saison des pluies)
Température moyenne l'été: 24° C
Meilleure saison pour y aller: l'été
Économie de l'île en général: agriculture, commerce et tourisme
Niveau de vie en général: très élevé
Liaisons aériennes: U.T.A. et compagnies américaines, Air Polynésie
Aéroports: aéroport international de Papeete-Faaa; petites pistes sur les autres îles
Formalités douanières: le passeport est obligatoire
Infrastructure routière: de moyenne à très bonne
Location d'auto: toutes les possibilités
Hôtellerie: catégories moyenne à excellente (quelquefois typiquement polynésienne)
Restaurants: très nombreux; cuisines européenne et polynésienne
Activités sportives: tous les sports nautiques, tennis, golf, équitation
Divers: le pourboire n'est pas de mise, et contraire même à l'hospitalité tahitienne

Les aspects touristiques

À VOIR — Papeete, la capitale: son front de mer rempli de yachts, voiliers et bateaux de croisière, puis le marché public et les rues commerçantes
— un spectacle typique organisé pour touristes-photographes: danses folkloriques, le port du paréo, l'ascension du cocotier, tressage en paille, pêche au filet, etc.
— le Musée de Tahiti, le jardin botanique, le musée Gauguin

À FAIRE — assister à un «tamaaraa», la fête tahitienne par excellence, avec chants et danses, festin de viande de porc, fruits de l'arbre à pain et riz (cuits dans un four creusé dans le sol)
— une balade en «truck», l'autobus local à bon marché
— une excursion en bateau à fond de verre
— visite de grottes, de cascades d'eau, d'un lagon, etc.

SE DIVERTIR: — bars, dancings, spectacles folkloriques, les «tamaaraa»

Vahinés en paréo.

À RAPPORTER :— vanneries, coquillages, sculptures sur bois, bijoux divers, paréos

S'INFORMER : — *Services Officiels Français du Tourisme, 1981, av. McGill College, suite 490, Montréal, Québec H3A 2W9*
— *Office de développement du Tourisme, B.P. 65, Papeete, Tahiti*

Peintes par Gauguin et chantées par Brel, les îles Marquises sont synonymes d'îles exotiques, lointaines, invitantes ; des paradis au bout du Pacifique.

Situation géographique

Les îles Marquises sont un archipel de la Polynésie française, en Océanie, dans le Pacifique équatorial. La superficie totale est de 1 274 km^2, et il y a à peine 4 000 habitants en tout. L'archipel est situé à plus de 1 000 km de Tahiti, de qui elles relèvent sur le plan politique.

Constitué d'îles volcaniques, une dizaine en tout, l'archipel a la petite ville d'Atuana comme capitale. Les principales îles sont : NUKU HIVA, HIVA OA, UA POU et UA HUKA. L'archipel est sous l'influence du climat équatorial, chaud et humide. Les gens vivent d'agriculture et de pêche.

D'hier à aujourd'hui

Découvertes par le Portugais Alvaro de Mendana en 1595, visitées par l'Anglais James Cook en 1774, les îles Marquises ne furent occupées par des Européens qu'à partir de 1842. Des Français s'y établirent sous la gouverne de Abel Dupetit-Thouars.

Papeete, la capitale de Tahiti, est la principale île de la Polynésie française. L'administration des Marquises passe officiellement par cette ville. Comme le reste de la région, les îles Marquises font depuis 1946 partie du territoire français outre-mer (T.O.M.).

On y va aujourd'hui pour l'exotisme, pour fuir la pollution de nos villes et le rythme accéléré de nos vies ; on y va pour un séjour tranquille sous un climat exceptionnel. Quatre des six îles principales formant l'archipel sont reliées par avion depuis Tahiti. Les paysages sont grandioses, la forêt exubérante, les plages désertes et paisibles.

Dans la capitale Atuana, sur l'île d'Hiva Oa, on retrouve dans le cimetière la tombe de Paul Gauguin et celle de Jacques Brel, deux grands amoureux des Marquises qui, chacun à sa façon, nous ont fait rêver de ces terres lointaines et paradisiaques.

Extraits de la chanson *«LES MARQUISES»*

Les femmes sont lascives au soleil redouté
Et s'il n'y a pas d'hiver cela n'est pas l'été
Et par manque de brise le temps s'immobilise
Aux Marquises
Le rire est dans le coeur le mot dans le regard
Le coeur est voyageur l'avenir est au hasard
Et la nuit est soumise et l'alizé se brise
Aux Marquises

— *Jacques Brel*

FICHE TECHNIQUE

Nom de l'archipel: Les MARQUISES
Superficie: 1 274 km^2
Population totale: 4 000 habitants
La principale ville: ATUANA (ou Atuona), le centre administratif
Population de la ville: 500 habitants seulement
Principales îles: HIVA OA, NUKU HIVA, UA POU, UA HUKA
Langue: français
Religion: catholique
Monnaie: franc Pacifique (CFP)
Gouvernement: l'archipel est une colonie de la France, administrée de Tahiti
Température moyenne l'hiver: 28°C
Température moyenne l'été: 24°C
Meilleure saison pour y aller: toute l'année (l'été est plus sec)
Économie de l'île en général: agriculture et pêcheries
Niveau de vie en général: moyen
Liaisons aériennes: Air Polynésie (via Papeete) et U.T.A. (via Los Angeles)
Aéroport: quatre îles ont un aéroport; Atuana est le plus important
Formalités douanières: passeport obligatoire
Infrastructure routière: très limitée
Location d'auto: il est préférable de louer des taxis
Hôtellerie: un ou deux hôtels sur chaque île, sinon on couche «chez l'habitant»

Restaurants et cuisines: peu de restaurants; cuisines polynésienne et française dans les hôtels

Activités sportives: tous les sports nautiques, équitation

Divers: — on peut y aller aussi par bateau (une goélette par 2 mois, via Papeete...)
— à noter que le pourboire n'existe pas dans ces îles polynésiennes

Les aspects touristiques

À VOIR ET À FAIRE
— on y va essentiellement pour se reposer dans un univers tranquille, paisible, le long des plages de sable blanc
— on fera de la plongée sous-marine le long des barrières de corail
— on fera des excursions en bateau à fond de verre, ou en voilier
— à Atuana; on peut voir les tombes de Paul Gauguin et Jacques Brel
— sur toutes les îles: du folklore avec des musiques de tambours nommés «bahu», des troncs évidés nommés «toere» et des guitares «ukulele»; puis des fleurs partout; surtout des hibiscus, orchidées, bougainvilliers, frangipaniers et «tiaré»

À RAPPORTER: — bijoux de coquillages variés, objets de vannerie, perles et nacres, paréos, sculptures sur bois (tikis)

S'INFORMER: — *Services Officiels Français du Tourisme, 1981, av. McGill College, suite 490, Montréal, Québec H3A 2W9*
— *Office du Tourisme, boulevard Pomaré, B.P. 65, Papeete, Tahiti*

Parfum du Pacifique.

Les îles américaines du Pacifique 77

En plus de l'archipel d'Hawaï, les Américains possèdent plusieurs îles dans l'océan Pacifique. Les principales sont: **GUAM,** les **SAMOA** américaines, les **MARIANNES,** les **CAROLINES** et les **MARSHALL.**

Un peu de géographie et d'histoire

Ce sont des archipels volcaniques situés en Polynésie, à quelque 5000 km d'Hawaï. La plupart furent découvertes par les Hollandais, les Portugais et les Espagnols. Habitées par des peuplades polynésiennes dont on ne connaît pas vraiment l'origine, elles furent légèrement colonisées par différents pays européens, y compris l'Allemagne et même le Japon.

À noter qu'il y a aussi les **SAMOA** «non américaines», qui forment elles un pays indépendant depuis 1962. Sous protectorat de la Nouvelle-Zélande durant plusieurs années, ces îles sont connues aussi sous le nom de Samoa Occidentales, ou simplement SAMOA.

À part ces dernières, toutes ces îles sont des territoires des États-Unis. Sauf pendant leur occupation par les Japonais durant la Seconde Guerre mondiale, ces îles servent essentiellement comme bases militaires américaines, l'île de Guam surtout.

Le climat est de type tropical humide. Les gens vivent d'agriculture et des services reliés aux bases militaires. Le tourisme s'y développe petit à petit comme complément économique. C'est l'exotisme à l'américaine, mais plus tranquille et authentique qu'à Hawaï.

Un mot maintenant sur chaque archipel:

L'île de GUAM (ou GUAHAM) est la plus grande (549 km²) et la plus peuplée des îles Mariannes (105000 habitants).

Les îles MARIANNES sont composées, en plus de Guam, de quatorze îles en arc de cercle; les principales sont ROTA, TINAN, SAIPAN; l'ensemble (à part Guam) totalise seulement 400 km² et 15000 habitants.

Les îles CAROLINES sont au nombre de 500 environ, dont les principales sont PALAU, YAP, TRUK, PONAPE, KUSAIE; 862 km^2 en tout, et moins de 100 000 habitants.

Les îles MARSHALL, ce sont 32 îles et atolls, dont l'île de BIKINI (célèbre il y a quelques années comme centre d'expérimentation de la bombe atomique, et qui a laissé son nom également au maillot de bain «deux pièces») et l'île KWAJELEIN (l'un des plus grands atolls du monde); l'archipel est habité par 25 000 personnes.

Envahirons-nous, dans quelques décennies, ces archipels du Pacifique aussi facilement que ceux des îles Vierges, de Porto Rico ou d'Hawaï maintenant?

FICHE TECHNIQUE

Nom des archipels: GUAM, MARIANNES, CAROLINES, MARSHALL et SAMOA américaines

Superficie: environ 2 000 km^2 en tout

Population totale: 250 000 habitants en tout

Capitales: les principales villes sont AGANE (sur Guam) et PAGO PAGO (dans les Samoa)

Langues: anglais (quelques-unes espagnole) et dialectes polynésiens

Religions: catholique et protestante

Monnaie: dollar américain

Gouvernement: territoires américains, avec une certaine autonomie depuis 1947

Température moyenne l'hiver: 22° C

Température moyenne l'été: 28° C

Meilleure saison pour y aller: toute l'année

Économie des îles en général: agriculture, commerce (bases militaires)

Niveau de vie en général: élevé

Liaisons aériennes: à partir de Los Angeles surtout et Sydney, en Australie

Aéroports: sur les principales îles

Formalités douanières: le passeport est quasi obligatoire

Infrastructure routière: peu développée

Location d'auto: possibilités, mais vaut mieux utiliser des taxis

Hôtellerie: excellent choix, surtout à Guam et à Pago Pago (Samoa)

Cuisines: polynésienne, asiatique et américaine
Activités sportives: tous les sports nautiques, golf, tennis, etc.

Les aspects touristiques

À VOIR — on y va pour l'exotisme, les plages, la végétation exubérante, le climat tropical (donc on y séjourne pour un repos en milieu tropical éloigné)
— des spectacles de danses folkloriques dans les Samoa (surtout à Pago Pago)
— des villages aux maisons ornées de peintures

À FAIRE: — des excursions de plongée sous-marine le long des atolls
— des excursions de pêche en haute mer
— des excursions près des volcans ou dans les vallées verdoyantes

SE DIVERTIR: — très peu, sauf quelques spectacles folkloriques

À RAPPORTER: — vanneries, tissages, sculptures sur bois, coquillages, peintures sur écorce

S'INFORMER: — *Office du Tourisme des États-Unis, 1405, rue Peel, suite 300, Montréal, Québec H3A 1S5*

Pour la plupart des gens, Hawaï est synonyme d'exotisme, d'île au soleil en plein milieu du Pacifique, de dépaysement total, de vacances reposantes dans un cadre enchanteur.

Mais Hawaï c'est plus qu'une île. Hawaï c'est un archipel. Hawaï c'est un État américain, devenu le cinquantième en 1959, après avoir connu un passé historique extrêmement riche à la fois comme monarchie, comme république et comme territoire des États-Unis.

Pour la plupart des gens, Hawaï est synonyme de paradis terrestre, lointain mais accessible, et très «américanisé» au niveau de l'organisation touristique. Voilà pourquoi cette destination reçoit près de trois millions de vacanciers par année.

À cause des forfaits de vacances «tout compris» c'est quand même une destination à prix abordable. L'archipel est situé à 3860 km au sud-ouest de la Californie. La plupart des touristes vers Hawaï s'arrêtent d'ailleurs soit à Los Angeles, soit à San Francisco ou à Vancouver, en y allant ou en revenant. Il en est de même pour ceux qui reviennent d'Australie, de Nouvelle-Zélande ou du Japon, Hawaï étant une escale importante au milieu du Pacifique.

Donc c'est l'Amérique du bout du monde, une Amérique insolite et différente.

Les aspects naturels

Hawaï est un archipel situé au sud du tropique du cancer, en plein milieu du Pacifique. C'est un État américain formé d'un alignement d'îles émergeant d'une plate-forme sous-marine. Il est composé d'une dizaine d'îlots inhabités et de huit îles importantes:
HAWAÏ (10414 km^2), la plus grande
OAHU (1549 km^2), la plus visitée et la plus peuplée (765000 habitants)
KAUAI, «l'île aux jardins»
MAUI, «l'île aux vallées»
LANAI, «l'île aux ananas»

MALOKAI, «l'île accueillante»
NIIHAU et KAHOOLAWE.

La superficie totale est de 16 638 km².

Toutes ces îles sont d'origine volcanique. Les plus importants volcans sont le Mauna-Loa et le Mauna-Kea sur l'île d'Hawaï, et le Mauna-Haleakala sur l'île de Maui qui a un cratère de 34 km de circonférence. Le point culminant, le Mauna-Kea, est à 4 205 m d'altitude.

Au point de vue climatique, l'ensemble des îles bénéficie d'une température douce toute l'année. Les versants exposés au nord-est reçoivent les alizés et des précipitations abondantes qui favorisent grandement le développement de la végétation.

Les étés sont chauds et secs dans l'ensemble, tandis que les hivers sont doux et quelquefois pluvieux. Il y a peu d'écart entre les moyennes de température de janvier et les moyennes de juillet à Honolulu : 26° et 21 °C respectivement. Le soleil y brille tout au long de l'année en général.

La plage de Waikiki est peut-être trop célèbre.

Les aspects humains

Hawaï c'est le pays d'Aloha, un joli mot hawaïen qui veut dire à la fois «bonjour», «au revoir», «revenez-nous» et «je vous aime». Ce mot exprime bien le caractère hospitalier de la population de l'archipel.

La population totale est de moins d'un million d'habitants.

C'est une population par contre très mélangée : Hawaïens purs, Japonais, Chinois, Philippins, Américains...

La capitale, et seule ville somme toute, est Honolulu (400 000 habitants). C'est une escale importante pour les lignes aériennes et maritimes transpacifiques. C'est la porte d'entrée de l'ensemble de l'archipel, située dans l'île d'Oahu.

L'économie d'Hawaï est basée essentiellement sur le tourisme et sur l'agriculture (la canne à sucre et l'ananas). À noter que la présence militaire américaine y joue aussi un rôle économique important.

Au point de vue historique, on peut noter que l'archipel fut découvert par le capitaine James Cook en 1778 ; il lui donna le nom d'îles Sandwich. Ces îles étaient peuplées déjà de Polynésiens qui furent par la suite unifiés par le roi Kamehameha. Les États-Unis dominèrent l'archipel au 19e siècle, d'abord économiquement, avant de l'annexer complètement à la demande même du gouvernement insulaire en 1898.

Face à l'empire japonais, Hawaï acquit une grande importance stratégique pour les États-Unis vers 1930 ; l'attaque de la base militaire de Pearl Harbour, le 7 décembre 1941, déclencha d'ailleurs la guerre entre les deux pays.

L'archipel devint officiellement le 50e État américain en 1959.

La langue parlée couramment est l'anglais, parsemée parfois de mots hawaïens ou polynésiens. Le surnom de l'État est « Aloha State ».

Les principales attractions touristiques

SUR L'ÎLE D'OAHU

Honolulu, capitale politique, commerciale et touristique de l'archipel hawaïen, est une grande ville moderne remplie de gratte-ciel, mais elle est aussi l'une des plus importantes stations balnéaires du monde.

On visitera le fameux volcan Diamond Head, au bout de la plage de Waikiki. Cette même plage mérite qu'on y séjourne quelques jours, car c'est l'une des plus célèbres du globe. On visitera le fameux Jardin botanique constitué de

8 hectares de plantes et d'arbres tropicaux rares (des floralies en permanence en quelque sorte) puis le célèbre Palais Iolani, l'ancienne résidence royale transformée en musée et entourée d'un magnifique jardin.

On photographiera aussi la statue du roi Kamehameha, ainsi que la tour Aloha qui domine le port; puis on traversera le Chinatown, on ira voir des musées, des galeries d'art, le jardin zoologique, le campus de l'Université d'Hawaï, de nombreux parcs et jardins, des églises et des temples. Il y a aussi deux endroits à ne pas manquer parce que très étroitement reliés à l'histoire ou à la culture d'Hawaï: Pearl Harbour et le Centre culturel Polynésien.

À Pearl Harbour, une banlieue en fait d'Honolulu, on a érigé le superbe monument «Arizona Memorial» à l'emplacement même où ce navire et beaucoup d'autres furent coulés lors de l'attaque surprise du 7 décembre 1941.

SUR LES ÎLES KAUAI ET MAUI

Kauai est surnommée «l'île aux jardins»; elle est très luxuriante et c'est un véritable paradis, peu peuplé et tranquille. On s'y repose dans des décors idylliques, loin de la civilisation urbaine.

Maui est surnommée «l'île aux vallées». Elle possède aussi de très belles plages et un intéressant musée: le Maui Historical Society Museum.

SUR HAWAÏ

Hawaï, «la plus grande île» de l'État, porte aussi le surnom de «l'île aux Orchidées» parce qu'on y cultive plus de variétés d'orchidées qu'ailleurs dans le monde. On trouve sur cette île les fameux volcans Mauna-Lea et Mauna-Kea, le plus haut sommet (4205 m) de l'archipel, ainsi qu'une célèbre chute d'eau: l'Akaka Falls (128 m).

C'est également sur cette île que se trouve le point le plus au sud des États-Unis: Kalae. (Key West est le point le plus au sud des États-Unis «continentaux».)

Enfin l'île renferme le célèbre Parc National des Volcans, à Mauna-Lea, avec circuits guidés, expositions et films sur le phénomène volcanique. On visitera peut-être aussi le Monument au capitaine Cook, tué sur les rivages de cette île en 1779, et le palais Hulikee qui est un musée de l'art hawaïen.

SUR LANAI

On n'y voit que la cueillette des ananas.

SUR NIIHAU ET KAHOOLAWE

Les touristes n'y sont pas les bienvenus: la première est une île privée et la seconde, désertique, est une zone militaire américaine réservée comme champ de tir.

Quelques renseignements utiles

On peut louer facilement des voitures, même s'il est préférable d'utiliser des taxis ou des autocars pour les visites touristiques; on ramène comme souvenirs des colliers de fleurs (lei), des vêtements légers et colorés, des bijoux en corail, des articles de plage, des objets de vannerie.

On trouve des aéroports sur les principales îles. Le plus important est l'aéroport international d'Honolulu où atterrissent les vols internationaux, réguliers ou nolisés, ainsi que les vols inter-îles.

L'infrastructure hôtelière est l'une des plus complètes au monde. La cuisine, quant à elle, est aussi variée que sa population est cosmopolite; on trouve de tout: poissons, fruits de mer, viandes, mais aussi «d'excellents» hamburgers, pizzas et poulets frits. Il y a bien sûr aussi... plusieurs plats polynésiens.

Les spectacles sont aussi très variés: douce et mélodieuse musique typiquement hawaïenne, spectacles et danses polynésiennes très rythmées, en plus des danses occidentales modernes et des spectacles de cabarets, boîtes de nuit, discothèques. Les spectacles les plus photographiés en Hawaï se nomment «luau» et ils attirent un public considérable de vacanciers tous les soirs. La danse typique s'appelle le «hula».

Le surf est l'un des sports les plus typiques d'Hawaï; c'est là qu'il est né d'ailleurs. On pratique aussi tous les autres sports nautiques, de même que le tennis et le golf, l'équitation, l'alpinisme.

Hawaï, nous semble-t-il, répond donc à tous les goûts et à tous les besoins des gens qui cherchent un endroit offrant ce genre de divertissements et de sports.

La plage de Waikiki.

FICHE TECHNIQUE

Nom de l'archipel: HAWAÏ (État d'HAWAÏ)
Superficie: 16 638 km^2
Population totale: 1 million d'habitants (33% Blancs, 28% Japonais, Asiatiques et Polynésiens)
Capitale: HONOLULU
Population de la capitale: 400 000 habitants
Langue: anglais
Religions: protestante, catholique, mormon
Monnaie: dollar américain
Gouvernement: l'État d'Hawaï est l'un des 50 États des États-Unis
Température moyenne l'hiver: 21°C
Température moyenne l'été: 26°C
Meilleure saison pour y aller: toute l'année
Économie de l'île en général: agriculture (ananas et canne à sucre), tourisme surtout
Niveau de vie en général: assez élevé
Liaisons aériennes: C.P. Air, Wardair, plusieurs compagnies américaines également
Aéroport: Aéroport international d'Honolulu; petits aéroports sur les principales îles

Formalités douanières: non obligatoire, le passeport est quand même recommandé

Infrastructure routière: très bonne

Location d'auto: aucun problème, dans chaque aéroport de l'archipel

Hôtellerie: excellente (en quantité et en qualité), surtout à Honolulu

Cuisines: grande variété (américaine, polynésienne, asiatique)

Activités sportives: tous les sports nautiques, y compris le surf; tennis, golf, etc.

Les aspects touristiques

À VOIR — à Honolulu et ses environs: la plage Waikiki, le volcan Diamond Head, le Jardin botanique, le Palais Iolani, la tour Aloha, des monuments, parcs, temples et églises, des musées, le fameux Centre culturel Polynésien, Pearl Harbour (surtout l'Arizona Memorial), la statue du roi Kamehameha, le Parlement, etc.

— le «Kodak Hula Show» (musique et danses folkloriques typiques de l'archipel)

— le «Sea Life Park»

À FAIRE — une excursion vers les îles KAUI et MAUI pour leurs plages et l'exotisme à son meilleur, dans une végétation exubérante (avec aussi le Parc national de Haleakala, sur l'île Maui)

— une excursion sur l'île d'HAWAÏ, surtout pour le parc national des Volcans (Mauna Loa et Kilauea) et les Akaka Falls

— une excursion sur l'île LANAI pour les plantations d'ananas

— du surf à son meilleur, du trekking, de la voile, etc.

SE DIVERTIR: — boîtes de nuit et discothèques dans les bons hôtels surtout

À RAPPORTER: — colliers de fleurs(lei), bijoux en corail, vêtements légers, vanneries, objets en bois, objets sculptés dans la lave

S'INFORMER: — *Office du Tourisme des États-Unis, 1405, rue Peel, suite 300, Montréal, Québec H3A 1S5*

— *Hawaii Visitors Bureau, 2270 Kalakahua av. suite 801, Honolulu, 96815 Hawaii, U.S.A.*

L'archipel des Galapagos doit son nom aux tortues géantes qu'on y trouve. Ce groupe d'îles situé dans le Pacifique Sud appartient à l'Équateur. On l'appelle aussi «l'archipel de Colon». Et c'est une destination touristique pour le moins inusitée.

Un peu d'histoire et de géographie

Situé à 1 000 km à l'ouest des côtes de l'Équateur, l'archipel des Galapagos comprend 13 îles volcaniques et une quarantaine d'îlots. En tout: 7 800 km², mais à peine 4 000 habitants.

Le climat équatorial est tempéré par le courant froid de la région (le courant de Humboldt). Les gens vivent d'un peu d'agriculture (canne à sucre et café), de pêcheries et du guano. L'île principale se nomme SAN CRISTOBAL et c'est là que l'on trouve la ville principale de l'archipel: Puerto Baquerizo.

Mais le grand intérêt de l'archipel réside dans sa faune unique au monde, en particulier ses reptiles. Les Galapagos sont un monde à part; ils attirent de nombreux visiteurs, zoologistes ou simples amateurs, pour admirer des

Unique, étrange, inusité...

iguanes marins et terrestres, des tortues géantes, des otaries, etc.

L'archipel des Galapagos fut découvert en 1535 par Tomas de Berlanga et fut annexé par l'Équateur en 1832. C'est en fait une province (celle de Colon) administrée par le ministère de la Défense de l'Équateur. Au début de sa colonisation, l'archipel s'appelait *Las Encantadas* ou «îles enchantées». On changea de nom pour *Galapagos* ou «tortues» en espagnol.

C'est Charles Darwin qui rendit cet archipel très célèbre en publiant sa thèse sur l'évolution des espèces, inspirée par son séjour dans ces îles étranges et uniques au monde. Tout l'archipel est devenu un Parc national protégé, depuis 1935; il fait partie aussi du Patrimoine mondial, sous l'égide de l'Unesco.

FICHE TECHNIQUE

Nom de l'archipel: les îles GALAPAGOS

Superficie: 7 800 km²

Population totale: 4 000 habitants

Capitale: PUERTO BAQUERIZO sur l'île Moreno

Autres villes: SAN CRISTOBAL, PUERTO AYORA

Principales îles: SANTA CRUZ, ISABELLA, MORENO, SAN SALVADOR, FERNANDINA, ESPANOLA, SANTA MARIA, SANTA FE

Langue: espagnol

Religion: catholique

Monnaie: le sucre (100 centavos); le dollar américain est accepté

Gouvernement: une possession de l'Équateur

Température moyenne l'hiver: 21°C

Température moyenne l'été: 15°C

Meilleure saison pour y aller: de décembre à juin (les saisons sont inversées)

Économie de l'archipel: tourisme et agriculture

Niveau de vie en général: moyen

Liaisons aériennes: Equatoriana Airlines (via Quito)

Aéroport: à Puerto Ayora, sur l'île Santa Cruz

Liaisons maritimes: via Guayaquil, plusieurs petits bateaux de croisière.

Formalités douanières: passeport obligatoire

Infrastructure routière: très peu développée

Location d'auto: possibilités, mais vaut mieux louer des taxis

Hôtellerie: presque uniquement à Puerto Baquerizo et à Puerto Ayora

Restaurants: limités aux hôtels surtout

Divers: des forfaits existent où les gens vont faire un «safari-photo» en bateau à partir de Guayaquil en Équateur, et le bateau sert d'hôtel rendu dans l'archipel

Les aspects touristiques

À VOIR ET À FAIRE

— on va aux Galapagos pour son écologie unique au monde, pour sa nature exceptionnelle: plusieurs animaux ne se trouvent que là dans le monde, et certains sont des vestiges des temps préhistoriques: on y trouve des tortues géantes, des iguanes terrestres, des iguanes de mer, des oiseaux rares, des otaries, des manchots, des phoques, des flamants roses, des cormorans, etc.

— on peut visiter la station scientifique «Charles-Darwin» où l'on étudie entre autres phénomènes 15 espèces de tortues géantes

— on peut voir aussi quelques volcans, dont le point culminant de l'archipel le volcan Wolf (à 1 646 m d'altitude), et le volcan Darwin.

À RAPPORTER: — bijoux de coquillages, objets de vannerie, des tissages

S'INFORMER: — *Consulat de la République de l'Équateur, 1500, rue Stanley, suite 226, Montréal, Québec H3A 1R3*

— *Direction Nationale du Tourisme, rue Reine Victoria 514, Qioto, Équateur*

L'Île de Pâques 80

Une île pas comme les autres, encore éloignée de la «civilisation touristique», une île mystérieuse tant au point de vue historique, géographique et culturel. Une île qui appartient au Chili, très peu peuplée, très loin aussi des destinations habituelles. Un monde étrange et fascinant.

Un peu de géographie et d'histoire

L'île de Pâques est située en Polynésie, dans le Pacifique Sud et oriental. Perdus et oubliés au milieu du plus grand des océans, à 3700 km à l'ouest du Chili et à 3000 km à l'est de Tahiti, les premiers habitants de cette île croyaient qu'ils vivaient au centre du monde.

L'île a la forme d'un triangle dont le plus grand côté n'a que 29 km de longueur; elle est montagneuse, de type volcanique. Les vents y sont fréquents, de même que le brouillard. Il n'y a pratiquement pas de végétation.

Le dimanche de Pâques 1722, le navigateur hollandais Jacob Roggeveen la découvrit; elle n'apparaissait pas sur les cartes. Il y débarqua et l'appela l'île de Pâques. Le soir même les navigateurs trouvèrent les géants de pierre. Ils étaient complètement ébahis devant des statues aussi gigantesques sur une île si petite. Près de 200 statues en tout.

Phénomène incroyable, les habitants de l'île ne semblaient pas porter le moindre intérêt à ces sculptures grandioses qu'ils côtoyaient tous les jours.

En 1770, un navire espagnol y débarqua et annexa l'île au royaume d'Espagne. Plus tard, d'autres navigateurs célèbres y accostèrent, entre autres James Cook et le comte La Pérouse à la fin du 18e siècle. L'île releva du Chili à partir de 1818, au moment de l'indépendance de ce pays par rapport au Pérou et à l'Espagne.

En 1859, des chasseurs d'esclaves péruviens forcèrent un millier d'habitants ainsi que leur roi à s'embarquer pour le continent. Peu revinrent dans l'île. C'est ainsi que les missionnaires n'y trouvèrent par la suite que très peu de gens à christianiser.

Aujourd'hui, l'île de Pâques ne compte plus qu'une population de 1 500 habitants, dont au plus 1 000 autochtones. Les 500 autres sont des missionnaires, des employés d'hôpital, d'hôtel ou de compagnie aérienne. La population est aujourd'hui très métissée.

Chaque semaine on dénote deux événements majeurs dans l'île. Le dimanche tout le monde va à la messe habillé de ses plus beaux vêtements, ce qui ne manque jamais d'émouvoir les touristes. Puis il y a l'arrivée du vol de Lan-Chile en provenance de Santiago, et ce, depuis 1965. Dès la descente de l'avion les habitants de l'île les accueillent et leur souhaitent la bienvenue en mettant un collier à leur cou. Toute l'île semble s'être rassemblée à l'aéroport. Certains dansent et chantent et le visiteur a l'impression d'entrer dans une grande fête.

Les habitants de l'île de Pâques sont d'origine polynésienne, d'allure très fière et noble. Les hommes passent leur temps à sculpter des statues de bois ou de pierre. Les femmes, elles, confectionnent avec beaucoup d'adresse des nattes, chapeaux, colliers et bijoux à l'aide de fanons de baleine et d'écailles de tortue. Il y a un peu d'élevage de moutons et de chevaux sauvages.

L'île mystérieuse

Certains ethnologues auraient bien aimé voir en l'île de Pâques les vestiges de l'Atlantide, cet ancien continent maintenant disparu, car ils n'arrivaient pas à imaginer que les habitants de l'île, si peu nombreux, aient pu façonner des statues de cette taille. D'importantes recherches sous-marines réfutèrent toutefois cette théorie. Et l'on a aucune preuve aussi que ce seraient des extra-terrestres qui seraient venus...

Toutes les statues font face au centre de l'île, le dos tourné à la mer, comme pour démontrer que l'esprit des morts veille sur l'île et la protège. La hauteur des statues varie de 4 à 7 mètres, et le poids de 4 à 100 tonnes. Plusieurs statues ne sont qu'à moitié terminées, ou à peine ébauchées, ce qui prouve l'arrêt soudain du travail. Elles ont été taillées dans les flancs du volcan Rano Raraku. Certains ethnologues pensent que ces statues représentent les ancêtres des clans et qu'elles avaient pour fonction de faire fructifier les récoltes.

Quelques-unes des statues, découvertes... un jour de Pâques.

Les outils utilisés pour sculpter ces géants étaient faits d'une pierre très dure appelée «toki». Mais le vrai mystère ne réside pas dans le façonnement de la pierre volcanique qui n'était pas tellement dure. C'est plutôt le déplacement des statues une fois achevées qui intrigue. En effet, personne n'a encore réussi à expliquer comment ils ont pu transporter ces énormes statues sur des distances de plus de 15 kilomètres et sur un terrain accidenté. Ils ne connaissaient pas la roue et, comme il n'y avait pas d'arbres dans l'île à cette époque, ils n'avaient pas de bois. Même si bien des hypothèses ont été émises à ce sujet, aucune à ce jour n'a été vérifiée. Encore un secret que l'île de Pâques n'a pas dévoilé!

Les touristes qui se rendent à l'île de Pâques sont plus nombreux depuis qu'on a allongé la piste de l'aéroport. Lan-Chile, la seule ligne aérienne à desservir l'île, s'y rend deux fois par semaine avec des transferts à Tahiti et au Chili, tous deux à cinq heures de vol.

Un hôtel moderne répond bien à la clientèle internationale habituée à un bon service et au confort; on y offre des chambres modernes et une nourriture à la fois raffinée et peu chère. Le homard que l'on trouve en grande quantité dans la région est particulièrement apprécié des gourmets.

Mais dans l'ensemble un fait demeure: l'île de Pâques est encore très peu visitée. Et c'est d'autant mieux ainsi. Tant qu'il y aura sur notre planète des lieux mystérieux et sauvages, peu exploités touristiquement, il y aura toujours des hommes et des femmes pour rêver aux terres lointaines, quasi inaccessibles, énigmatiques, mystérieuses.

La quête de l'exotisme, de l'ailleurs, du différent, de l'inusité, s'exprime parfaitement bien à travers cette île de Pâques très lointaine. Continuons encore d'en rêver, avant d'y aller peut-être un jour.

FICHE TECHNIQUE

Nom de l'île: île de PÂQUES (en espagnol: Isla de Pascua)
Superficie: 165 km²
Population totale: 1 500 habitants (les Pascuans)
Capitale: HANGAROA
Autres villes ou villages: ANAKENA, AHU, TONGARIKI, VINAPU, ORONGO
Langue: espagnol
Religion: catholique
Monnaie: peso chilien
Gouvernement: l'île appartient au Chili
Température moyenne l'hiver: 25°C
Température moyenne l'été: 20°C
Meilleure saison pour y aller: l'hiver (saisons inversées dans l'hémisphère sud)
Économie de l'île en général: agriculture et tourisme
Niveau de vie en général: élevé (à cause de l'éloignement)
Liaisons aériennes: Lan-Chile, via Santiago ou Tahiti
Aéroport international: Mantaveri
Formalités douanières: passeport obligatoire
Infrastructure routière: pas très développée
Location d'auto: possibilités, mais vaut mieux louer des taxis
Hôtellerie: très peu d'hôtels
Restaurants: cuisines sud-américaine et internationale, surtout dans les hôtels
Activités sportives: quelques sports nautiques, équitation
Divers: les autochtones nommaient leur île *TE PIPO TE HENUA*, «le nombril du monde»

Les aspects touristiques

À VOIR ET À FAIRE

— à Rano Raraku : il faut voir la carrière où des hommes ont sculpté 688 statues géantes, les *MAOI*, ces immenses monolithes de 4 à 7 mètres de hauteur, disséminées un peu partout dans l'île, le dos tourné à la mer, et représentant la tête des ancêtres ; elles furent sculptées semble-t-il dans le but de faire fructifier les récoltes alimentaires (taros et canne à sucre) ; plusieurs énigmes demeurent, surtout au niveau de leur déplacement sur de longues distances

— à Orongo : des pétroglyphes ornant des rochers

— il y a une plage de sable fin à Anakena

— à partir de l'île principale, on peut faire des excursions en bateau vers quelques îlots autour : Motu Nui, Motu Iti, Kaokao

À RAPPORTER : — statuettes de bois ou de pierre, bijoux en écaille, objets de vannerie

S'INFORMER : — *Consulat du Chili, 1010, rue Sainte-Catherine ouest, suite 731, Montréal, Québec H3B 3R7*

— *Chilian National Tourist Board, 630 Fifth Avenue, suite 809, New York, N.Y. 10111, U.S.A.*

Annexe

D'autres îles encore...

Nous venons de terminer notre petit tour du monde en 80 îles. Des îles choisies parmi les plus belles, les plus connues, les plus visitées, ou les plus importantes du globe. Mais nous en avons oublié plusieurs autres qui sont sûrement belles aussi, ou connues, ou importantes pour certains.

Nous avons donc pensé en ajouter **80** autres. Un peu au hasard, sans ordre en particulier, dispersées aux quatre coins du monde; les voici:

— **Les îles FALKLAND** (que les Français nomment les îles MALOUINES, et les Espagnols îles MALVINAS), sont un archipel appartenant à la Grande-Bretagne, et situé dans l'Atlantique Sud, au large de l'Argentine; ce pays d'ailleurs les réclame avec armes quelquefois; en tout: 16 835 km² et 2 000 habitants.

— **Les NOUVELLES-HÉBRIDES** se nomment maintenant VANUATU et c'est un pays depuis 1980; c'est un archipel situé au nord de la Nouvelle-Calédonie, en Polynésie; 40 îles en tout, dont les îles TORRES, BANKS, AURORA, ESPIRITU SANTO, PENTECÔTE, MALEKULA, AMBRYN, EPI, VATÉ, ERROMANGA, TANNA et ANATOM; 14 763 km²; 100 000 habitants, et la capitale Vila.

— **L'île de SAINTE-HÉLÈNE,** située dans l'Atlantique Sud, au large de l'Afrique est une possession britannique; Napoléon y mourut le 5 mai 1831; 122 km²; 5 200 habitants.

— **Les îles du CAP-VERT** (ou Capo Verde en portugais) sont un archipel de l'Atlantique, au large du Sénégal; une ancienne colonie portugaise devenue un État indépendant en 1975; 4 033 km²; 400 000 habitants; capitale: Praia.

— **Les îles BORROMÉES** sont situées au milieu du lac Majeur dans le nord de l'Italie, en face de Stresa; lieux de villégiature renommés, elles sont au nombre de 4: ISOLA BELLA, ISOLA DEI PESCATORI, ISOLA MADRE et ISOLINO SAN GIOVANNI.

— **BALI** est une île indonésienne située à l'est de Java; elle mesure 5 560 km², est habitée par 2 millions de personnes (les Balinais) et est célèbre entre autres pour ses chants, danses et spectacles de théâtre religieux.

— **La TERRE DE FEU** est une immense île qui doit son nom aux feux allumés par les indigènes à la vue des premiers colonisateurs; elle est séparée du continent sud-américain par le fameux détroit de Magellan; partagée entre le Chili et l'Argentine, elle couvre en tout 77 000 km² et contient 10 000 habitants, les Fuégiens.

— **Les îles PUNAISE** et **MORPION** ne sont que de petits îlots de 50 m² chacun, sans arbres, situés dans les Grenadines, près de l'île UNION.

— **ITAPARICA** est une petite île, mais c'est la plus importante située dans la fameuse Baie de Tous les Saints, au large de Salvador de Bahia, au Brésil; elle mesure 36 km sur 21 et possède de très belles plages, dont celle du Club Méditerranée.

— **L'île de GORÉE** est une petite île de la côte du Sénégal, située face à Dakar; c'était un comptoir français de l'Afrique occidentale et le principal marché d'esclaves vers les Antilles et l'Amérique latine; l'île fait partie du «Patrimoine mondial» sous l'égide de l'UNESCO.

— **L'île d'ISCHIA** est située juste à côté de celle de Capri, dans la baie de Naples; elle est aussi belle que sa voisine, avec seulement 32 000 habitants.

— **L'île SAN ANDRES,** située dans la mer des Caraïbes, au large du Nicaragua, appartient à la Colombie; le tourisme s'y développe, surtout comme port d'escale de croisière.

— **L'île SAINT-LOUIS** (et l'île de la CITÉ) sont situées au milieu de la Seine, au coeur même de Paris.

— **L'île d'ELBE** appartient à l'Italie; elle est située au large de la Corse dans la mer Tyrrhénienne; elle fut habitée par Napoléon en 1814-1815 au moment où elle appartenait à la France; 500 km² et 30 000 habitants.

— **Les îles ALÉOUTIENNES** sont le prolongement de l'Alaska à l'ouest; elles séparent le détroit de Béring du Pacifique; 150 îles et îlots en tout, mais seulement 18 000 habitants.

— **L'île de MANHATTAN,** c'est le coeur de la métropole américaine, l'un des cinq districts en fait de New York ; 100 km^2, mais 1,5 million y vivent et 10 millions y travaillent chaque jour.

— **L'île de WIGHT** est une petite île de villégiature située au large de Portsmouth, dans le sud de l'Angleterre ; 381 km^2 et 100 000 habitants.

— **L'île de MAN** est une autre île britannique, cette fois située à mi-chemin entre l'Irlande et l'Angleterre ; 588 km^2 ; 60 000 Mannois y vivent du tourisme estival.

— **Les îles d'ARAN** sont au nombre de trois : INISHMORE, INISHMAAN et INISHEER ; elles sont situées au large de Galway, à l'ouest de l'Irlande ; les 1 700 habitants vivent essentiellement de la pêche.

— **L'île PITCAIRN** n'a que 5 km^2 et est peuplée seulement par une centaine d'habitants, mais elle est très célèbre car ceux-ci sont les descendants des mutins du « Bounty » et de leurs femmes tahitiennes.

— **L'île BONAVENTURE,** c'est un sanctuaire d'oiseaux (surtout les Fous de Bassan) et un parc national du gouvernement du Québec ; elle est située juste en face de Percé, en Gaspésie.

— **L'ÎLE-AUX-COUDRES,** c'est l'île des «Marsoins», au milieu du fleuve Saint-Laurent, dans la région touristique de Charlevoix ; on atteint cette charmante île tranquille à partir de Saint-Joseph-de-la-Rive ; 1 600 habitants sur une île de 9 km de long sur 4 km de large.

— **Les SPITZBERG** sont un archipel qui appartient à la Norvège ; situé dans l'océan Arctique, au nord-est du Groenland, l'archipel comprend aussi les îles HOPE, BLANCHE, DU ROI CHARLES et l'île AUX OURS.

— **Les îles KERGUELEN** s'appelaient autrefois les îles de la DÉSOLATION ; c'est un archipel situé au sud de l'océan Indien et qui appartient à la France ; l'île principale mesure 6 000 km^2 et elle est entourée d'autres îles : CASTRIES, HOWE, îles NUAGEUSES et île de l'OUEST ; la faune y est très riche et elles servent de station météorologique et scientifique.

— **L'île SAKHALINE** est immense (74 400 km² et 1 200 km de long); elle est située au large de la Sibérie, entre la Mandchourie soviétique et l'île de HOKKAIDO au Japon; elle appartient à l'U.R.S.S.

— **HONSHU** est la principale île constituant le Japon; là s'y trouve la capitale Tôkyô; les autres îles nippones importantes sont: HOKKAIDO, SHIKOKU, KYUSHU et RYUKYU; le pays est formé également de centaines d'autres petites îles.

— **Les îles FÉROE** sont un archipel situé à 350 km au nord de l'Écosse; elles appartiennent au Danemark; ce sont: 1 400 km², 17 îles et 40 000 habitants qui y vivent d'élevage de moutons et de pêche.

— **Les îles ÉOLIENNES** sont connues aussi sous le nom d'îles Lipari; c'est un archipel italien, situé au nord de la Sicile, peu peuplé car très volcanique; on y trouve les îles LIPARI, VULCANO, STROMBOLI, SALINA, ALICUDI, FILICUDI et PANAREA.

— **L'île de VANCOUVER,** très montagneuse, mesure 450 km de long par 100 km de large (32 000 km²); elle est située entre la chaîne côtière de la Colombie-Britannique et l'océan Pacifique; Victoria, la capitale provinciale s'y trouve; mais pas la ville même de Vancouver, qui, elle, est sur la côte.

— **L'ÎLE DU PRINCE-ÉDOUARD** est à la fois une province canadienne et une île située dans le golfe Saint-Laurent; seulement 125 000 habitants mais un demi-million de touristes par année; sa capitale est Charlottetown.

— **Les MILLE-ÎLES** sont un archipel composé... de milliers d'îles et d'îlots environ, situé dans le fleuve Saint-Laurent, et partagé entre le Canada (Ontario) et les États-Unis (État de New York); elles sont toutes célèbres pour la navigation de plaisance, et quelques-unes pour leurs riches villégiatures (l'île HEART, entre autres, et son château Boldt).

— **L'île de GÉORGIE DU SUD,** située dans l'Atlantique Sud, appartient à la Grande-Bretagne, mais est administrée par les îles Falkland.

— **L'ANTARCTIQUE** aussi est une île; c'est en fait un continent centré sur le pôle Sud, couvrant 14 millions de km^2; entourée de l'océan glacial Antarctique, c'est une terre montagneuse recouverte de glaces et qui depuis 1959 est neutre et ne sert qu'à l'exploration scientifique pour plusieurs pays.

— **ISLA MUJERES** est une petite île très tranquille située dans la mer des Caraïbes, non loin de Cozumel au large du Yucatàn mexicain; c'est une île encore très peu exploitée au point de vue touristique. Alors ne le dites pas à tout le monde!...

— **L'île de ZANZIBAR,** un ancien marché d'esclaves d'Afrique, est devenue un protectorat britannique avant de s'unir en 1964 au Tanganyika pour former la Tanzanie; elle est située dans l'océan Indien; 1 658 km^2 et 200 000 habitants.

— **L'île de RURUTU** fait partie de la Polynésie française; située à 574 km au sud de Tahiti, elle est d'origine volcanique; un seul hôtel et de l'hébergement «chez l'habitant»; essayez de la trouver sur une carte...

— **Les îles GAMBIERS** sont aussi un archipel de la Polynésie française, en Océanie; il s'agit d'un territoire français outre-mer composé de quatre îles: MANGAREVA, AUKENA, AKAMARU et TARAVAI.

— **L'île RODRIGUEZ** est une dépendance de l'île Maurice, située à 600 km d'elle, dans l'océan Indien; 30 000 habitants sur une superficie de 105 km^2; on y trouve tout près également les îles COCOS et AUX SABLES.

— **Les îles QUEMOY, MATSU et PESCADORES** appartiennent à Taiwan et sont situées entre l'île de Formose et la Chine.

— **L'archipel JUAN FERNANDEZ** appartient au Chili et est situé à 600 km à l'ouest de celui-ci; c'est sur l'une de ses îles que vécut durant cinq ans Alexander Selkirk, celui qui a inspiré le «Robinson Crusoé» de Daniel Defoe; ainsi, l'île de MAS A TIERRA sur cet archipel s'appelle aujourd'hui l'île ROBINSON CRUSOÉ et on peut la rejoindre en avion, via Valparaiso.

— **WALLIS-ET-FUTUNA,** c'est un archipel en Polynésie française, au milieu du Pacifique, à 3 000 km de Tahiti; il s'agit de trois îles volcaniques : UVEA (ou WALLIS), FUTUNA et ALUFI ; 220 km² en tout, et 12 000 habitants qui vivent d'agriculture... en attendant qu'un jour les touristes les envahissent.

Et il y en a encore beaucoup d'autres...

— L'île-prison d'ALCATRAZ, au large de San Francisco, transformée en musée.

— Les KEYS de Floride, de Key Largo à Key West.

— L'île de HONG-KONG comprend les villes de Victoria et Aberdeen, mais l'ensemble de l'agglomération britannique de Hong-Kong comprend aussi d'autres îlots et une partie continentale de la Chine ; en tout : 6 millions d'habitants, sur un territoire de 1 000 km² (la plus forte densité humaine au monde).

— Copenhague, la capitale danoise, est située sur une île importante : SJAELLAND ; le pays possède aussi plusieurs autres îles, dont la FIONIE.

— Les Pays-Bas possèdent plusieurs îles, quoique les polders asséchés font diminuer d'autant le nombre d'îles.

— Il y a même une petite île qui porte le nom de TITICACA ; située au milieu du fameux lac, à la frontière entre le Pérou et la Bolivie, c'est elle qui a laissé son nom à l'ensemble du lac.

— L'AUSTRALIE, quant à elle, possède ou administre sous protectorat plusieurs îles du Pacifique ; les principales sont : l'archipel BISMARK (où se trouvent les îles nommées NOUVELLE-IRLANDE et NOUVELLE-BRETAGNE), puis l'île KANGOUROU (il fallait s'y attendre...), l'île NORFOLK, les îles SALOMONS, les îles CHRISTMAS et les îles COCOS.

— La NOUVELLE-ZÉLANDE possède les îles AUCKLAND, COOK, KERMADEC, ROSS, CHATHAM, BOUNTY, ANTIPODES, toutes situées dans l'océan Pacifique.

— La PAPOUASIE NOUVELLE-GUINÉE possède depuis 1975 les îles de l'AMIRAUTÉ, l'île BOUGUINVILLE et quelques-unes de l'archipel BISMARK.

— L'INDONÉSIE, en plus de la célèbre JAVA (déjà vue précédemment), est constituée des îles de BALI, SUMA-

TRA, TIMOR, SULAWESI, (qu'on appelait autrefois les îles CÉLÈBES), des îles MOLUQUES et des îles de la SONDE (où se trouve l'importante île FLORES).

— La GRANDE-BRETAGNE (elle-même une île, bien sûr) possède dans l'océan Atlantique Sud les îles ASCENSION, GOUGH, SANDWICH DU SUD et SHETLAND DU SUD. Autour de l'île de Grande-Bretagne même, s'y trouvent au nord l'île de SHETLAND et les îles HÉBRIDES.

— En Yougoslavie, la côte adriatique compte des centaines d'îles dont un très célèbre centre touristique balnéaire de la côte dalmate : l'île KORCULA (ou Kortchoula en français).

— La GRÈCE, en plus des îles déjà analysées précédemment (les Cyclades, les îles Ioniennes, la Crète et Rhodes), compte bien sûr plusieurs autres îles, dont les SPORADES ; on trouve dans cet archipel, entre autres, SAMOTHRACE, THASOS, LEMNOS, LESBOS, SKYROS, etc.

— La France est aussi jalonnée d'îles sur toutes ses côtes ; le long de l'Atlantique on trouve l'île de RÉ (en face de la Rochelle), l'île d'OLÉRON, l'île d'YEU, BELLE-ÎLE, et l'île de NOIRMOUTIER ; la côte méditerranéenne possède le château d'IF (en face de Marseille, et aussi célèbre que petit), ainsi que les îles de LÉRINS et les îles d'HYÈRES.

— Dans la mer des CARAÏBES, il y a encore un grand nombre d'îles, en plus de toutes celles analysées dans le guide : plusieurs CAYES au large de Belize City, plusieurs petites îles qui appartiennent au HONDURAS, l'île du GRAND MAÏS qui appartient au Nicaragua, l'île PROVIDENCIA qui est colombienne, d'autres qui appartiennent au Panama, enfin quelques-unes sont vénézuéliennes, dont l'île BLANQUILLA, les îles TESTIGOS et l'île LA TORTUGA.

— Enfin, au Canada l'on retrouve aussi des dizaines d'îles ; dans les Territoires du Nord-Ouest, il y a entre autres la célèbre et immense ÎLE DE BAFFIN ; TERRE-NEUVE est elle-même une île ; l'ÎLE DU CAP-BRETON fait partie de la province de Nouvelle-Écosse ; l'île de CAMPOBELLO fait partie à la fois du Nouveau-Brunswick et du Maine américain ; l'île de GRAND MANAN est aussi connue que la baie de Fundy dans laquelle elle se trouve ; la petite GOAT ISLAND risque elle de tomber dans les chutes Niagara; la baie Georgienne est connue pour son île MANITOULIN... et pour ses 30 000 îles au nord-est du lac Huron; quant aux îles de la REINE-CHARLOTTE, elles se baignent dans le Pacifique; et puis il y a aussi l'île d'ORLÉANS qui est à la dérive dans le fleuve Saint-Laurent, en aval de Québec. Et l'île de MONTRÉAL...

Enfin vous en connaissez sûrement d'autres. À chacun son île!...

Index des principales îles

NOTES